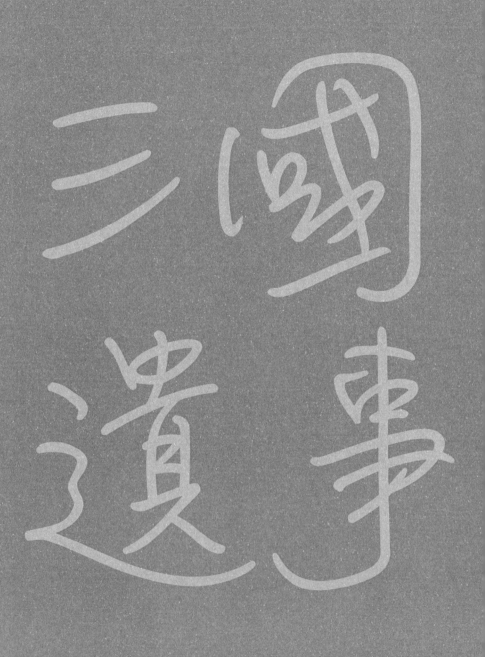

LP 삶의 깨우침이 있는 한자 공부 004

삼국유사로 배우는 한자

박미선 지음

앨
ㄹㅍ

《삼국유사三國遺事》는 총 9편목으로 구성되어 있다. 〈왕력王曆〉과 〈기이紀異〉가 역사 분야에 해당하고 나머지는 불교 관련 편목이라 해도 과언이 아니다. 그중 〈기이〉는 《삼국유사》 전체 분량의 반을 차지하며 제1편과 제2편으로 나뉘어 있다. 《삼국유사》는 일연一然이라는 승려가 쓴 책이지만 역사를 기반으로 편찬된 역사서라 할 수 있다.

물론 《삼국사기》처럼 '○○왕 ○년 ○월에 무슨 일 있었다'고 상세하게 역사를 담은 책은 아니다. '유사遺事'라는 이름에서 알 수 있듯이 《삼국사기》와 같은 정사正史에서 다루지 않은 에피소드를 담고 있다. 그렇다고 《삼국사기》 기록을 무시하거나 비난하지 않고 항상 《삼국사기》 기록을 전제로 하며, 그와 다른 이야기를 들려준다. 뿐만 아니라 다른 이야기가 기록된 자료의 출처를 밝히고 있다. 그중 상당수가 지금은 전하지 않는 기록이다. 여기서 한 발 더 나아가 다른 내용을 전하는 기록들을 비교·분석하여 왜 다른지, 어떤 기록이 더 타당한지 일연 나름의 평가를 내린다. 우리가 흔히 사료 비판, 역사적 해석·평가라고 말하는 역사가의 역할을 일연이 그대로 보여 주고 있다. 역사적 내용뿐 아니라 역사를 대하는 자세도 《삼국유사》를 통해 배울 수 있다.

《삼국유사》〈기이〉편은 좁게는 혁거세~경순왕까지 신라사 전체, 넓게는 고조선~후삼국까지 한국 고대사 전체를 포괄하며 시간의 흐름에 따라 서술하고 있다. 그러므로《삼국유사》는 신라사와 한국 고대사의 흐름을 이해할 수 있는 훌륭한 개설서라고 할 수 있다.

〈기이〉편은 60개의 항목에서 고조선부터 각 소국, 삼국과 관련된 일화를 비롯하여 단군이나 위만·김유신 등을 위시한 인물의 이야기, 그리고 신라사의 경우 역대 왕순으로 각 왕 대에 있었던 에피소드 등을 다루고 있다. 한 항목에 하나의 에피소드를 소개하는 경우도 있지만 여러 에피소드를 싣고 있는 경우가 많다. 스토리가 중심을 이루다 보니 하나의 에피소드도 내용이 길어 원문과 해석을 다 소개하기에 지면상 어려움이 있었다.

각 항목에서 가장 핵심적이라 생각되는 문장 또는 역사적 해석이나 연구 성과를 소개할 만한 내용을 중심으로 원문과 번역문을 제시하였다. 원문에 나오는 한자에 대한 사전적 의미와 용례를 실어 독자들이 원문을 해석하고 이해하는 데 도움을 주고자 하였다. 번역문은 직역을 우선으로 했으나 직역으로 의미 전달이 미흡할 경우 의역을 하기도 했다.

  이어지는 '해설'에서 각 항목에 담긴 전체 내용을 간략히 소개하고, 보충 설명이 필요하거나 원문 자료에 대해 여러 의견이 제시된 경우, 또는 새로운 연구 성과가 있는 경우 등은 소제목을 달아 설명을 덧붙였다.

원문의 생생함과 그 자간字間에 담긴 의미를 곱씹어 보는 계기가 되었으면 한다. 역사서로서 《삼국유사》를 통해 독자들이 신라사나 고대사에 흥미를 가지게 되고, 흥미를 가졌던 분들은 좀 더 깊이 이해하는 데 이 책이 도움이 되길 바란다.

2020년 11월
박미선

차례

〈기이紀異〉 제1편

〈기이紀異〉 제2편

《삼국유사三國遺事》는 어떤 책인가?

일찍부터 역사서, 설화집, 불교사서 등으로 이 책의 성격을 설명하고, 역사학 · 국문학 · 민속학 등 다양한 분야에서 연구 대상으로 삼아 왔다. 그러나 의외로 이 질문에 대한 답은 간단하다. 일연이 책 제목에 밝혀 놓았다. '유사遺事', 즉 '남겨진 사적事蹟'을 기록해 둔 것이다. 이보다 앞서 김부식의 《삼국사기三國史記》라는 정사正史가 있었기 때문에 일연은 정사에서 다루지 않은 이야기, 즉 설화나 신이神異한 내용을 담고자 했다. 그 결과, 지금은 볼 수 없는 많은 자료와 구전 속 이야기들을 이 책을 통해 접할 수 있게 되었다. 그런 의미에서 《삼국유사》는 '한국 고대문화의 원형'을 담고 있는 보고寶庫로 여겨져 왔다. 직접 듣고 보고 그것을 기록으로 남긴 일연의 노력에 감탄할 뿐이다.

'유사遺事'이기 때문에 그 체제 또한 독특하다. 전체 5권으로, 왕력王曆 · 기이紀異 · 홍법興法 · 탑상塔像 · 의해義解 · 신주神呪 · 감통感通 · 피은避隱 · 효선孝善의 9가지 편목으로 구성되어 있다. 왕력과 기이는 역사적인 내용을, 홍법 이하는 불교적 내용이 중심이어서 다른 역사서나 고승전과는 다른 체제를 이룬다.

《삼국유사》의 체제를 더 구체적으로 들여다보면 王曆 第一, 紀異 卷第一, 卷第二, 卷第三 興法 第三, 塔像, 卷第四 義解 第五, 卷第五 神呪 第

六, 卷第五 感通 第七, 卷第五 避隱 第八, 卷第五 孝善 第九로 구성되어 있다. 〈탑상〉의 경우, 〈흥법〉의 마지막 항목인 〈동경흥륜사십성〉 다음에 '탑상'이라는 두 글자만 있지만 이를 '탑상 제4塔像 第四'로 보고 있다. 〈의해義解〉 이하는 '권제○ 편목명 제○'이라는 일정한 형식으로 표기되고 있다. 이 기준에 따르면 〈왕력〉에는 권차卷次가 없고, 〈기이〉는 편목이 없거나 표기 방식이 다르다. 이를 편의상 〈의해〉 이하의 표기 방식에 따라 권제1 왕력 제1卷第一 王曆 第一, 권제1 기이 제1卷第一 紀異 第一, 권제2 기이 제2卷第二 紀異 第二로 수정하여 표현하기도 한다.

한편 《삼국유사》가 가진 이러한 특징은 많은 궁금증을 불러일으키기도 한다. 우선 《삼국유사》는 일연 혼자서 쓴 것인가? 《삼국사기》의 경우 각 권 말미에 편찬을 주도한 김부식이 언급되는데, 현전하는 《삼국유사》에는 마지막 권5에만 '국존 조계종 가지산하 인각사주지 원경충조대선사 일연찬國尊 曹溪宗 迦智山下 麟角寺住持 圓鏡冲照大禪師 一然撰'이라고 되어 있다. 본문 중 '무극기無極記'라고 무극이 추가로 기록했음을 밝힌 부분이 두 곳이나 있고, 일연의 비문에는 그의 저술이 언급되어 있지만 《삼국유사》에 대한 언급은 없다. 이에 《삼국유사》의 저자로 일연 외에 무극을 포함시키기도 하고, 몇 명의 찬자가 존재했을 가능성을 언급하기도 한다.

　더욱이 《삼국유사》에는 일연이 직접 편찬하지 않은 〈가락국기〉가 수록되어 있고, 〈왕력〉에는 본문과 다른 내용이 상당히 많이 들어가 있어 〈왕력〉은 일연의 저술로 보기 어렵다는 견해도 제시된다. 다만, 저자명에 '보각普覺'이라는 일연의 시호諡號가 빠져 있어 그가 국존國尊에 책봉되고 인각사 주지가 된 1285년 이후 84세로 입적한 1289년 사이에 5권까지 탈고되었을 것이라 여겨진다. 물론 자료와 설화 등의 수집은 이미 오래전부터 이루어졌을 것이다.

　현재 널리 읽히는 《삼국유사》는 1512년 조선 중종 임신년壬申年에 간행된 것으로, 이를 '중종임신본中宗壬申本'(줄여서 '임신본') 또는 이때가 중국 명나라 무종의 정덕正德연간이라 '정덕본正德本'이라 한다. 이보다 앞선 조선 초기 판본으로 석남본(현재 소장처 모름), 학산본鶴山本('송은장본'이라고도 함, 현재 곽영대 소장), 니산본泥山本(현재 성암고서박물관 소장), 범어사본 등이 있다. 가장 최근에 알려진 판본으로 파른본(파른 손보기 교수가 구입·소장하다 연세대 박물관에 기증)이 있다. 파른본은 1394년(태조 3)에 《삼국사기》와 함께 경주부府에서 간행된 것으로 추정된다. 조선 초기 판본들은 모두 일부분만 남아 있는데, 파른본

(왕력, 권1·2)과 학산본(권3·4·5, 일부 결락)을 합치면 거의 완질이 된다.

어쨌든 현존하는 《삼국유사》 판본은 모두 조선시대에 제작된 것으로, 《삼국유사》 판본이 고려시대에 만들어지고 유통되었는지에 대한 의문이 있었다. 그런데 1361년(공민왕 10) 1월에 작성된 〈경주사수호장행안서慶州司首戶長行案序〉에 《삼국유사》의 '신라시조혁거세왕조'의 내용이 일부 인용되고 있어 고려 말 《삼국유사》가 유통되었음을 짐작할 수 있다. 따라서 《삼국유사》의 5권 체제와 내용은 일연에 의해 성립되었을 가능성이 높다고 하겠다.

이러한 몇 가지 의문 속에서도 오늘날 《삼국유사》는 고고학적 발굴 조사에 힘입어 일연의 기록이 얼마나 역사적 사실에 부합하는지 밝혀지고, 고려시대에 찬술된 책으로서 고려시대의 삼국, 즉 고대의 정치·문화를 이해하는 창으로서의 역할을 톡톡히 하고 있다. 더욱이 《삼국유사》에 담긴 수많은 역사와 설화 등은 다양한 콘텐츠 개발의 밑거름으로 활용되고 있다.

일연一然은 누구인가?

《삼국유사》의 찬자로 알려진 일연一然은 1206년(고려 희종 2) 장산군
獐山郡(오늘날 경북 경산)에서 아버지 김언필과 어머니 이씨 사이에서
태어났다. 해가 3일 동안 집을 비추는 태몽을 꾸고 그를 잉태했다고
한다. 이름은 견명見明, 자字는 회연晦然이다. 경산은 원효의 출생지이
기도 한데,《삼국유사》에 원효에 대한 설화적 내용이 다수 실린 것도
이러한 배경에서 나온 것이라 하겠다.

　일연의 어린 시절은 알 수 없지만, 9세에 해양海陽(지금의 광주광역
시) 무량사無量寺에 가서 공부하기 시작해 14세에 강원도 양양의 진
전사陳田寺에서 대웅大雄 장로로부터 구족계具足戒를 받아 승려의 길
을 가게 되었다. 진전사는 신라에 선종禪宗을 처음으로 전한 도의道
義선사가 은거했던 곳으로, 신라 말 고려 초에 주관적 사유를 강조한
선종을 퍼뜨린 아홉 갈래의 승려 집단인 9산선문九山禪門 중 가지산
문迦智山門의 연원지이기도 하다. 진전사에서 일연과 가지산문의 인
연은 시작되었다.

　1227년 일연은 승려를 선발하는 과거시험인 승과僧科의 선종선禪宗
選에서 가장 우수한 성적으로 합격했다. 그러나 그는 오히려 현풍(지
금의 대구광역시 달성군)의 비슬산으로 옮겨 수행에 힘썼다. 그가 이

산에 머문 지 9년 만인 1236년 몽골이 침입하여 현풍에까지 병화兵禍가 미치자, 일연은 이를 피하기 위해 '아라바자나阿囉破左曩'(문수보살이 알려준 다섯 글자 주문)를 염송念誦했다고 한다. 이후 그는 비슬산에서 20여 년간 선을 닦고 수행에 몰두하며 세속에 나가지 않겠다고 다짐하였다.

일연은 1249년 남해로 옮겨 10여 년을 살았다. 몽골의 병화가 지속되는 가운데 정안鄭晏이 남해에 정림사定林社를 세우고 일연을 청했기 때문이다. 정안은 당시 고려 정권을 쥐고 있던 무신정권의 최고 권력자 최충헌崔忠獻의 아들 최이崔怡의 처남으로, 당시 남해 분사대장도감分司大藏都監을 맡아 대장경을 간행하고 있었다. 그리하여 일연도 대장경 간행사업에 관여하게 되었다. 1256년 일연은 남해의 길상암吉祥庵에 머물면서 《중편조동오위重編曹洞五位》 2권을 저술하였는데, 가지산문인 그가 수미산문과 연결되는 조동종曹洞宗 관련 저술에 주석을 가했다는 것은 그의 사상이 포용적이었음을 보여 준다.

1261년 일연은 고려 제24대 왕 원종元宗의 청으로 남해 생활을 마감하고 강화도 선월사禪月寺에 머물게 되었다. 그러나 남쪽으로 내려가길 왕에게 여러 번 청하여, 4년 후인 1265년 포항의 오어사吾魚寺

를 거쳐 인흥사剌仏寺로 옮겨 갔다. 이후 이 절을 크게 중창重創하자 원종이 사액賜額하여 인흥사仁興寺로 하였다. 인흥사에서 1278년에 간행된 《역대연표歷代年表》가 발견되었는데, 이 간행 활동에 일연이 관련되었을 것으로 여겨진다.

1277년 일연은 청도의 운문사雲門寺로 옮겨 선풍禪風을 크게 진작시켰다. 이 절은 가지산파의 학일學一이 명성을 드날린 곳으로, 이로써 가지산문과 일연의 인연이 더 깊어졌다. 일연은 1281년 경주에 행차한 충렬왕忠烈王의 부름을 받고 왕이 머무는 행재소行在所로 가서 왕을 뵙고, 몽골의 침략으로 불타 버린 황룡사皇龍寺를 보게 되었다. 이듬해 왕의 청으로 개경의 광명사廣明寺에 머물다가 다음 해인 1283년 국사國師에 봉해졌다. 그의 나이 78세였다.

1284년에는 불교계 최고 지위인 국존國尊으로 책봉되어 '원경충조園鏡冲照'라는 호를 받기도 했다. 그러나 일연은 노모를 봉양하고자 홀연忽然 고향 경산으로 내려갔다. 이때 일연은 스스로를 '목암睦庵'이라고 칭했는데, 짚신을 삼아 노모를 봉양한 중국의 고승 진존숙陳尊宿을 흠모해 그가 살았던 목주睦州에서 가져온 이름이다. 그의 효심이 얼마나 깊었는지를 짐작할 수 있다. 얼마 후 노모가 돌아가시자,

일연이 입적한 군위 인각사 전경(왼쪽)과 인각사 경내에 있는 보각국사탑(오른쪽).

조정에서는 군위의 인각사麟角寺를 수리해 주고 토지를 주어 일연이 편안히 지낼 수 있게 하였다. 그로부터 5년 후인 1289년, 일연은 84세를 일기로 인각사에서 입적入寂하였다.

일러두기

- 이 책은《삼국유사》권1 〈기이 1〉과 권2 〈기이 2〉로 이루어져 있다.
- 원문은 파른 손보기(1922~2010) 교수가 소장하다가 기증한 '파른본'(1, 2권 1책)을 따랐다. 왕력을 포함한 조선 초기본으로, 일그러진 글자나 탈획된 부분이 거의 없고 인쇄 상태가 선명한 희귀본이다. 보물 제1866호.
- 음과 뜻은 같으나 모양이 다른 이체자異體字의 경우, 입력의 용이를 위해 정자正字로 변경하여 입력했다.
- 원문 속 〈 〉로 처리된 한자는 찬자撰者인 일연이《삼국유사》에 붙인 주석이다.
- 직역 풀이에서 앞뒤로 '‒ ‒' 처리된 내용은 번역자의 주석이다.

〈기이〉 제1편

大抵古之聖人　方其禮樂興邦　仁義
대 저 고 지 성 인　방 기 예 악 흥 방　　인 의

設敎　則怪力亂神　在所不語。然而帝
설 교　즉 괴 력 난 신　재 소 불 어　연 이 제

王之將興也　膺符命　受圖錄　必有以
왕 지 장 흥 야　응 부 명　수 도 록　필 유 이

異於人者, 然後能乘大變　握大器　成
이 어 인 자, 연 후 능 승 대 변　악 대 기　성

大業也。…　然則三國之始祖　皆發乎
대 업 야。　연 즉 삼 국 지 시 조　개 발 호

神異　何足怪哉。此紀異之所以漸諸
신 이　하 족 괴 재。차 기 이 지 소 이 점 제

篇也　意在斯焉。
편 야　의 재 사 언

➡ 무릇 옛날 성인은 바야흐로 예악으로 나라를 일으키고 인의로 가르
침을 세운즉 괴력난신은 말하지 않은 바가 있다. 그러나 제왕이 장
차 일어남에 부명을 안고 도록을 받아 반드시 남과 다름이 있는 것
이며, 그런 후에 능히 큰 변화를 타고 대기(천자의 자리)를 잡아 대업
을 이룰 수 있는 것이다. … 그러한즉 삼국의 시조가 모두 신이에서

나왔다는 것이 어찌 족히 괴이하겠는가? 이것이 〈기이〉가 제 편을
이끄는 까닭이요 의도가 여기에 있다.

抵
이르다 **저**

① 거스르다 ② 이르다 ③ 의지하다 ④ 해당하다

대저大抵 대체로 보아.

저항抵抗 밖으로부터 가해지는 힘에 굴복하여 따르지 않고 거역하거나 버팀.

邦
나라 **방**

① 나라 ② 도읍 ③ 천하

이방인異邦人 다른 나라 사람.

동방예의지방東方禮儀之邦 동쪽에 있는, 예의를 잘 지키는 나라라는 뜻으로, 중국에서 우리나라를 일컫던 말.

怪
기이하다 **괴**

① 기이하다 ② 의심함 ③ 도깨비, 정상이 아닌 것

괴력난신怪力亂神 괴이怪異, 용력勇力, 패란悖亂, 귀신 등 이성적으로 설명하기 어려운 불가사의한 존재나 현상.

괴수怪獸 괴상하게 생긴 짐승. 또는 공상 속의 짐승.

膺
품다 **응**

① 가슴 ② 품다 ③ 받다

권권복응拳拳服膺 마음에 깊이 새겨 잊어버리지 않고 간직함.

응수膺受 선물 등을 받음.

符
징조 **부**

① 부신 ② 상서 ③ 부적 ④ 맞다 ⑤ 징조
부명符命 하늘이 제왕이 될 만한 사람에게 내리는 상서로운 징조
부절符節 돌이나 대나무, 옥 따위로 만든 물건에 글자를 새겨
　　다른 사람과 나눠 가졌다가 나중에 다시 맞추어 증거로 삼
　　는 물건.

圖
그림 **도**

① 그림, 그리다 ② 꾀하다 ③ 법, 규칙
도록圖錄 앞날의 길흉을 예언하는 내용을 적은 책.
의도意圖 무엇을 이루려고 꾀함.

於
어조사 **어**

① 어조사 ② 있다 ③ 탄식하다, 감탄소리 아!
어언지간於焉之間 알지 못하는 사이에 어느덧.

해　설

일연은 중국 역사에 나오는 전설적인 삼황오제三皇五帝를 비롯한 인물들을 열거하며, 그들이 세상에 등장할 때에는 항상 신이神異한 조짐이 보였다고 말한다. 예컨대 중국 전설 속 제왕 복희씨伏羲氏는 황하에서 용마龍馬가 가지고 나온 그림으로 주역의 8괘를 그렸고, 하나라 우왕은 낙수洛水에서 나온 거북이의 등에 쓰인 글귀로 9개 조항의 큰 법, 즉 홍범구주洪範九疇를 만들었다. 이들은 용과 관계하거나 무지개에 감싸이고, 알을 삼키고, 거인의 발을 밟는 등 특이한 출생의 비밀을 가지고 있다. 그러므로 우리 역사 속 시조들이 신이한 기적 속에서 출생한 것 또한 전혀 괴이하지 않으며, 오히려 이러한 신이함이 있었기 때문에 나라를 세우는 등의 대업大業을 이룰 수 있었다.

유사遺事와 기이紀異

일찍이 공자는 괴력난신怪力亂神을 말하지 않는다고 하였다. (《논어》 술이편 22장) 괴력난신은 괴이한 힘과 세상을 어지럽히는 귀신 등 합리적으로 설명할 수 없는 현상, 즉 주술·미신·귀신 따위를 가리킨다. 유학자였던 김부식은 공자의 말씀에 따라 《삼국사기》를 편찬하면서 가급적 신이한 행적들을 기록하지 않았다. 반면 승려였던 일연은 신이한 행적에도 의미가 있다고 여겨 단군신화부터 삼국의 건국신화 등 왕들의 신이한 행적을 모아 '신이함을 기록하다'는 의미의 '기이'편을 만들었고, 이를 《삼국유사》의 첫 편으로 삼았다.

뿐만 아니라 일연은 다른 편에서도 여러 기록들과 더불어 설화나 전설 등 민간에 전해지던 이야기를 다수 수록하였다. 그래서 책 제목을 '유사遺史'가 아니라 '유사遺事'라 한 것이다. 여기에 《삼국사기》와 같은 정통 역사서에서 다루지 않은 부분이나 내용을 담고자 했던 저자 일연의 저술 태도와 의도가 담겨 있다.

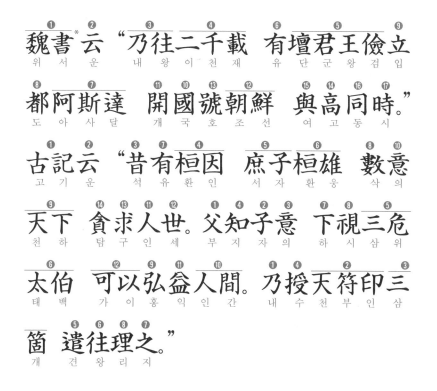

魏書*云 "乃往二千載 有壇君王儉立
위 서 운　내 왕 이 천 재　유 단 군 왕 검 입

都阿斯達 開國號朝鮮 與高同時."
도 아 사 달　개 국 호 조 선　여 고 동 시

古記云 "昔有桓因 庶子桓雄 數意
고 기 운　석 유 환 인　서 자 환 웅　삭 의

天下 貪求人世. 父知子意 下視三危
천 하　탐 구 인 세　부 지 자 의　하 시 삼 위

太伯 可以弘益人間. 乃授天符印三
태 백　가 이 홍 익 인 간　내 수 천 부 인 삼

箇 遣往理之."
개　견 왕 리 지

➡ 위서魏書에서 말하길, "2천 년 전에 단군왕검이 있어 아사달에 도읍을 세우고 나라를 열어 '조선'이라 하였으니, 고高(중국 요임금)와 같은 때이다" 하였다. 고기古記에서 이르길, "옛날에 환인(제석이라 한다)의 여러 아들 중 환웅이 있어 자주 천하에 뜻을 두고 인간 세상을 구하길 탐하였다. 아버지가 아들의 뜻을 알고 삼위 태백을 내려보니 널리 인간을 이롭게 할 만하였다. 이에 천부인 3개를 주어 가서 다스리게 하였다"고 하였다.

* 위나라 역사서로 추측되지만 중국 역사상 위나라가 여러 개 있으며,《위서》도 여러 종류

가 있다. 현전하는 《위서》에는 고조선 건국 관련 기록이 없다. 지금은 전하지 않지만 또 다른 《위서》가 있을 가능성도 있다.

핵심 한자

乃
이전에 내

① 이에 ② 너 ③ 이전에, 저번에

필사내이必死乃已 반드시 죽고야 맒.

내옹乃翁 너의 아비, 이 아비라는 뜻으로, 주로 편지글에서 아버지가 자녀에게 자기를 가리키는 말.

往
옛 왕

① 가다 ② 예, 옛적 ③ 보내다 ④ 뒤, 나중

기왕旣往 시간적으로 이미 시나가 버린, 현재 이전.

설왕설래說往說來 여러 말이 서로 오고감. 또는 무슨 일의 옳고 그름을 따지느라고 말로 옥신각신함.

왕생극락往生極樂 이 세상을 떠나 극락세계에 가서 다시 태어남.

桓
크다 환

① 굳세다 ② 크다 ③ 머뭇거리다 ④ 무환자나무 ⑤ 푯말

반환盤桓 머뭇거리며 그 자리를 멀리 떠나지 못하고 서성이는 일.

단환檀桓 황벽나무의 뿌리.

庶
여러 서

① 여러, 무리 ② 첩의 자식 ③ 벼슬이 없는 사람 ④ 천하다

서민庶民 사회적 특권이나 경제적인 부를 많이 누리지 못하는 일반 사람.

서정쇄신庶政刷新 여러 가지 정치상의 폐단을 말끔히 없애고 새롭게 함. 없애다 쇄刷

서얼庶孽 서자와 그 자손. 첩의 자식 얼孽

數
자주 삭

① 세다 ② 수 ③ 헤아리다 ④ 역법, 운수 ⑤ 자주 ⑥ 수단, 방법

부지기수不知其數 그 수를 알 수 없다는 뜻으로, 헤아릴 수 없을
　만큼 매우 많음을 나타내는 말.

구설수口舌數 남에게 시비하거나 헐뜯는 말을 들을 운수.

별수別數 별다른 방법.

壇
단 단

① 단 ② 특수사회 ③ 뜰

기단基壇 건축물이나 비석 따위의 기초가 되는 단.

문단文壇 문학을 전문으로 하는 사람들의 활동 무대나 분야.

화단花壇 화초를 심기 위하여 흙을 약간 높게 쌓아 만든 꽃밭.

Tip 　여기서는 '壇'君이라 표기되어 있으나 《제왕운기》와 《세종실록》 지리
지에서 인용한 〈檀君古記〉에는 '檀'(박달나무 단)으로 표기되어 있다. 일반적
으로 '檀'으로 쓴다.

해　설

천제天帝 환인桓因의 아들 환웅桓雄이 인간 세상에 내려가고자 하자,
환인이 천부인天符印(신령한 징표) 3개를 주며 내려가 다스리게 하였
다. 이에 환웅은 풍백風伯·우사雨師·운사雲師를 거느리고 농사와 생
명·질병·형벌·선악 등 360여 가지 일을 주관하였다. 이때 곰과
호랑이가 인간이 되고 싶다고 하자, 환웅은 그들에게 쑥과 마늘을 먹
으며 100일 동안 햇빛을 보지 말라고 하였다. 호랑이는 결국 참지 못
하였고, 참고 견딘 곰은 21일 만에 여성이 되었다. 사람이 된 웅녀熊

女는 아이를 낳게 해 달라고 기도하였고, 이를 본 환웅이 잠시 사람으로 화하여 혼인하여 아들을 낳았는데 그가 단군왕검檀君王儉이다. 단군왕검은 중국 요임금의 즉위 50년에 평양성에 도읍하고 나라를 세워 '조선'이라 하였다.

'고조선'과 고'조선'

기원전 2333년 무렵에 단군이 세운 나라의 이름은 '조선朝鮮'이다. 그러나 1392년 이성계가 고려를 무너뜨리고 세운 '조선'과 구별하기 위해 우리나라 최초의 국가, 단군이 세운 국가를 '고조선古朝鮮'이라 부른다. 그런데 고려 사람 일연이 《삼국유사》를 편찬하면서 첫 항목의 제목으로 이미 '고조선'이라는 용어를 사용하였다. 후에 조선이라는 나라가 세워질 줄 미리 알고 '고'조선이라는 용어를 썼을 리 만무하다. 어찌된 영문일까?

페이지를 넘겨 두 번째 항목을 보면 그 제목이 '위만조선魏滿朝鮮'이다. 그리고 첫 항목 '고조선' 아래에 '왕검조선王儉朝鮮'이라고 부기되어 있다. 즉, 일연은 단군이 세우고 그 후손이 통치한 조선과 중국 전국시대 연燕나라 사람 위만과 그 후손이 다스린 조선을 구분하여, 앞 시기에 존재한 조선이라는 의미에서 단군왕검의 조선을 '고'조선이라 한 것이다. 물론 오늘날 우리가 사용하는 '고조선'은 왕검조선과 위만조선을 모두 아우르는 것으로 일연이 《삼국유사》에서 표현한 '고'조선과는 다르다.

단군=천손

단군신화의 내용은 대부분 단군檀君의 아버지, 환웅의 이야기로 채워져 있다. 고조선의 통치 이념으로 알려진 '홍익인간弘益人間'도 환인·환웅의 통치 이념이라 할 수 있다. 물론 아들인 단군이 그 이념을 계승했을 수도 있다. 그러나 환웅은 '태백太伯'에 내려와 통치했으며, 단군은 평양성에 도읍을 정하고 이후 아사달로 옮겨 통치하였다. 즉, 단군은 아버지 환웅의 권력을 계승한 것이 아니라 독자적으로 자신의 세력을 형성했던 것이다.

그럼에도 불구하고 아버지 환웅의 이야기를 장황하게 하는 이유는 무엇인가? 환인-환웅-단군으로 이어지는 가계家系를 드러내, 단군 자신은 '천손天孫'이므로 나라를 세우고 다스릴 만한 인물이라는 점을 내세우기 위함이었다. 단군왕검이라는 이름에서 알 수 있듯이, 단군=무巫(제사장), 왕검=왕王으로 단군왕검이라는 명칭은 무왕巫王, 즉 샤먼 왕의 성격을 갖는다. 여기에 '천손'이라는 점은 제사장의 권력을 보장하는 논리가 되기에 충분했으며, 이를 바탕으로 단군은 고조선을 건국하고 그 통치를 정당화하였을 것이다. 즉, 단군신화는 고조선의 지배층이 자신들의 지배와 통치를 정당화하는 장치였다. 고조선뿐 아니라 삼국, 가야 등 모든 고대국가가 건국신화를 가지고 있는 것도 같은 이치다.

단군신화에 나오는 수數

• 3 : 신화 속에 등장하는 3개의 천부인天符印이 무엇인지 언급되어 있지 않으나, 천자의 아들이라는 징표가 될 수 있는 신분의 상징으로 그 시대에 가장 귀한 물건이었음이 틀림없다. 신화에서 환웅이 농업 관련 3사師를 데리고 왔다고 하므로, 당시는 농사를 본격적으로 시작한 때로 청동기시대로 볼 수 있다. 청동기시대를 대표하는 세 가지 유물은 청동검, 청동거울, 청동방울로 무기이자 제사장의 권위를 나타내는 도구였다. 일본 신화에 의하면, 일본의 천황은 태양의 여신 아마테라스 오미카미의 아들이라고 하며 검, 거울, 옥을 삼종신기三種神器라 하여 그 징표로 삼는다고 한다.

- 360 : 환웅은 360여 가지의 일을 주관했다고 한다. 이 360은 곧 1년을 가리킨다. 1년간 사람들에게 일어날 수 있는 모든 일, 즉 농사와 생명·질병·형벌·선악 등을 환웅이 관장했다는 것으로, 곧 360은 통치와 지배를 의미하는 수이다.

- 100과 21 : 환웅이 곰과 호랑이에게 쑥과 마늘을 주며 100일을 견디라고 하여, 이 말에 따라 참고 견딘 곰은 21일 만에 여자가 되었다. 100과 21은 우리나라의 전통적인 출산 및 육아와 관련된 숫자로, 출산 후 삼칠일, 즉 21일간은 외부인의 출입을 금하며, 100일이 지나야 비로소 아이가 외출할 수 있다.

燕人魏滿亡命 聚黨千餘人 東走出
연 인 위 만 망 명　취 당 천 여 인　동 주 출

塞 渡浿水 居秦故空地上下障。稍
새　도 패 수　거 진 고 공 지 상 하 장　초

役屬眞番朝鮮蠻夷及故燕·齊亡命者
역 속 진 번 조 선 만 이 급 고 연 제 망 명 자

王之都王儉。
왕 지 도 왕 검

➡ 연나라 사람 위만이 망명하였는데, 무리 1천여 인을 모아 동으로 달려 요새를 빠져나와 패수를 건너 진의 옛 공터 상하장에 머물렀다. 점차 진번·조선·만이 및 옛 연·제 망명자들을 복속시켜 왕이 되어 왕검에 도읍하였다.

핵심 한자

魏
나라 이름
위

① 나라 이름 ② 대궐 ③ 빼어나다

위궐魏闕 대궐의 문.

위서魏書 중국 정사正史의 하나. 후위後魏 1대의 역사를 기록한 것이다.

33

黨
무리 **당**

① 무리, 일가 ② 혹시, 아마도 ③ 접하다, 사귀다

정당政黨 정치에 대한 이념이나 정책이 일치하는 사람들이 정치적 이상을 실현하기 위하여 조직하는 단체.

당리당략黨利黨略 정당의 이익과 그 이익을 위한 정치적 계략을 아울러 이르는 말.

塞
변방 **새**

① 변방 ② 성채 ③ 막다

새옹지마塞翁之馬 '변방에 사는 늙은이의 말'이란 뜻으로, 세상 일의 좋고 나쁨을 미리 예측할 수 없다는 의미.

요새要塞 국방상 중요한 곳에 튼튼하게 만들어 놓은 방어 시설. 또는 그러한 시설을 한 곳.

稍
점점 **초**

① 벼줄기의 끝 ② 점점 ③ 작다

초잠식지稍蠶食之 누에가 뽕잎을 조금씩 먹어 들어가는 것처럼, 점차 조금씩 침입하거나 차지함을 비유적으로 이르는 말.

누에 잠蠶

초해문자稍解文字 겨우 글자나 알아볼 정도로 무식을 면함.

役
부리다 **역**

① 부리다 ② 싸움, 전쟁 ③ 병사 ④ 요역徭役

역속役屬 어떤 사람을 사병私兵 따위로 소속시킴.

역할役割 일정한 자격으로 자신이 하여야 할 맡은 바의 일.

역사役事 규모가 큰 토목이나 건축 따위의 공사.

역군役軍 일정한 부문에서 중요한 역할을 하는 사람을 비유적
으로 이르는 말.

해 설

한漢나라가 다시 중국을 통일하면서 공신들을 제후로 봉했는데, 그
중 노관盧綰은 연왕燕王에 봉해졌다. 그러나 얼마 후 노관이 흉노로
망명해 버리면서 연나라 지역은 한의 지배 하에 놓이는 등 혼란해졌
고, 이 틈에 연나라 사람 위만이 무리 1천 명을 거느리고 고조선으
로 망명해 왔다. 그는 다른 망명자들을 모아 세력을 키운 후, 기원전
194년 고조선의 준왕準王을 몰아내고 스스로 조선의 왕이 되었다.

이후 손자 우거右渠 때 주변 소국인 진번眞番 · 진국辰國이 우거가
길을 막아 통할 수 없다는 글을 한나라 황제에게 올렸고, 한 황제가
우거를 타일렀으나 오히려 우거는 명령을 거부하였다. 마침내 기원
전 109년 한이 해로와 육로로 군사를 파견하였다. 고조선은 한에 맞
서 1년간 항쟁했으나, 결국 항복하고자 하는 세력의 내응內應으로 말
미암아 멸망하였다. 한은 고조선의 땅을 4개의 군郡(한사군漢四郡)으
로 만들었다.

위만의 국적은?

위만이 어느 나라 사람이냐에 따라 위만조선의 성격도 달리 볼 수 있
다. 일찍이 일본인 학자들은 위만을 연나라 사람으로 보고, 위만조선
을 중국의 한반도 북부 지배로 이해하여 우리나라 역사 속 식민성을
강조하려 했다. 우리 학계에서는 위만을 조선인 계통의 연나라 사람
으로 보고 있다.《사기史記》조선전에 위만이 고조선으로 망명할 때
'상투를 틀고 오랑캐 복장을 하고' 있었다는 기록과 그가 준왕을 몰

아내고 왕위를 차지한 후 '조선'이라는 나라 이름을 그대로 사용한 점을 그 근거로 삼고 있다.

조선시대 초기까지도 북방과 우리나라 사이에 인구이동이 활발했다. 이를 굳이 연나라 사람, 조선 사람으로 나누어 볼 필요가 있을지 의문이다. 위만이 '조선'이라는 나라를 통치한 것을 보면 고조선을 부정한 것이 아니라 계승했다고 할 수 있다. 그가 어느 나라 사람이건, 고조선의 역사가 계승되었다는 점이 중요하지 않을까.

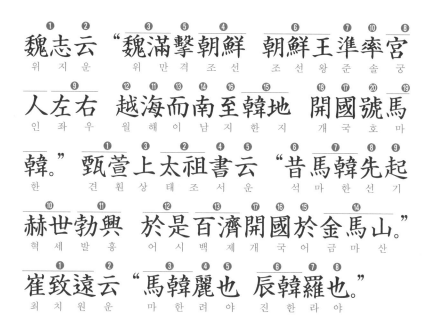

魏志云 "魏滿擊朝鮮 朝鮮王準率宮
위 지 운 　 위 만 격 조 선 　 조 선 왕 준 솔 궁

人左右 越海而南至韓地 開國號馬
인 좌 우 　 월 해 이 남 지 한 지 　 개 국 호 마

韓." 甄萱上太祖書云 "昔馬韓先起
한 　 견 훤 상 태 조 서 운 　 석 마 한 선 기

赫世勃興 於是百濟開國於金馬山."
혁 세 발 흥 　 어 시 백 제 개 국 어 금 마 산

崔致遠云 "馬韓麗也 辰韓羅也."
최 치 원 운 　 마 한 려 야 　 진 한 라 야

⏩ 위지에 이르길, 위만이 조선을 공격하자 조선왕 준이 좌우 궁인을
거느리고 바다를 건너 남쪽으로 한韓 땅에 이르러 나라를 세우고
'마한'이라 하였다고 한다. 견훤이 태조(왕건)에게 올린 글에서 말하
길, '옛날 마한이 먼저 일어나고 혁거세가 발흥하니 이에 백제가 금
마산에서 나라를 열었다' 하였다. 최치원이 말하길, '마한은 고구려
고 진한은 신라다'라고 하였다.

Tip 　위지魏志 : 중국 서진西晉의 진수陳壽가 편찬한 삼국시대의 사서史書
《삼국지三國志》65권 중에서 위魏나라의 역사를 기록한 30권.

擊
치다,
때리다 격

① 치다, 때리다 ② 부딪히다 ③ 다스리다

격양노인擊壤老人 태평한 생활을 즐거워하여 노인이 땅을 치며
　　노래함. 땅 양壤

공격攻擊 나아가 적을 치다.

率
거느리다
솔

① 거느리다 ② 좇다 ③ 앞장서다 ④ 갑자기

통솔統率 사람이나 집단, 조직 등을 거느리고 다스림.

솔선수범率先垂範 남보다 앞장서서 행동하여 다른 사람의 본보
　　기가 됨. 법 범範

솔연率然 갑자기.

甄
성씨 견

① 질그릇 ② 땅 ③ 분별하다 ④ 나타나다

견도甄陶 질그릇.

견표甄表 뚜렷이 밝혀 나타냄.

견별甄別 뚜렷하게 나눔.

萱
사람이름
훤

① 원추리(백합과의 여러해살이풀)

훤초萱草 원추리.

훤당萱堂 남의 어머니를 높여 이르는 말.

勃
성하다 발

① 우쩍 일어나다 ② 갑자기 ③ 발끈하다 ④ 성하다

발발勃發 전쟁이나 큰 사건 등이 갑자기 일어남.

발연작색勃然作色 왈칵 성을 내어 얼굴빛이 변함.

이에 대해 일연은 《삼국사기三國史記》에는 신라가 갑자년甲子年(기원전 57)에 먼저 일어나고, 고구려가 그 후 갑신년甲申年(기원전 37)에 일어났다고 하였는데, 여기서 고구려가 먼저 일어났다고 하는 것은 조선왕 준을 말한 것이다. 동명왕이 일어날 때 이미 마한을 아울렀기 때문에 고구려를 마한이라고 한 것이며, 오늘날 사람들이 마한이 백제가 되었다고 하는 것은 잘못된 것이다"라고 주석을 덧붙였다.

삼한과 삼국의 관계

《삼국지三國志》권卷30 위서魏書30 동이전東夷傳 제第30에는 '장기좌우궁인주입해將其左右宮人走入海, 거한지居韓地, 자호한왕自號韓王'이라고 하여 준왕이 남쪽으로 온 사실을 말할 뿐 그 지역이 마한이라는 표현은 없다. 고려 말 이승휴의 《제왕운기帝王韻記》에서 준왕이 금마군으로 옮겼다('準乃移居金馬郡')고 하고, 권람權覽의 《응제시주應製詩註》에서도 준왕이 남으로 금마군에 이르러 나라를 세우고 마한이라 했다('箕準避衛滿之亂 浮海而南至金馬郡 開國號馬韓 今益山郡')고 한다. 즉, 고려 말에는 준왕이 내려온 지역을 '마한'이라 이해했음을 알 수 있다.

한편 견훤의 상서와 최치원의 글을 보면 신라 말에는 고구려=마한, 신라=진한, 백제=변한이라는 삼한三韓 인식을 가지고 있었음을 짐작할 수 있다. 《삼국유사》에 기록된 최치원의 말은 그가 쓴 〈상태사시중장上太師侍中狀〉에 나오는 '동해 밖에 삼국이 있으니 그 이름은 마한 변한 진한으로 마한은 고려요, 변한은 백제, 진한은 신라입니다'라는 표현으로, 《삼국사기》 열전 최치원전에 실려 있다. 일연도 "백제 땅에 원래 변산이 있으므로 변한이라 한 것이다"(기이1 변한 백제), "진秦의 유망인이 한국에 오자 마한이 동쪽 경계의 땅을 주고 서

로 〈도徒〉라고 부르는 등 진어秦語와 비슷하므로 혹은 진한秦韓이라
하였다"(기이1 진한)고 했다.

이처럼 김부식이나 일연은《삼국사기》와《삼국유사》를 편찬하면서
최치원의 삼한 인식을 그대로 계승해 나갔다. 이승휴의《제왕운기》
에도 신라=진한, 고구려=마한, 백제=변한임을 언급하고 있다. 즉, 최
치원의 삼한 인식은 고려 사회에 그대로 계승되어, 고조선-삼한-삼
국의 관계를 계승적 · 발전적 입장에서 인식하고자 했던 것이다.

그러던 것이 조선시대에 이르러 최치원의 삼한 인식에 대한 찬반
논쟁으로 발전했다. 한백겸이 '최치원이 억지로 삼국을 삼한에 나누
어 귀속시킨바, 진한을 신라로 삼는 것은 올바르지만 변한을 백제로,
마한을 고구려로 삼는 것이 그릇됨은 길게 말할 필요가 없다'(《東京雜
記》)고 문제를 제기하고, 이를 유득공 · 정약용 등이 정설로 인정하면
서 오늘날의 삼한 이해로 이어지고 있다.

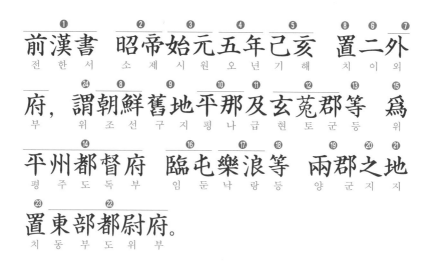

前漢書 昭帝始元五年己亥 置二外
전 한 서　소 제 시 원 오 년 기 해　치 이 외

府, 謂朝鮮舊地平那及玄菟郡等 爲
부　위 조 선 구 지 평 나 급 현 토 군 등　위

平州都督府 臨屯樂浪等 兩郡之地
평 주 도 독 부　임 둔 낙 랑 등　양 군 지 지

置東部都尉府。
치 동 부 도 위 부

● 《전한서》의 "소제 시원 5년(기원전 82) 기해에 2개의 외부外府를 두었
다"고 하였는데, 이는 조선의 옛 땅 평나와 현도군 등이 평주도독부
가 되고, 임둔·낙랑 등 2군의 땅에 동부도위부를 둔 것을 말한다.

Tip 시원始元: 중국 전한前漢 소제昭帝의 연호로 기원전 87~기원전 74년
에 사용.

핵심 한자

昭
밝다 소

① 밝다 ② 밝게 ③ 나타나다 ④ 소목(종묘·사당에 신주를 모
시는 배열 차례)
소연昭然 밝고 뚜렷하게.

소설昭雪 원통한 죄를 밝혀 누명을 씻음.

소목昭穆 사당에 조상의 신주神主를 모시는 차례. 왼쪽 줄을 소昭, 오른쪽 줄을 목穆이라 하여 1세를 가운데에 2, 4, 6세를 소에 3, 5, 7세를 목에 모신다. **화목할 목穆**

府
관아 **부**

① 곳집 ② 도성 ③ 관아

정부政府 나라의 일반 행정을 맡아보는 국가기관.

명부冥府 사람이 죽은 후에 그 혼령이 가서 산다고 하는 세상.

菟
새삼(식물)
토

① 새삼 ② 토끼 ③ 범 도

현도군玄菟郡 전한前漢의 무제武帝가 기원전 108년에 고조선을 멸망시키고 그 땅에 설치한 4개의 군 중 하나. 313년 고구려에 병합되었다.

토구지지菟裘之地 벼슬을 내놓고 은거하는 곳이나 노후에 여생을 보내는 곳.

督
통솔하다
독

① 살펴보다 ② 통솔하다 ③ 촉구하다

감독監督 어떤 일을 잘못이 없도록 보살펴 단속함. 또는 그 일을 맡은 사람. **보다 감監**

독촉督促 어떤 일을 빨리 서둘러 하도록 바짝 다그쳐 요구함.

尉
벼슬 **위**

① 벼슬 ② 위로하다 ③ 다리다

도위都尉 고구려 때와 고려, 조선시대에 임금의 사위에게 주던 칭호.

이에 대해 일연은 자신의 생각을 덧붙여 두었다.

"내 생각에,《전한서》조선전에는 진번·현도·임둔·낙랑 등으로 되어 있는데, 지금 (여기에) 평나는 있고 진번이 없으니 아마 같은 땅의 두 이름일 것이다."

4군과 2부

한漢나라는 기원전 108년 위만조선을 멸망시키고 그 땅을 통치하기 위해 낙랑군·임둔군·진번군을 설치하였다. 다음 해인 기원전 107년에 현도군을 두고 군 태수 등을 파견하여 직접 다스리고자 하였다. 그러나 토착 세력들의 저항이 거세어 결국 기원전 82년에 진번과 임둔 두 군을 폐지하고 각각 낙랑군과 현도군에 병합시켰다. 기원전 75년에는 토착민의 반발로 현도군을 요동 지방의 흥경, 노성으로 옮겼고, 이때 현도군의 일부 현들(단단대령 동쪽 7현)이 낙랑군에 편입되었다. 낙랑군은 진번·현도 영역에 각각 남부도위南部都尉와 동부도위를 설치하여 관리하였다.《삼국유사》에서 일연이 말한 평주도독부와 동부도위부는 곧 이 2부를 가리킨다. 평나는 지금의 평산平山인데, 고려 초의 평주도호부平州都護府를 가리키는 것으로 보인다. 1세기 말경 고구려의 잦은 공격으로 현도군은 다시 무순 지방으로 후퇴하였고, 선비족 모용씨의 지배를 받다가 5세기 전에 고구려에 편입되어 소멸되었다.

후한시대에 접어들어 낙랑군도 공손씨의 지배를 받기도 하고, 후한의 중앙에서 더 이상 관리를 파견하지 않아 군의 기능을 잃어 갔다. 313년 마침내 고구려가 낙랑군을 축출함으로써 중국 군현의 지배는 끝났다.

後漢書云 西漢以朝鮮舊地 初置
후 한 서 운   서 한 이 조 선 구 지   초 치

爲四郡 後置二府。法令漸煩 分爲
위 사 군   후 치 이 부   법 령 점 번   분 위

七十八國 各萬戶。
칠 십 팔 국   각 만 호

➡ 《후한서》에서 이르길, "서한은 조선 옛 땅에 처음에 4군을 두게
되었다가 후에 2부를 두었다. 법령이 점차 번거로워져 나뉘어 78국
이 되었는데 각 1만 호였다"고 하였다.

핵심 한자

舊
옛 구

① 옛날 ② 오래다 ③ 예로부터, 본래 ④ 늙은이
송구영신送舊迎新 묵은해를 보내고 새해를 맞음.
구습舊習 아주 오래전부터 내려오는 낡은 풍습.
복구復舊 손상되기 전의 본래 상태로 회복되게 함.

置
두다 치

① 두다 ② 베풀다 ③ 세우다 ④ 버리다
방치放置 그냥 둠.
조치措置 어떤 문제나 사태를 처리하고자 필요한 대책을 세움.

치추지지置錐之地 송곳을 세울 만한 좁은 땅.

煩
번거롭다
번

① 번거롭다 ② 괴로워하다 ③ 번민

번잡煩雜 번거롭고 혼잡함.

번뇌煩惱 마음과 몸을 괴롭히는 욕망이나 분노 따위의 모든 망념妄念을 이르는 말.

해 설

《통전通典》에는 "조선의 유민遺民이 나뉘어 70여 국이 되었는데, 모두 땅은 사방 1백 리다"라고 하였다. 《후한서》 기록에 대해 일연은 "마한은 서쪽에 위치하며 54개의 소읍이 있어 모두 국이라 칭하고, 진한은 동쪽에 있어 12개 소읍이 모두 국을 칭하며, 변한은 남쪽에 있으며 12개 소읍이 각 국을 칭하였다"고 덧붙였다.

78국?

제목에서 '칠십이국'이라고 하였으나 본문에 '78국'이라 하였고, 일연이 덧붙인 주석에도 삼한 소국의 수가 78개국임을 언급하고 있으므로 '칠십팔국'의 오기로 보아야 한다. 본문에서 인용한 《통전》은 당나라 때 두우杜佑가 768~771년에 걸쳐 찬술한 사서史書인데, 현존하는 《통전》에는 보이지 않는다. 한편 《후한서》에는 4군에서 2군으로 통합한 내용은 보이지만 2부에 대한 언급은 없다. 앞의 〈이부〉조에서 본 바와 같이 낙랑군에 설치된 동부도위와 남부도위 2부를 혼동한 것으로 보인다.

❶ ❷ ❸ ❺ ❹　❶ ❷ ❸ ❹

前漢時 始置樂浪郡。應劭*曰 故朝鮮
전 한 시　시 치 낙 랑 군　응 소 왈　고 조 선

❺ ❻　❶ ❷ ❸　❹　❺ ❻ ❼

國也。新唐書注云 平壤城 古漢之樂
국 야　신 당 서 주 운　평 양 성　고 한 지 낙

❽ ❾

浪郡也。
랑 군 야

➡ 전한前漢 때 처음으로 낙랑군을 두었다. 응소가 말하길, "옛 조선국
이다"라고 하였다.《신당서》의 주석에서 말하길, "평양성은 옛날 한
나라의 낙랑군이다"라고 하였다.

　* 원문에는 '邵'로 되어 있으나 '劭'의 오기다.

핵심 한자

始
처음으로
시

① 처음 ② 시작하다 ③ 처음에, 처음으로
시종일관始終一貫 처음부터 끝까지 한결같이. 꿰다 관貫.
시작始作 처음으로 함.

浪
물결 **랑**

① 물결 ② 물결이 일다 ③ 떠돌다
풍랑風浪 바람과 물결을 아울러 이르는 말.
유랑流浪 일정한 거처가 없이 떠돌아다님.

劭
힘쓰다 소

① 힘쓰다 ② 권하다, 권장하다

응소應劭 중국 후한 때 관료로, 《한서》의 집해를 비롯하여 136편의 저술을 남겼다.

注
주해 주

① 물대다 ② 뜻을 두다 ③ 적다(=註)

주의注意 마음에 새겨 두고 조심함.

교주校注 틀린 글자나 잘못된 문장 따위를 바르게 고치고 주석을 닮. 또는 그 주석.

壤
흙 양

① 흙 ② 땅 ③ 곡식이 익다

천양지차天壤之差 하늘과 땅 사이와 같은 엄청난 차이.

평양平壤 평안남도 대동강 하류에 있는 도시. 현재 북한의 수도이다.

해 설

이어서 《국사國史》, 즉 《삼국사기》의 내용을 전하고 있다. 즉, 혁거세 30년(기원전 28)에 낙랑인이 와서 투항하였다. 신라 제3대 노례왕(유리이사금) 4년(14년의 오기. 《삼국사기》에는 노례왕 14년의 일로 기록)에 고구려 제3대왕 무휼왕이 낙랑을 멸하니, 낙랑 사람과 대방帶方〈북대방〉 사람들이 신라에 투항하였다(이 기사는 다음 〈북대방〉조에 다시 나온다). 무휼왕 27년(44)에 광무제가 사신을 보내어 낙랑을 멸망시키고 그 땅을 취해 군현으로 삼아 살수 이남이 한나라에 속하게 되었다. 백제 온조왕이 "동쪽에 낙랑이 있고, 북쪽에 말갈이 있다"고 하였으니, 여기서 말하는 낙랑은 한나라 무제가 위만을 멸하고 설치한 4개의 군 중 평안도 일대에 설치한 낙랑과 대방 중 낙랑군郡(평양)을 가리킬 것이다. 당시 신라 사람들 역시 이 지역을 '낙랑'으로 불렀다. 고려에서도 '낙랑군부인夫人'이라는 말이 있었고, 태조 왕건도 신라의 마지막 왕 김부金傅(경순왕)에게 딸을 시집보내며 낙랑공주樂浪公主라 하였다.

낙랑군과 낙랑국

《삼국사기》 박혁거세 30년조에 "낙랑인樂浪人들이 병사를 거느리고 신라를 침략하려다가 돌아갔다"고 기록되어 있고, 노례왕, 즉 유리이사금 14년(37)조에서 "고구려 왕 무휼, 즉 대무신왕이 낙랑군을 멸망시키자 그 유민 5천 명이 투항하였다"는 기사가 있다. 그러므로 본문에서 노례왕 4년이라 한 것은 노례왕 14년의 오기이며, 고구려에 의해 낙랑이 멸망한 후 그 유민이 신라에 유입되었으나 대방인이 투항했다는 기록은 《삼국사기》에 보이지 않는다. 여기서 인용 자료로 언급한 《국사》는 《삼국사기》는 아닌 듯하다.

《삼국사기》에는 다른 낙랑국도 나온다. 《삼국사기》 고구려 대무신왕 15년조(32)에 대무신왕의 아들 호동왕자가 옥저 지방에 놀러갔다가 낙랑 왕 최리를 만나 그의 딸을 아내로 삼는다. 여기서 최리가 다스리는 '낙랑'이 곧 낙랑국이다. 낙랑국에는 적의 침입을 알려 주는 뿔피리와 북이 있었다. 호동왕자가 낙랑공주에게 이 북과 뿔피리를 없애면 아내로 맞이하겠다고 하자, 공주가 이를 부수고 그 사실을 호동에게 알렸다. 호동이 이 사실을 왕에게 보고하여 결국 낙랑국을 멸망시켰다.

본문에서 말하는 '낙랑국'은 한나라 때 위만조선을 멸망시킨 후 그 땅에 설치한 4군 중 하나인 '낙랑군'을 가리킨다.

北帶方 本竹軍*城。新羅弩禮王四年
북 대 방　본 죽 군 성　신 라 노 례 왕 사 년

①　②　③　　④　　⑤　⑥⑦

帶方人與樂浪人投于羅。
대 방 인 어 낙 랑 인 투 어 라

⑧　⑩　⑨　⑬⑫⑪

➡ 북대방은 본래 죽담성이다. 신라 노례왕 4년에 대방인이 낙랑인과
　　더불어 신라에 항복하였다.

    * 원문에는 '覃(담)'으로 되어 있으나《삼국사기》권37 지리4에 '죽군성竹軍城'으로 나오
　　므로 '軍'의 오기로 보는 것이 맞다.

핵심 한자

弩
쇠뇌 **노**

① 쇠뇌 ② 큰 활

노말지세弩末之勢 큰 활 끝의 힘이라는 뜻으로 힘이 아주 약해
　　지고 다 떨어짐을 비유하여 이르는 말.

노례왕弩禮王 신라 제3대 유리이사금儒理尼師今. 제2대 남해차
　　차웅의 아들로 24~57년 재위하였다.《삼국사기》에는 '유리
　　이사금',《삼국유사》왕력에는 '노례이사금'으로 되어 있다.

與
어조사 ~와
여

① 주다 ② 무리 ③ 가담하다 ④ ~와

여민동락與民同樂 (왕이) 백성과 더불어 즐거움을 같이 나누다.

여탈與奪 주는 일과 뺏는 일.

여신與信 금융 기관에서 고객에게 돈을 빌려 주는 일.

여당與黨 정권을 잡고 있는 정당.

投
의탁하다
투

① 던지다 ② 주다 ③ 받아들이다 ④ 의지하다 ⑤ 묵다

이란투석以卵投石 계란으로 바위치기.

투숙객投宿客 숙박 시설에 들어 묵는 사람.

투항投降 무기를 버리고 적에게 항복함.

해   설

이 본문의 내용에 대해 "이것은 모두 전한前漢 때 설치된 2군郡의 이름인데, 그 후 참람되게 국國이라고 부르다가 지금에 와서 항복한 것이다"라고 주석을 붙여 놓았다.

낙랑 · 대방 사람이 함께 왔다?

《삼국사기》 권1 신라본기 유리이사금 14년(37)조에 "고구려왕 무휼이 낙랑군을 습격하여 멸망시키자 그 나라 사람 5천 인이 투항하여 6부部에 나누어 거주하게 하였다"는 기록이 있다. 그러나 대방 사람들도 함께 왔다는 기록은 없다.

曹魏時　始置南帶方郡故云。帶方之
조 위 시　시 치 남 대 방 군 고 운　대 방 지

南海水千里　曰瀚海。
남 해 수 천 리　왈 한 해

▶ 조위曹魏 때 처음으로 남대방군을 두었기 때문(남대방이라 한 것)이
다. 대방의 남쪽 바다 1천 리를 한해瀚海라고 한다.

핵심 한자

曹
나라 이름
조

① 마을 ② 관아 ③ 무리 ④ 나라 이름

육조六曹 고려 말기와 조선시대, 국가 정무政務를 나누어 맡아
　　보던 여섯 관부官府. 이조吏曹, 호조戶曹, 예조禮曹, 병조兵曹,
　　형조刑曹, 공조工曹를 말함.

법조인法曹人 법률에 관계된 일에 종사하는 사람.

조위曹魏 후한 멸망 후 세워진 삼국, 위·촉·오의 하나이다.
　　조조曹操가 두각을 드러내며 그의 아들 조비曹丕가 위나라
　　(220~265)를 세웠기 때문에 '조위'라고도 한다.

故
까닭, 그러므로
고

① 옛 ② 죽은 사람을 이름 ③ 묵다 ④ 관례 ⑤ 까닭, 그러므로

고사성어故事成語 옛날 있었던 일에서 만들어진 어구語句.

온고지신溫故知新 옛것을 익히고 그것을 통하여 새것을 앎.

작고作故 고인이 되었다는 뜻으로, 사람의 '죽음'을 높여 이르는 말.

澣
빨다 **한**

① 빨다 ② 발을 씻다 ③ 열흘

한해澣海 대마도對馬島와 북구주北九州 사이의 바다.

삼한三澣 그달의 상순, 중순, 하순을 아울러 이르는 말.

해 설

본문에는 "후한後漢의 건안建安연간(196~220. 헌제獻帝의 연호)에 마한의 남쪽 황무지를 대방군으로 삼으니 왜와 한韓이 (여기에) 속하였다"라는 주석이 붙어 있다.

대방군

후한 말 중앙의 통제력이 약화되자 요동태수였던 공손도公孫度가 독자 세력으로 성장하였다. 그의 아들 공손강公孫康은 후한 헌제 건안연간에 낙랑군 소속 둔유현屯有縣 남쪽 땅을 떼어 새로 '대방군'을 설치하였다(《삼국지三國志》 동이전東夷傳 위서魏書 한조韓條). 그러므로 북대방·남대방군의 구분은《삼국유사》에만 보이는 것이며, 특히 남대방군이 조위 때 처음 설치되었다는 것도 사실이 아니다.

238년 위魏나라가 공손씨 정권을 무너뜨리고 낙랑·대방군을 차지한 후 265년에 진晉이 위를 멸망시키고 이 지역을 지배했는데, 평주

平州를 새로이 설치하여 대방군과 낙랑군을 평주에 소속시켰다. 311년 고구려 미천왕이 서안평을 점령하면서 중국 본국과의 교통이 단절되어 고립되었으며, 마침내 313년 고구려 미천왕이 낙랑·대방군을 몰아냈다. 선비족의 모용씨가 요서 대릉하 방면에 다시 대방군을 설치했으나, 430년 북위에 의해 폐지되었다.

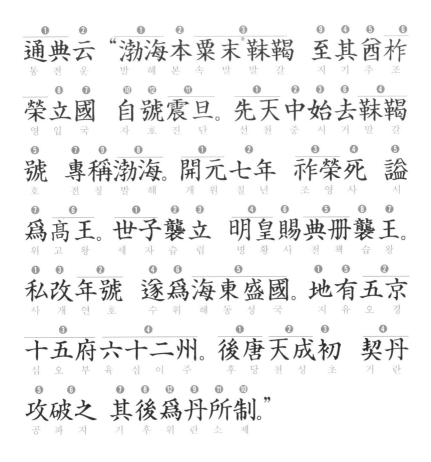

通典云 "渤海本粟末靺鞨 至其酋祚
통 전 운　발 해 본 속 말 말 갈　지 기 추 조

榮立國 自號震旦。先天中始去靺鞨
영 입 국　자 호 진 단　선 천 중 시 거 말 갈

號 專稱渤海。開元七年 祚榮死 諡
호　전 칭 발 해　개 원 칠 년　조 영 사　시

爲高王。世子襲立 明皇賜典冊襲王。
위 고 왕　세 자 습 립　명 황 사 전 책 습 왕

私改年號 遂爲海東盛國。地有五京
사 개 연 호　수 위 해 동 성 국　지 유 오 경

十五府六十二州。後唐天成初 契丹
십 오 부 육 십 이 주　후 당 천 성 초　기 란

攻破之 其後爲丹所制。"
공 파 지　기 후 위 란 소 제

《통전》에서 이르길, "발해는 본래 속말말갈로 그 추장 조영이 나라
를 세움에 이르러 스스로 진단이라 불렀다. 선천先天 연간(713)에
비로소 말갈의 칭호를 버리고 오로지 발해라 칭하였다. 개원 7년
(719) 조영이 죽어 시호를 고왕이라 하였다. 세자(대무예, 2대 무왕)가
이어서 왕위에 오르자 명황(당 현종의 별호)은 칙서를 내려 왕위를

잇게 하였다. 사사로이 연호를 고치더니 마침내 해동성국이 되었다. 그 땅에는 5경 15부 62주가 있었다. 후당 천성 초에 거란이 공격하여 깨뜨리니 그후에는 거란에 지배되었다"고 하였다.

* 원문은 '栗末율미'로 되어 있으나 栗末속말의 오기다.

핵심 한자

渤
바다이름
발

① 바다 이름 ② 물이 솟아나는 모양 ③ 안개가 자욱이 끼는 모양

발해만渤海灣 중국의 요동반도와 산동반도에 둘러싸인 황해의 한 만. 물굽이 만灣

粟
조 속

① 조, 좁쌀 ② 겨를 벗기지 아니한 살 ③ 녹, 봉록

창해일속滄海一粟 넓은 바다 가운데 한 알의 좁쌀이라는 뜻으로, 매우 많거나 넓은 것 가운데 섞여 있는 보잘것없는 것을 비유적으로 이르는 말.

납속納粟 조선시대 나라에 곡물을 바치고 그 대가로 벼슬을 주거나 부역을 면하게 해 주거나 신분을 올려 주던 일.

속말부粟末部 말갈 부족의 하나로 발해 건국에 참여함.

靺
북방종족이름
말

① 북방 종족 이름 ② 버선

말갈靺鞨 6세기에서 7세기경 만주 동북부 지방에 거주했던 통구스계 민족. 속말, 백돌, 흑수 등 7부족이 있었으며 발해 건국에 많이 합류함.

祚
복 조

① 복 ② 녹봉 ③ 임금의 자리 ④ 갚다

경조景祚 크나큰 복.

제조帝祚 천자의 지위를 높여 부르는 말.

旦
아침 단

① 아침 ② 밤을 새우다 ③ 환한 모양

원단元旦 설날 아침.

진단震旦 중국을 달리 이르는 말.

契
종족이름
거

① 맺다, 약속하다 ② 새기다 ③ 자르다 계 ④ 종족 이름 거

거란契丹 5세기 이래 내몽고의 시라무렌강 유역에서 거주한 유목민족을 이르던 말. **붉을 단, 정성스러울 란丹**

계기契機 어떤 일이 일어나거나 바뀌게 되는 원인이나 기회.

계약契約 두 사람 이상이 합의를 이룸으로써 이루어지는 법률 행위.

해 설

《삼국사三國史》에서 "678년에 고구려 유민들이 태백산 아래에 발해를 건국하였고, 732년에 명황이 이를 토벌하였고, 733년에 발해와 말갈이 당의 등주를 침략하여 현종이 이를 토벌하였다"고 하였다(《삼국사三國史》는 고려 초기에 편찬된 삼국시대의 역사서 《구삼국사》로 추정하지만

이와 유사한 내용이 《삼국사기》 〈열전〉 '최치원전'에도 보여 구삼국사로 단정하기 어렵다는 견해도 있다). 《신라고기新羅古記》에서는 고구려의 옛 장수 대조영이 태백산 남쪽에 발해를 건국하였다고 하였다. 일연은 이상의 내용을 참고할 때 발해가 말갈의 별종이며 분리와 통합이 같지 않을 뿐이라고 덧붙였다.

당나라 가탐의 《군국지》에 "발해국의 압록·남해·부여·추성 4부는 고구려의 옛 땅이며, 신라 천정군에서 추성부까지 39역驛이 있다" 하였다. 또 《삼국사》에서 "백제 말년에 발해·말갈·신라가 백제 땅을 나누었다"고 하고, 신라 사람들이 "북쪽에 말갈, 남쪽에 왜인, 서쪽에 백제가 있고, 말갈의 땅은 아슬라주(현 강릉)에 접해 있다"고 하였다.

《동명기》에 "졸본성이 있는 땅은 말갈과 접해 있고, 신라 6대 지마왕 14년(125)에 말갈의 군사가 북쪽 국경으로 대거 들어왔다"고 하였나. 《후위서》에 "말갈은 물길이나"고 하였고, 《시장노指掌圖》에 "읍루와 물길은 모두 숙신이다" 하였다.

살펴보건대, 동명왕 10년에 복옥저를 멸망시켰고, 온조왕 42년에 남옥저의 20여 집이 신라에 투항하였고, 혁거세 52년에 동옥저가 말을 바쳤다고 하므로, 동옥저도 있는 것이다. 《지장도》에서 "흑수는 북쪽에 있고, 장성 남쪽에 있다"고 하였다.

발해와 말갈의 관련성

'말갈발해'라는 제목에서 보듯이 일연도 발해와 말갈의 관계에 주목하였다. 《통전》·《지장도》·《군국지郡國志》 등 중국 측 사료와 《삼국사》 등 우리 측 사료에 보이는 발해와 말갈 관련 기사를 적극적으로 소개하였다. 그 결과, 발해가 말갈의 별종이며 서로 분리·통합이 같지 않았다고 하였다. 그러면서도 대조영은 고구려 옛 장수이고, 발해의 영토가 옛 고구려 땅이었음을 언급하였다. 이는 고려 초 발해를 진족 · 진척의 나라로 여겼던 인식의 연장선이라 할 수 있나.

오늘날 발해사 연구에서도 이 문제는 여전히 논쟁 중이다. 《구당서》에서는 발해를 '고려(고구려)의 별종'이라 하였으나, 이보다 100년 후에 찬술된 《신당서》에서는 '속말말갈'이라고 하였기 때문이다. 《신당서》에 무게를 두는 중국에서는 숙신, 말갈, 만주족까지 북방 민족을 단일 계통으로 이해하여 중국사의 일부로 인식하고자 하며, 발해의 역사 또한 중국사로 보고자 한다. 반면 우리의 입장은 《구당서》에 무게를 두고 고구려화한 말갈 내지는 고구려 유민으로 이해한다.

발해 스스로는 어떤 인식을 가지고 있었는가? 《구당서》에 '발해의 풍속이 고구려 · 거란과 같다'라고 하였다. 풍속이라는 가장 보수적으로 변화하는 것으로 발해가 고구려 풍속과 같다는 것은 고구려와의 연계성이 크다는 것을 시사한다. 뿐만 아니라 《속일본기》에 보이는 발해가 일본에 보낸 국서에서 스스로를 '고구려 옛 땅을 찾고 부여 풍속을 갖고 있는 고려국(=고구려국)'이라 하여 고구려 계승 의식이 있었음을 확인할 수 있다.

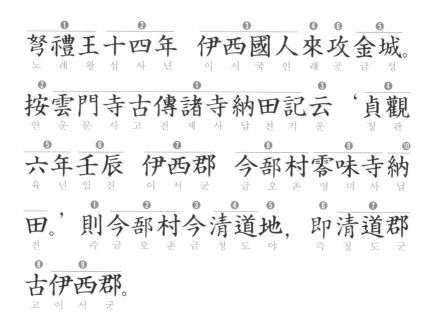

弩^①禮王^②十四年 伊西^③國人^④來^⑥攻^⑤金城。
노 례 왕 십 사 년 이 서 국 인 래 공 금 성

按^②雲門寺^①古傳諸寺納田記云 '貞^③觀^④
안 운 문 사 고 전 제 사 납 전 기 운 정 관

六^⑤年壬辰^⑥ 伊西^⑦郡 今^⑧部村雩^⑨味寺納^⑩
육 년 임 진 이 서 군 금 오 촌 영 미 사 납

田^①。' 則^②今^③部村今^④清道^⑤地, 即^⑥清道郡^⑦
전 즉 금 오 촌 금 청 도 야 즉 청 도 군

古^⑧伊西郡^⑨。
고 이 서 군

➡️ 노례왕 14년 이서국 사람들이 와서 금성金城을 공격하였다. 〈운문사
고전제사납전기〉—운문사에 예로부터 전하는 〈제사납전기〉로 해석하기도
한다. 현존하지 않으므로 명확한 자료 이름을 알 수 없다—를 살펴보면, '정
관貞觀 6년 임진년(632)에 이서군 금오촌 영미사 납전'이라고 하였다.
즉, 금오촌은 지금의 청도 땅이며, 곧 청도군은 옛 이서군이다.

Tip   정관貞觀 : 당나라 태종 때의 연호로 627~649년에 사용.

伊
저 **이**

① 저 ② 이 ③ 물 이름

이인伊人 저 사람.

이태리伊太利 이탈리아.

納
받아들이다
납

① 받아들이다 ② 거두어들이다 ③ 간직하다

납부納付 국가기관이나 공공단체에 세금이나 공과금 따위를 냄. 줄 付

귀납歸納 하나하나의 구체적이고 특수한 사실을 종합하여 그것으로부터 일반적인 원리를 이끌어 내는 추론 방식. 돌아갈 歸

납골당納骨堂 화장한 시체의 뼈를 담아 모셔 두는 곳. 뼈 骨, 집 堂

哥阝
고을이름 **오**

① 고을 이름 ② 闍의 이체자

零
조용히
오는 비 **령**

① 조용히 오는 비 ② 떨어지다 ③ 종족 이름

칠령팔락七零八落 뿔뿔이 흩어져 갈피를 잡을 수 없음. 떨어질 落

유리이사금? 유례이사금?

이서국은 지금의 경북 청도에 있었던 진한辰韓(마한·진한·변한의 삼한 가운데 경상북도를 중심으로 동북부 지역에 있던 12국) 소국小國 중 하나이다.《삼국사기》에서는 제14대 유례이사금 14년(297),《삼국유사》〈미추왕 죽엽군〉조에도 14대 유례이사금 14년의 일로 전한다.《삼국유사》〈제삼노례왕〉조에서는 노례왕, 즉 3대 유리이사금 19년(42)에 이서국을 정벌해 멸망시켰다고 한다.

제3대 유리이사금을 노례왕이라도 하는데, 일연이 제14대 유례이사금과 혼동한 것으로 보인다.

阿羅伽耶〈今咸安〉　古寧伽耶〈今咸
아 라 가 야　금 함 안　　고 녕 가 야　금 함

寧〉　大伽耶〈今高靈〉　星山伽耶〈今
녕　　대 가 야　금 고 령　　성 산 가 야　금

京山　一云碧珍〉　小伽耶〈今固城〉。
경 산　일 운 벽 진　　소 가 야　금 고 성

又本朝史畧云 "太祖天福五年庚子
우 본 조 사 략 운　　태 조 천 복 오 년 경 자

改五伽耶名　一金官〈爲金海府〉　二
개 오 가 야 명　일 금 관　위 김 해 부　　이

古寧〈爲加利縣〉　三非火〈今昌寧　恐
고 녕　위 가 리 현　　삼 비 화　금 창 녕　공

高靈之訛〉　餘二阿羅・星山〈同前　星
고 령 지 와　　여 이 아 라・성 산　동 전　성

山或作碧珍伽耶〉。"
산 혹 작 벽 진 가 야

◗ 아라가야〈지금의 함안〉 고녕가야〈지금의 함녕〉 대가야〈지금의 고
　령〉 성산가야〈지금의 경산〉 소가야〈지금의 고성〉. 또 본조(고려)의
　《사략》에는 "태조 천복 5년 경자년(940)에 5가야의 이름을 고쳤는데,

1 금관〈김해부가 되었다〉, 2 고녕〈가리현이 되었다〉, 3 비화〈지금의 창녕으로 고령의 잘못인 듯하다〉, 나머지 둘은 아라·성산〈이전과 같다. 성산은 혹은 벽진가야라고 한다〉이다"라고 하였다.

Tip　천복天福 : 후진後晉 고조高祖 때 연호로 936~944년에 사용.

핵심 한자

阿
언덕 **아**

① 언덕 ② 구석 ③ 아첨하다 ④ 비스듬하다 ⑤ 집

아수라장阿修羅場 아수라는 불법佛法을 수호하는 불교의 팔부신八部神 중 싸움을 일삼는 신으로, 아수라장은 싸움 등으로 시끄럽고 혼란한 장소나 상태를 비유적으로 이르는 말.

아부阿附 남의 마음에 들려고 비위를 맞추면서 알랑거림.

아비규환阿鼻叫喚 아비는 구제받을 수 없다는 의미로, 여러 사람이 참혹한 지경에 빠져 고통받고 울부짖는 상황을 비유적으로 이르는 말. 범어 Avici의 음역.

伽
절 **가**

① 절, 사찰 ② 연 줄기, 가지(=茄) ③ 가야伽倻

가람伽藍 승려들이 불도佛道를 닦으며 머무는 절.

耶
어조사 **야**

① 어조사 ② 아버지 ③ 예수 ④ 간사하다(사)

야소耶蘇 예수.

寧
편안하다 **녕**

① 편안하다 ② 문안하다 ③ 친정가다 ④ 차라리 ⑤ 어찌

안녕安寧 걱정이나 탈이 없음.

정녕丁寧 추측컨대, 틀림없이.

畧
다스리다
략

① 다스리다 ② 둘러보다 ③ 범하다 ④ 대강 ⑤ 略의 이체자

대략大略 큰 모략謀略. 대강의 줄거리

'오가야'라는 제목 아래에 《가락기駕洛記》, 즉《가락국기》의 찬撰을 인용하여 다음과 같이 설명을 붙여 두었다. 《가락기》 찬에 "6개의 알이 내려와 5개는 각 읍으로 돌아가고 1개가 이 성에 남았다. 이 한 개가 수로왕이 되었고, 나머지 5개는 5가야의 임금이 되었다"라고 했으니, 금관을 5가야에 넣지 않는 것이 마땅하다. 고려《사략史畧》에서 금관을 헤아리고 창녕을 기록한 것은 잘못이다.

6가야 또는 5가야의 위치?

《가락국기》에서는 금관가야를 제외한 나머지를 5가야라 했고, 본조(우리 왕조, 즉 고려) 사략史畧(고려시대에 저술된 것으로 추정되는 역사서)에서는 대가야를 제외한 나머지를 '5가야'라 하였다. 제목 아래에 붙인 주석에서 《사략》에 창녕이 포함된 것은 잘못이라고 하였는데, 본문의 《사략》 인용 부분에 비화가야非火伽倻(6가야 가운데 지금의 창녕 지역에 있던 나라)를 언급하면서 창녕으로 비정比定하고 고령의 잘못인 듯하다고 덧붙였다. 즉, 일연은 비화가야를 대가야(고령가야)로 잘못 이해한 듯하다.

창녕의 신라 때 명칭은 비자화군比自化郡(또는 비사벌군比斯伐郡)이다. 반면, 고령은 본래 대가야군이었다가 고령으로 개명되었다.

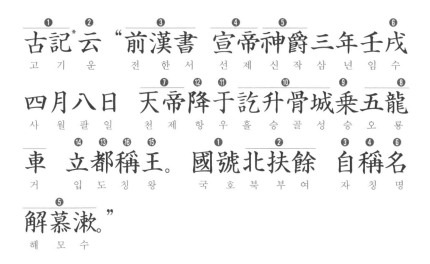

古記*云 "前漢書 宣帝神爵三年壬戌
고 기 운　　전 한 서　　선 제 신 작 삼 년 임 수

四月八日 天帝降于訖升骨城乘五龍
사 월 팔 일　　천 제 항 우 흘 승 골 성 승 오 룡

車　立都稱王。 國號北扶餘 自稱名
거　　입 도 칭 왕　　국 호 북 부 여　　자 칭 명

解慕漱。"
해 모 수

▶ 《고기》에 이르길, "《전한서》 선제 신작 3년(기원전 59) 임술년 4월 8
일에 천제가 다섯 마리 용이 끄는 수레를 타고 흘승골성訖升骨城에
내려와 도읍을 정하고 왕을 칭하였다. 국호를 북부여라 하고 스스
로 칭하여 해모수라 이름하였다"고 한다.

* 어떤 책인지 알 수 없으나 이 부분은 〈동명왕편〉에 인용된 《구삼국사》 본문과 유사하다.

Tip 신작神爵: 전한前漢 선제宣帝 때의 연호로 기원전 61~기원전 58년에
사용.
오룡거五龍車 : 용 다섯 마리가 끄는 천제天帝가 타는 수레. 오룡궤五龍軌
라고도 한다.

爵
술잔 작

① 술잔 ② 작위, 벼슬 ③ 다하다
헌작獻爵 제사 때 술잔을 올림.
고관대작高官大爵 지위가 높고 훌륭한 벼슬. 또는 그 벼슬에 있
　　는 사람.

降
내리다 강

① 항복하다 ② 내리다
항자불살降者不殺 항복하는 사람은 죽이지 아니함. **죽일 살殺**
하강下降 높은 곳에서 낮은 쪽으로 내려옴.

訖
이르다 흘

① 이르다 ② 마치다 ③ 마침내
흘해이사금訖解尼師今 신라 제16대 왕으로 국인의 추대로 즉위
　　하여 310-356년까지 재위하였고, 일본과의 교섭이 많았으
　　며 벽골제를 쌓아 농사를 장려했다.

升
되 승

① 되 ② 오르다
승두지리升斗之利 한 되와 한 말의 이익이라는 뜻으로, 대수롭
　　지 않은 이익을 이름. **말 두 斗**
승당입실升堂入室 마루에 올라 방으로 들어온다는 말로 어떤 일
　　에나 차례가 있음을 이르거나 학문이 점점 깊어짐을 비유.
　　집 실室

漱
씻다 수

① 양치질하다 ② 씻다
관수盥漱 세수와 양치질을 함.

수석침류漱石枕流 돌로 양치질하고 흐르는 물을 베개 삼는다. 말을 그럴듯하게 꾸며 대다. 몹시 남에게 지기 싫어함.

해 설

《고기古記》에 다음의 내용이 이어진다. (해모수가) 부루扶婁라는 아들을 낳고 해解를 성씨로 삼았으며, 그 후 상제의 명령에 따라 동부여로 도읍을 옮겼다. 동명제가 북부여에서 일어나 졸본주卒本州에 도읍을 세우고 졸본부여가 되었으니 곧 고구려의 시소이다.

오녀산성. 고구려의 첫 도읍 졸본으로 추정된다(중국 랴오닝성 번시시 환인현)

여기서는 해모수와 해부루를 부자관계라 하여 《삼국사기》에서 해모수와 주몽을 부자관계로 설명한 것과 다르다.

北扶餘王　解夫婁之相阿蘭弗夢, 天
북 부 여 왕　해 부 루 지 상 아 란 불 몽　천

帝降而謂曰, "將使吾子孫立國於此
제 항 이 위 왈　　장 사 오 자 손 입 국 어 차

汝其避之。　東海之濱有地名迦葉原
여 기 피 지　　동 해 지 빈 유 지 명 가 섭 원

土壤膏腴　宜立王都。" 阿蘭弗勸王
토 양 고 유　의 립 왕 도　　아 란 불 권 왕

移都於彼　國號東扶餘。
이 도 어 피　국 호 동 부 여

북부여왕 해부루의 재상 아란불이 꿈을 꾸었는데, 천제가 내려와 일러 말하길, "장차 내 자손으로 하여금 이곳에 나라를 세우려 하므로 너는 여기를 벗어나라. 동해 가에 가섭원이라는 땅이 있는데 토양이 비옥하여 왕도를 세우기에 마땅하다"라고 하였다. 아불란이 왕에게 권하여 그곳으로 도읍을 옮기고 나라 이름을 동부여라 하였다.

相
재상 · 정승
상

① 서로 ② 보다 ③ 형상, 얼굴

상부상조相扶相助 서로서로 도움. 도울 부扶, 도울 조助

상형불여논심相形不如論心 생김새를 보는 것은 마음씨를 논함만 같지 못하다는 뜻으로, 사람의 용모보다 마음씨의 선악을 논해야 한다는 말.

인상人相 사람의 얼굴 생김새와 골격.

蘭
난초 **난**

금란지교金蘭之交《주역》〈계사전繫辭傳〉'두 사람이 마음을 같이하면 그 예리함이 쇠를 자를 수 있고, 마음을 같이하여 하는 말은 그 향기가 난초와 같다(二人同心, 其利斷金, 同心之言, 其臭如蘭)'에서 나온 말로 친한 친구 사이를 일컫는 말.

弗
아니다 **불**

① 아니다 ② 떨다 ③ 달러dollar

불소弗素 할로젠족 원소의 하나로, 특이한 냄새를 가진 담황색의 기체. 질소 이외의 모든 기체와 화합한다.

보유불保有弗 국고금으로 정부가 보관 및 관리하는 달러.

使
하여금 **사**

① 부리다 ② 하여금 ③ 사신 ④ 사신으로 가다

사역使役 사람이나 동물 등을 부리어 일을 시킴.

수신사修信使 강화도조약 이후 조선 정부가 일본에 파견한 외교 사절을 이르던 말.

避
피하다 **피**

① 피하다 ② 떠나다 ③ 숨다

피난避難 재난을 피하여 있는 곳을 옮겨 감.

피장봉호避獐逢虎 노루를 피하려다가 범을 만난다는 속담으로,

작은 해를 피避하려다가 도리어 큰 화를 당當함을 이르는 말. 노루 장獐, 만나다 봉逢

濱
물가 빈

① 물가 ② 끝 ③ 임박하다

해빈海濱 해변.

솔토지빈率土之濱 바다에 이르는 땅의 끝. 곧 온 나라의 경계 안. 거느릴 솔率

膏
기름진 땅
고

① 기름진 고기 ② 기름진 땅 ③ 기름지다

연고軟膏 살갗에 바르는 약제. 연한 엷은 연軟

고유지지膏腴之地 기름지고 양분이 많아 농작물이 잘 자라는 땅.

고량진미膏粱珍味 기름진 고기와 좋은 곡식으로 만든 맛있는 음식.

腴
살찌다 유

① 살찌다 ② 기름지다 ③ 풍부하다

고유지지膏腴之地 기름지고 양분이 많아 농작물이 잘 자라는 땅.

비유肥腴 식물이 자라는 데 필요한 양분이 많음. 살찔 비肥

해　설

해부루가 늙도록 아들이 없어 산천에 제사를 지냈다. 타고 온 말이 큰 돌을 보고 눈물을 흘리자 왕이 이상하게 여겨 돌을 옮기게 했더니 금빛 개구리 형상의 아이가 있었다. 왕은 하늘이 주는 아들이라고 여기고 거두어 기르고 '금와'라 이름하였다. 그가 자라자 태자로 삼았다. 부루가 죽자 금와가 왕위를 이었고, 다음 왕위를 태자 대소에게 전하였다. 22년에 고구려왕 무휼, 즉 제3대 대무신왕이 동부여를 쳐 대소를 죽이니 나라가 없어졌다.

㈜蒙與烏伊等三人爲友　行至淹水
주　몽　여　오　이　등　삼　인　위　우　　행　지　엄　수

告水曰, "我是天帝子河伯孫　今日逃
고　수　왈　　아　시　천　제　자　하　백　손　　금　일　도

遁　追者垂及　奈何." 於是　魚鼈成橋
둔　　추　자　수　급　　내　하　　어　시　　어　별　성　교

得渡而橋解　追騎不得渡。至卒本州
득　도　이　교　해　　추　기　불　득　도　　지　졸　본　주

遂都焉。未遑作宮室　但結盧於沸流
수　도　언　　미　황　작　궁　실　　단　결　려　어　비　류

水上居之。國號高句麗　因以高爲氏。
수　상　거　지　　국　호　고　구　려　　인　이　고　위　씨

時年十二歲　漢孝元帝建昭二年甲申
시　년　십　이　세　　한　효　원　제　건　소　이　년　갑　신

歲　即位稱王。
세　　즉　위　칭　왕

● 주몽이 오이烏伊 등 세 사람과 벗이 되어 엄수까지 와서 강물에게
　 말하였다. "나는 천제의 아들이요 하백의 손자인데 오늘 도망을 가
　 는 길에 뒤따르는 자가 쫓아 닥치니 어찌할까?" 이때에 고기와 자라

들이 나와 다리를 만들어 건널 수 있게 하고서는 다리가 해체되어 추격하던 기병들은 건널 수가 없었다. 졸본주에 이르러 드디어 도읍을 하였다. 미처 궁실을 지을 사이도 없어 그저 비류수沸流水가에 초막을 짓고 살았다. 나라 이름을 고구려라 하고, 따라서 고씨로 성을 삼았다. 당시 나이가 12세로, 한나라 효원제孝元帝 건소建昭 2년인 갑신년(기원전 37)에 즉위하고 왕을 칭하였다.

Tip 건소建昭 : 중국 전한前漢 효원제孝元帝의 연호로, 기원전 38∼기원전 34년에 사용.

핵심 한자

淹
담그다 **엄**

① 담그다 ② 오래 머무르다
엄몰淹沒 물속에 가라앉음. 가라앉을 몰沒
엄박淹泊 오랫동안 머무름. 머무르다, 정지하다 박泊

伯
맏이 **백**

① 맏이 ② 우두머리
백부伯父 아버지의 맏형.
오백伍伯 예전에 군대에서 다섯 사람이 한 무리를 이루는 오의 우두머리를 이르던 말. 대오 오伍

遁
달아나다 **둔**

① 달아나다 ② 숨다 ③ 속이다 ④ 뒷걸음질하다(준)
둔주遁走 도망쳐 달아남.
은둔隱遁 세상을 피하여 숨음.
준순遁巡=준순逡巡 뒷걸음질하다. 망설이다.

奈
어찌 내

① 어찌 ② 나락

내하奈何 어찌함, 어떠함.

막무가내莫無可奈 한번 굳게 고집하면 도무지 융통성이 없음.

鼈
자라 **별**

① 자라 ② 고사리

별주부鼈主簿 자라. 장부 부簿

遑
겨를 **황**

① 허둥거리다 ② 급하다 ③ 겨를

미황未遑 미처 ~할 겨를이 없이.

황급遑急 정신을 차리지 못할 정도로 매우 급히.

황급遑汲 마음이 몹시 급하며 한 가지 일에만 몰두하여 여유가 없이. **분주할** 급汲

廬
오두막집
려

① 오두막집 ② 창마루 ③ 주막

삼고초려三顧草廬 유비劉備가 제갈공명諸葛孔明을 세 번이나 찾아가 군사軍師로 초빙招聘한 데서 유래한 말로, 인재를 맞아들이고자 참을성 있게 노력함. **돌아보다, 방문하다** 고顧

봉려蓬廬 쑥으로 지붕을 인 집. 가난한 집을 이르는 말. **쑥** 봉蓬

해 설

고구려의 별칭은 '졸본부여卒本扶餘'로, 요동 지역에 있다. 《국사》《삼국사기》〈고려본기(고구려본기)〉에 다음과 같이 전한다. 동부여의 금와왕이 태백산 우발수에서 유화를 만났는데, 유화는 부모의 중매 없이 해모수를 만나 이곳에 귀양살이를 하고 있었다. 금와가 그녀를 방에 가두었더니 햇빛이 비추었고 곧 태기가 있어 큰 알을 낳았다. 왕이 알을 개·돼지에게 주었으나 먹지 않고, 길바닥에 버려도 소·말이 피하고, 들에 버렸더니 새와 짐승이 덮어 주었다. 쪼갤 수도 없어 어미에게 돌려주었다. 알에서 아이가 나왔는데, 7살에 제 손으로 활과 화살을 만들어 쏘니 백발백중이었다. 이 나라 풍속에 활 잘 쏘는 자를 '주몽朱蒙'이라 하므로 이로써 이름하였다. 금와에게는 7명의 아들이 있었으나 재주가 주몽을 따라가지 못했다. 큰아들 대소가 처치하라고 건의하였으나, 왕은 듣지 않고 주몽에게 말의 먹이 주는 일을 시켰다. 주몽은 날쌘 말에게 먹이를 덜 주어 여위게 만들고, 굼뜬 말을 잘 먹여 살이 찌도록 하였다. 왕은 살찐 말을 택하고, 여윈 말을 주몽에게 주었다.

장차 여러 왕자들과 신하들이 그를 해하려 하자, 주몽의 어머니가 이곳을 떠나도록 하였다. 주몽이 오이 등 세 명의 친구와 함께 도망하여 졸본에 이르러 도읍을 정하고 나라 이름을 고구려高句麗라 하였다(고주몽=동명성왕東明聖王). 전성시대에 21만 508호였다고 한다.

한편 당나라 도세道世가 저술한 《주림전珠琳傳》에 고리국(삼한시대 마한의 소국) 영품리왕寧禀離王의 여종이 태기가 있었는데, 점쟁이가 말하길 아이를 낳으면 반드시 왕이 될 것이라고 하였다. 왕이 죽이려 하니, 여종이 '하늘로부터 기운을 받아 밴 아이'라고 하고 아들을 낳았다. 아이를 돼지우리에 버리니 돼지가 입김을 불고, 마굿간에 버리니 말이 젖을 먹여 결국 부여왕이 되었다. 일연은 이 설화가 동명제(주몽)가 졸본부여의 왕이 된 것을 말한다고 보고, 영품리왕은 곧 부루扶婁왕(동명왕개국설화에 나오는 동부여의 시조로, 북부여의 시조인 해모수의 아들이라는 설(三國遺事)과 단군과 하백녀河伯女 사이에서 태어난 아들이란 설(世宗實錄檀君古記)이 있다)의 다른 명칭이라고 하였다.

북부여와 동부여, 고구려의 관계

〈북부여〉조에 천제 해모수의 북부여 건국, 〈동부여〉조에 해모수의 아들 해부루 때 동쪽으로 수도를 옮겨 동부여라 하고 아들 금와를 얻은 이야기, 〈고구려〉조에 금와왕 때 주몽이 동부여에서 나와 졸본주에 고구려를 건국한 이야기가 담겨 있다. 즉, 〈북부여〉조와 〈동부여〉조는 부여의 신화를 담고 있다기보다 고구려 건국을 설명하려는 전조前兆로 언급된 것으로 볼 수 있다. 여기에 모순되는 내용이 보인다. 〈북부여〉조에서는 해부루가 동부여로 옮겨 간 후 동명이 북부여를 이어 졸본부여를 세웠다고 하고, 〈고구려〉조에서는 주몽이 금와왕의 동부여에서 나와 졸본주에 이르러 고구려를 건국했다고 하여 '주몽의 출자出自'가 다르다.

한편 414년 건립된 〈광개토왕비廣開土王碑〉와 5세기경으로 추정되는 〈모두루묘지牟豆婁墓誌〉에서는 고구려 시조인 추모鄒牟가 북부여에서 나왔다고 하고, 《위서魏書》를 비롯한 중국 자료에는 주몽이 부여에서 도망해 왔다고 하며, 《삼국사기》와 《동명왕편》에서는 동부여에서 나왔다고 한다. 즉 북부여, 동부여, 부여가 기록에 등장하고 있는 것이다. 이에 대해 북부여=부여로 보는 견해가 가장 일반적이며, 동부여=북부여 또는 동부여=부여로 보기도 하고, 각기 다른 세 부여로 보는 견해, 동일한 하나의 부여로 이해하는 등 다양한 의견이 제시되고 있다. 우선 가장 이른 기록이자 당대인의 기록인 〈광개토왕비〉와 〈모두루묘지〉에 북부여 출자出自설이 등장하므로 5세기 고구려인의 시조에 대한 인식은 북부여 출자였다고 보아야 한다.

북부여와 동부여의 관계에 대해서는 고구려가 부여를 흡수한 후 본래 부여 신화인 해모수 신화를 삽입했다는 견해와, 5세기 동명신화를 차용하여 주몽신화를 창조하였는데 이후 동부여 출신이 정권을 장악하면서 해모수 계보가 등장했다고 보는 견해, 동부여 설화는 건국전승 서사로 주몽~3대 대무신왕까지 대립·갈등이 존재하였으므로 이를 전제로 북부여 출자설이 나왔다는 견해 등 다양하다.

〈북부여〉조에서는 천제자天帝子 해모수가 해부루의 아들로 나오고, 고구려본기를 인용한 〈고구려〉조에는 해부루의 아들 금와가 해모수와 사통私通하여 유배 온 유화를 거두었다고 하여 세대가 맞지 않는다. 〈고구려〉조에서는 해모수와 북부여의 관계가 서술되어 있지 않으며, 천제의 아들 해모수라고 언급될 뿐이다. 〈고구려〉조에서 유화와 해모수가 사통했다고 하나 동부여에 온 유화는 빛이 비추어 잉태하였다. 유화가 주몽을 잉태하고 양육하는 과정은 동명신화와 동일하다. 그 전사前史로 유화와 해모수의 만남이 언급되고 있으므로 천제자 해모수 이야기는 고구려가 동명신화를 차용하여 주몽신화를 만들면서 '천손天孫'의식을 부여하고자 삽입한 것이 아닐까.

〈광개토왕비〉에 동부여·백제·신라를 속민屬民이라 표현하여 고구려의 천하관을 보여 준다. 이 천하관을 통해 5세기 중국이 남북조로 분열되어 있는 상황에서 동북아의 중심에 섰던 고구려의 자부심을 읽을 수 있다. 당연히 이 시기 시조에 대한 신성화 및 천손의식이 자리 잡았다고 보아야 할 것이다.

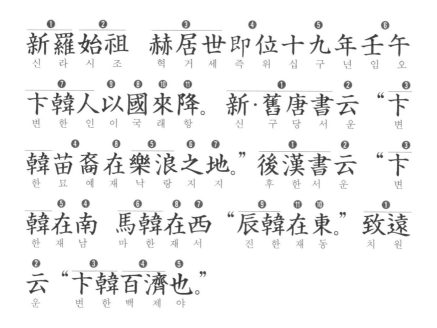

新羅始祖 赫居世即位十九年壬午
신 라 시 조   혁 거 세 즉 위 십 구 년 임 오

卞韓人以國來降。 新·舊唐書云 "卞
변 한 인 이 국 래 항   신 구 당 서 운   변

韓苗裔在樂浪之地。" 後漢書云 "卞
한 묘 예 재 낙 랑 지 지   후 한 서 운   변

韓在南 馬韓在西 "辰韓在東。" 致遠
한 재 남   마 한 재 서   진 한 재 동   치 원

云 "卞韓百濟也。"
운   변 한 백 제 야

▶ 신라 시조 혁거세 즉위 19년 임오년(기원전 39)에 변한 사람이 나라를 가져와 항복하였다. 《신·구당서》에서 "변한의 후예는 낙랑 땅에 있다"고 하였다. 《후한서》에서 "변한은 남쪽, 마한은 서쪽, 진한은 동쪽에 있다"고 하였다. 최치원은 "변한이 백제다"라고 하였다.

卞
고깔 **변**

① 조급하다 ② 성씨 ③ 법

항변抗卞 어떤 일에 대하여 그 부당함을 따지고 반대 의견을 밝힘.

변장지공卞莊之功 힘들이지 않고 일거양득一擧兩得의 공을 얻음. 노나라의 변장자卞莊子가 두 마리의 범이 싸우기를 기다렸다가 상처 입은 범을 찔러 두 마리를 모두 잡았다는 고사故事에서 나온 말.

苗
핏줄 **묘**

① 모, 싹 ② 핏줄

묘목苗木 이식移植하기 전의 어린 나무.

묘윤苗胤 여러 대를 거친 먼 후손. 이을 윤胤

묘예苗裔 먼 후손. 후손 예裔

辰
다섯 번째
지지 **진**

① 별 ② 때

일진日辰 그날의 운세. 날의 간지.

원신元辰 정월 초하룻날.

변한卞韓에 관한 기록들을 소개하면서 일연이 자신의 견해를 덧붙였다. "〈본기〉에 온조가 홍가鴻嘉 4년 갑진년(기원전 17)에 일어났다고 하니,―《삼국사기》〈백제본기〉에서는 홍가 3년(기원전 18)이라고 하였다―혁거세나 동명보다 40여 년 뒤떨어진다. 아마 낙랑 땅에서 어떤 인물이 나서 변한에 나라를 세우고 마한 등과 대치한 것은 온조

이전에 있었던 일이며, 그 도읍한 데가 낙랑 북쪽에 있는 것은 아니다. 혹자가 구룡산九龍山을 변나산卞那山이라 했기 때문에 고구려를 변한이라 하는데, 잘못된 견해이다. 백제 땅에 원래 변산이 있었으므로 변한이라 한 것이다. 백제 전성시대에는 호수戶數가 15만 2,300호였다." 즉, 일연은 변한이 백제라는 최치원의 견해를 따랐다.

崔致遠云 "辰韓本燕人避之者 故取
최 치 원 운   진 한 본 연 인 피 지 자   고 취

涿水之名 稱所居之邑里 云沙涿·漸
탁 수 지 명   칭 소 거 지 읍 리   운 사 탁   점

涿等。"
탁 등

➡ 최치원이 말하기를 "진한은 본래 연나라 사람들이 피난해 온 것이
므로 (연나라) 탁수涿水의 이름을 따서 (그들이) 사는 읍리를 사탁沙
涿·점탁漸涿 등으로 불렀다"고 하였다.

핵심 한자

燕
나라 **연**

① 제비 ② 잔치 ③ 편안하다

연미복燕尾服 남자 예복의 하나로 앞은 허리 아래가 없고, 뒤는
두 갈래로 길게 내려와 제비 꼬리같이 생겨 붙여진 이름.

연침燕寢 임금이 평상시에 한가롭게 거처하는 전각殿閣을 이르
던 말. **잠잘 침寢**

연유燕遊 주연酒宴을 베풂.

연경燕京 중국 수도 베이징의 옛 이름.

涿
땅 이름 탁

① 치다, 두드리다 ② 갈다 ③ 땅 이름
간착탁마刊鑿涿摩 갈고 닦다. 뚫다, 새기다 착鑿. 涿=琢
탁현涿縣 지금의 중국 허베이성河北省 중부 베이징北京시 남쪽
　에 있던 현.

漸
강 이름 점

① 점점 ② 천천히 움직이다 ③ 심해지다
점차漸次 시간이나 차례에 따라 조금씩.
점입가경漸入佳境 가면 갈수록 경치가 더해진다. 일이 점점 더
　재미있는 지경으로 돌아가는 것을 비유.

해　설

《후한서》에서 진한의 늙은이들의 말을 인용하여 이르기를, "진나라
망명자들이 한국으로 오매 마한이 동쪽 지역 땅을 떼어 주었다. 서로
를 부를 때 '도徒'라고 하니, 진나라 말과 비슷하였으므로 혹은 진한
秦韓으로 이름하였고, 또 열두 개 작은 나라가 있어 각각 1만 호로 국
國을 칭하였다"고 하였다.

　신라의 전성시대에 서울 안의 호수가 17만 8,936호戶에 1,360방坊
이요, 주위가 55리里였다. 서른다섯 개 금입택金入宅(신라 통일기에 경
주에 있던 진골 귀족들의 큰집大家)이 있었다고 한다. 한편《삼국유사》
권5 피은〈염불사〉조에는 "17만 호 360방"으로 나온다. 17만 호는 수
가 너무 많아 호戶라기 보다 인구수로 보는 견해가 일반적이다.

삼한에서 삼국으로

오늘날 마한=백제, 변한=가야, 진한=신라라는 이해가 일반적이지만,
일연은 마한=고구려, 변한=백제, 진한=신라라고 인식하였다.

일연이 인용하는 〈위지〉, 즉 《삼국지三國志》 권卷30 위서魏書 동이전 東夷傳에는 고조선 준왕이 남쪽으로 내려온 사실을 전할 뿐 그 지역 이 '마한'이라는 표현은 없다. 다만 권람權擥의 《응제시주應製詩註》에 서 '준왕이 남으로 금마군에 이르러 나라를 세우고 마한이라 했다'는 기록이 있으며, 이승휴의 《제왕운기帝王韻紀》에도 '준왕이 금마군으 로 옮겼다'는 표현이 있다. 이를 볼 때 고려 말 고조선 준왕이 남쪽으 로 내려와 마한을 세웠다는 인식이 공통적이었음을 알 수 있다. 그러 나 권람이나 이승휴는 '금마군'에 마한을 세웠다고 하여 마한을 백제 와 연결시켜 이해하는 데 비해, 일연은 마한을 고구려의 전신前身으 로 이해하였다. 이러한 일연의 인식은 신라 말 학자였던 최치원의 견 해와 일치한다. 즉, 최치원은 '마한은 고려요, 변한은 백제, 진한은 신 라'라고 하였다.

마한을 고구려로 본 까닭

일연이 살았던 고려시대에 마한=백제라는 이해가 있었음에도 불구 하고 그가 최치원의 견해를 따른 이유는 무엇일까? 일연은 삼한과 삼국의 연속성을 강조하고 싶었을 것이다. 더 나아가, 삼한과 삼국의 연속성은 고조선으로까지 소급된다.

일연이 살았던 13세기 말 고려는 몽골과의 항쟁으로 전대미문의 위기에 직면해 있었다. 이 고난을 극복하는 데에는 고려인의 단결 · 합심이 요구되었고, 이러한 마음가짐은 곧 역사의식의 공유에서 시 작된다고 생각했을 것이다. 이전까지 고려는 국명이나 북방정책에 서 보였던 '고구려' 계승의식과 안으로 신라 계승의식(고려가 신라를 흡수하면서 신라 귀족층이 고려 지배층으로 흡수, 신라의 정통성 계승이라 는 점에서)이 공존하면서 마찰을 일으키기도 했다. 이에 일연은 고구 려 · 신라 · 백제 등 삼국은 삼한에서 이어져 온 것이며, 더 나아가 삼한을 고조선과도 연결시켜 결국 우리 민족의 근원은 고조선에 뿌리를 두고 있음을 강조함으로써 하나의 역사계승의식을 형성하고자 했던 것이다.

삼한과 고조선의 연결 고리가 바로 '마한'이었던 것이다. 고조선의 준왕이 비록 위만에게 밀려 남쪽으로 내려왔지만, 그가 다시 마한을 세움으로써 고조선과 삼한이 이어진다고 본 것이다. 뿐만 아니라 건국신화에서도 보듯이 백제는 고구려에서 분화했기 때문에 마한을 고구려의 전신으로 이해하였던 것이다.

그럼 지금의 삼한 인식은 언제부터 어떻게 시작되었을까? 조선시대 최치원과 일연의 삼한 인식에 반대하는 의견이 제기되었다. 조선 중기 학자 한백겸韓百謙이 '최치원이 억지로 삼국을 삼한에 나누어 귀속시킨바, 진한을 신라로 삼는 것은 올바르지만 변한을 백제로, 마한을 고구려로 삼는 것이 그릇됨은 길게 말할 필요가 없다.'《동경잡기東京雜記》고 문제를 제기하였고, 이를 유득공·정약용 등이 정설로 인정하면서 오늘날의 삼한 인식에 이르게 되었다.

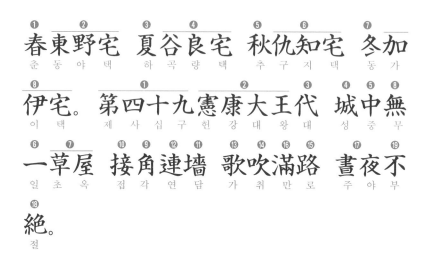

❶春❷東野宅　❸夏❹谷良宅　❺秋❻仇知宅　❼冬加
　춘　동　야　택　　　하　곡　량　택　　　추　구　지　택　　　동　가

❽伊宅。❶第四十九❷憲康大王❸代　❹城❺中❽無
이　택　　　제　사　십　구　헌　강　대　왕　대　　　성　중　무

❻一草❼屋　❿接❾角❶❷連❶❶墙　❶❸歌❶❹吹❶❻滿❶❺路　❶❼晝夜❶❾不
일　초　옥　　　집　각　연　담　　　가　취　만　로　　　주　야　부

❶❽絶。
절

➡ 봄에는 동야택東野宅이요, 여름에는 곡량택谷良宅이요, 가을은 구
지택仇知宅이요, 겨울은 가이택加伊宅이다. 제49대 헌강대왕 때에
는 성 안에 초가집이 하나도 없었으며 추녀가 맞붙고 담장이 이어
져 있고, 노래와 풍류 소리가 길에 가득 차 밤낮 그치지 않았다.

핵심 한자

仇
짝구

① 원수, 적 ② 짝

은반위구恩反爲仇　은혜가 도리어 원수가 됨.

接
잇다 접

① 접하다 ② 사귀다 ③ 대접하다

접목接木 나무를 접붙임.

접촉接觸 어떤 사람이 다른 사람과 만나거나 교섭함.

접대接待 손님을 맞이하여 음식 등을 차려 모시거나 시중을 듦.

피골상접皮骨相接 살가죽과 뼈가 맞붙을 정도로 몹시 마름.

角
모, 귀퉁이
각

① 뿔 ② 귀퉁이 ③ 각도 ④ 상투 ⑤ 술잔

교각살우矯角殺牛 쇠뿔을 바로 잡으려다 소를 죽인다. 결점이나
　흠을 고치려다 수단이 지나쳐 도리어 일을 그르침.

돌각突角 툭 불거진 모퉁이나 끝.

총각總角 상투를 하지 않은 남자, 즉 결혼하지 않은 남자.

墙
담 장

① 담, 담장 ② 경계境界 ③ 관을 덮는 옷

연장連墻 담이 이웃하여 서로 맞닿음

노류장화路柳墻花 길가의 버들과 담 밑의 꽃은 누구든지 쉽게
　만지고 꺾을 수 있다는 뜻으로, 기생을 의미함.

吹
불다 취

① 불다 ② 과장하다 ③ 부추기다

가취歌吹 노래하고 관악기를 붊.

고취鼓吹 북을 치고 피리를 붊. 용기와 기운을 북돋우어 일으킴.

해　설

헌강왕대가 태평성세?

신라의 제49대 헌강왕대(875~886 재위)가 신라가 번영한 시기였음
을 보여 준다. 제목인 '우乂사절유택'은 앞의 17항목 〈진한〉조 말미에

35개의 금입택을 언급한 부분과 연결된다고 이해하기도 한다. 금입택과 더불어 골품제의 영향을 받는 왕경인王京人, 특히 진골 귀족들의 화려한 생활을 담고 있다. 같은 내용이《삼국유사》권2〈처용랑망해사處容郎 望海寺)조에 있다. "서울에서 해내海內(동해안)까지 집과 담장이 이어져 있고 초가집이 하나도 없다. 풍악과 노랫소리가 길에 끊이지 않으며 비바람도 철마다 순조롭다."

《삼국사기》권11 헌강왕 6년조에 더 자세하게 묘사되어 있다. "9월 9일에 왕이 신하들과 월상루月上樓에 올라 사방을 보니 민가들이 즐비하고 노래와 음악 소리가 그치지 않았다. 왕이 시중 민공에게 지금 민간에서 기와로 집을 덮고 띠풀을 사용하지 않으며, 숯으로 밥을 짓고 땔나무를 쓰지 않는 것이 사실인지 물었다. 민공은 그렇다고 답하며, 왕이 즉위한 이래 음양이 조화롭고 비바람이 순조로워 해마다 풍년이 들어 풍족하고, 변방은 잠잠하여 민간에서 기뻐한다고 아뢰었다.

그러나 이는 오래가지 못해 헌강왕 사후 10년 만에 신라는 멸망의 길로 접어든다. 그의 동생 정강왕定康王과 진성왕眞聖王(진성여왕)이 차례로 즉위했으나, 정강왕은 1년만에 사망하고 그 뒤를 이은 진성왕대 지방에서 세금이 올라오지 않더니 즉위 10년(896)에 농민 봉기가 일어났다. 이 농민군은 왕경王京(서울)까지 위협할 정도였다. 결국 진성왕은 헌강왕의 아들 효공왕孝恭王에게 양위하였다. 신라의 쇠퇴와 멸망 과정을 볼 때 과연 본문의 기록대로 헌강왕대가 태평성대였을까 하는 의문이 들지 않을 수 없다.

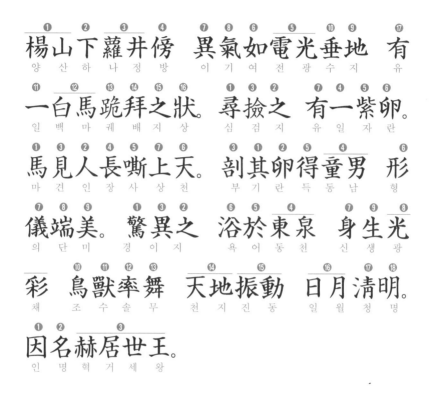

楊山下蘿井傍 異氣如電光垂地 有
양 산 하 나 정 방 이 기 여 전 광 수 지 유

一白馬跪拜之狀。尋撿之 有一紫卵。
일 백 마 궤 배 지 상 심 검 지 유 일 자 란

馬見人長嘶上天。剖其卵得童男 形
마 견 인 장 사 상 천 부 기 란 득 동 남 형

儀端美。驚異之 浴於東泉 身生光
의 단 미 경 이 지 욕 어 동 천 신 생 광

彩 鳥獸率舞 天地振動 日月清明。
채 조 수 솔 무 천 지 진 동 일 월 청 명

因名赫居世王。
인 명 혁 거 세 왕

양산 아래 나정 옆에 번개와 같은 이상한 기운이 땅에 드리우더니 한 마리 백마가 꿇어 절하는 모습을 하고 있었다. 가서 살펴보니 보랏빛 알이 있었다. 말이 사람을 보자 울음소리를 내며 하늘로 올라갔다. 그 알을 쪼개어 남자아이를 얻었는데, 얼굴과 자태가 단정하고 아름다웠다. 놀라고 이상히 여겨 동천에 목욕을 시키니 몸에서 광채가 나고 새와 짐승들이 모조리 춤을 추며 천지가 진동하고 일월이 맑게 빛났다. 따라서 이름을 혁거세왕이라 하였다.

垂
드리우다, 떨어지다 **수**

① 드리우다 ② 가장자리 ③ 거의 ④ 떨어지다

솔선수범率先垂範 남보다 앞장서서 행동하여 몸소 다른 사람의 본보기가 됨.

사수四垂 사방의 주위 또는 그 경계.

跪
꿇어앉다 **궤**

① 꿇어앉다 ② (게의) 발

궤배跪拜 무릎을 꿇고 절함.

궤상跪像 무릎을 꿇은 모양의 형상.

尋
찾다 **심**

① 찾다 ② 생각하다 ③ 보통 ④ 잇다

추심推尋 은행이 수표나 어음을 소지한 사람의 의뢰를 받아 지불인에게 제시하고 돈을 지불하게 하는 일.

심사尋思 마음을 가라앉혀 깊이 생각함.

심상尋常 대수롭지 않고 예사로움.

嘶
말이나 새 등 짐승이 울다 **시**

① 울다 ② 목이 쉬다

성시聲嘶 목이 쉼.

시도嘶徒 마소를 먹이는 등等 천賤한 일에 종사從事하던 하인下人

赫
빛나다 **혁**

① 붉다 ② 위세가 대단한 모양 ③ 성내다 ④ 나타나다

혁업赫業 빛나는 업적.

혁세공경赫世公卿 대대로 지내 오는 높은 벼슬 또는 그 벼슬아치.

혁노赫怒 얼굴을 붉히며 버럭 성을 냄.

진한에 6개의 촌이 있었는데, 전한前漢 지절地節(선제의 연호) 원년인 임자년(기원전 69)에 6촌장이 알천閼川 언덕 위에 모여 '임금이 없어 백성들이 방자하니 덕이 있는 사람을 찾아 그를 임금으로 삼아 나라를 세우자'고 논의하였다. 그때 양산楊山 밑 나정蘿井에서 이상한 기운이 빛처럼 땅에 비치고 백마가 꿇어 앉아 절하는 모습을 하고 있었다. 그곳을 찾아가 보니 자줏빛 큰 알이 있고 말은 하늘로 올라가 버렸다. 그 알을 쪼개니 사내아이가 나와 동천東泉에 목욕을 시키니 몸에서 광채가 나므로, 이름을 혁거세赫居世라고 하였다. 사람들이 이를 천자로 여기며 배필을 찾아 나섰는데, 마침 사량리沙梁里 알영정閼英井 가에서 계룡鷄龍이 나타나 왼쪽 옆구리에서 여자아이를 낳았다. 모습과 얼굴이 고왔으나 입술이 닭 부리 같아 월성月城 북쪽 냇가에 목욕을 시켰더니 그 부리가 떨어져 나갔다.

남산 서쪽 기슭에 궁실宮室을 짓고 두 아이를 길렀다. 사내아이는 박과 같은 알에서 나와 성을 박朴이라 하였고, 여자아이는 우물 이름을 따 이름으로 삼았다. 13세가 된 오봉五鳳(전한 효선제의 연호) 원년인 갑자년(기원전 57)에 사내아이는 왕이 되고 여자아이를 왕후로 삼았다. 나라 이름을 '서라벌徐羅伐' 또는 '서벌'이라 하였다. 처음에 왕이 계정鷄井에서 탄생했기 때문에 계림국鷄林國이라고도 하였다. 일설에 탈해왕 때 닭 우는 숲 속에서 김알지를 얻어 국호를 계림으로 고쳤다고 한다. 후대에 와서 '신라'라는 국호를 정했다.

나라를 다스린 지 61년 만에 왕이 하늘로 올라갔다. 7일 뒤에 유해가 땅에 떨어졌고, 왕후도 죽어 합장하려 하니 뱀이 나타나 방해하였다. 다섯 동강이 난 시신을 각각 장사 지내 오릉五陵이 되었다. 뱀이 방해했다 하여 '사릉蛇陵'이라 하며, 담엄사曇嚴寺 북쪽의 능이 이것이다.

성인으로 추앙된 알영

신라 건국신화인 혁거세신화는 단군신화나 주몽신화와 같이 천손天孫의식이 담겨 있으나 몇 가지 다른 점도 있다. 즉, 단군신화에는 환웅과 웅녀, 주몽신화에는 해모수와 유화라는 부모가 등장하지만 혁거세신화에는 부모가 언급되지 않았다. 신화 속의 부모는 각각 천신天神과 지신의 역할을 담당하는데, 혁거세신화에는 부모가 등장하지 않아 지신地(母)神의 역할이 혁거세의 배우자에게 요구되었다. 그 결과 배우자의 위상이 상당히 높았다.

《삼국사기》에는 혁거세가 즉위한 지 5년째 되던 해에 용이 알영 우물에 나타나 오른쪽 갈빗대에서 알영閼英을 낳았다고 되어 있다. 처음 태어날 때 입술이 닭 부리 같았던 알영을 냇가에서 목욕시키자 부리가 떨어져 나갔다고 한다. 알영에 대한 신화가 시조 혁거세 못지않게 신비롭게 전해진다. 알영은 혁거세가 6부六部를 순무巡撫할 때 함께 따라나서 농상農桑(농사와 뽕나무 가꾸는 일)을 권勸하고 독려하여 지리地利를 다하도록 하였다고 한다(《삼국사기》권1 혁거세거서간 17년). 단순히 왕비로서 자리만 지킨 것이 아니라 혁거세와 함께 통치자로서의 역할을 수행하였던 것이다. 농상 장려와 땅을 이롭게 했다는 것은 알영이 생산·생식력의 '지모신'으로서의 면모를 갖추었음을 보

신라 시조 박혁거세의 비 알영이 태어난 우물 '알영정'. 지금은 우물 자리에 덮개돌 3개가 놓여 있다. 《삼국사기》에는 용의 오른쪽 갈빗대에서, 《삼국유사》에는 용의 왼쪽 갈비에서 알영을 얻었다고 되어 있다. 이와 같은 정천井泉(우물)설화는 동북아시아에 광범위하게 분포되어 있다.

여 주며, 탄생신화에 보이는 용, 우물가, 닭 또한 지모신과 관련된 상징적 요소들이다. 박혁거세와 알영의 혼인은 곧 천신족과 지신족의 결합을 의미하는 것으로, 그 결과가 '서라벌 신라'의 탄생이었다. 그래서 신라 사람들은 혁거세와 알영을 2성二聖이라고 불렀던 것이다.

사적 172호인 '오릉'은《삼국유사》에서는 혁거세의 시신이 다섯 조각으로 나뉘어 각각 장사 지낸 것이라고 하고, 《삼국사기》에서는 혁거세와 알영, 2대 남해, 3대 유리, 5대 파사이사금(이상 박씨 왕)의 무덤이라고 한다. 혁거세와 알영이 2성二聖으로 추앙된 것으로 보아 함께 묻히지 않았을까 한다.

사적 172호 오릉.《삼국유사》에서는 혁거세의 시신이 다섯 조각으로 나뉘어 묻혔다고 하였다.

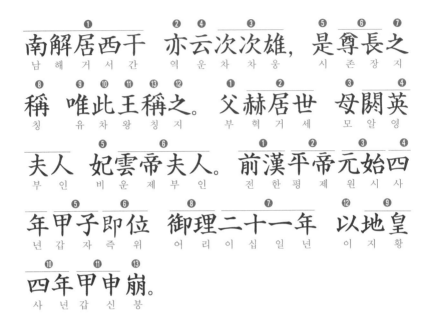

南解居西干　亦云次次雄,　是尊長之
남 해 거 서 간　역 운 차 차 웅　시 존 장 지

稱　唯此王稱之。　父赫居世　母閼英
칭　유 차 왕 칭 지　부 혁 거 세　모 알 영

夫人　妃雲帝夫人。　前漢平帝元始四
부 인　비 운 제 부 인　전 한 평 제 원 시 사

年甲子即位　御理二十一年　以地皇
년 갑 자 즉 위　어 리 이 십 일 년　이 지 황

四年甲申崩。
사 년 갑 신 붕

▶ 남해거서간은 또한 차차웅이라 하는데, 이것은 존장의 칭호이며 오
직 이 왕만 이렇게 불렸다. 아버지는 혁거세, 어머니는 알영부인이
며, 왕비는 운제부인이다. 전한 평제 원시 4년인 갑자년(4)에 즉위
하여 21년간 다스리고 지황 4년인 갑신년(23)에 돌아가셨다.

Tip　원시元始 : 중국 전한前漢 평제平帝의 연호로 1~5년에 사용.
지황地皇 : 중국 신新나라 왕망王莽의 연호로 20~23년에 사용.

尊
높은 사람
존

① 높다, 높이다 ② 우러러보다 ③ 신불神佛의 상像을 세는 말.

존장尊長 일가친척이 아닌 사람으로서 자기보다 나이가 많음.
또는 그런 사람.

존경尊敬 우러러 받듦.

삼존三尊 가운데 본존本尊(석가모니불)을 중심으로 좌우 불·
보살을 합쳐 부르는 말.

御
다스리다
어

① 거느리다 ② 막다 ③ 부리다 ④ 천자·제후에 관한 사물에
붙이는 높임말.

제어制御 억눌러 다스림.

어용御用 자신의 이익을 위해 정부나 그 밖의 권력기관에 영합
하여 자주성 없이 행동함을 낮잡아 이르는 말.

어명御命 임금의 명령을 이르던 말.

理
다스리다
리

① 다스리다 ② 길·도道 ③ 깨닫다

관리管理 사람을 통솔하고 지휘 감독함.

윤리倫理 사람으로서 마땅히 지키거나 행해야 할 도리나 규범.

崩
천자의 죽음
붕

① 죽다 ② 무너지다 ③ 흩어지다

붕어崩御 임금이 죽음.

붕괴崩壞 쌓인 것이 무너져 내림.

분붕分崩 떨어져 흩어짐.

《삼국사기》를 보면, 신라에서는 왕을 거서간居西干으로 불렀는데, 진한의 말로 왕이라는 뜻이며, 또는 귀인을 부르는 호칭이라고 한다. 또는 왕을 차차웅次次雄, 자충慈充이라고도 하였다. 김대문이 말하길, "차차웅은 무당을 일컫는 방언이다. 무당은 귀신을 섬기고 제사를 지내므로 그를 두려워하고 공경하게 되어 존장자尊長者를 자충이라 한 것이다. 또 이사금이라도 하였으니, 잇금齒理을 말한다"고 하였다. 신라 시조 혁거세와 알영부인 사이에 태어난 제2대 남해왕南解王이 죽고 아들 노례(유리이사금)가 탈해에게 왕위를 양보하자, 탈해가 '성스럽고 지혜로운 사람은 치아가 많다고 한다'며 떡을 물어 치아가 많고 적음을 시험하였다.

왕을 '마립간麻立干'이라도 하는데, 김대문은 '마립은 방언으로 궐橛(말뚝)이라고 하며, 왕의 궐이 주가 되고 신하의 궐이 아래에 놓이게 되어 그렇게 부른 것이다'라고 하였다.

신라에서 거서간과 차차웅은 각 하나이며, 이사금으로 부른 이는 열여섯이고, 마립간으로 부른 이는 넷이다. 최치원은 《제왕연대력帝王年代曆》을 지으면서 왕으로 부르고 거서간 등으로 부르지 않았다. 오늘날 신라 때 일을 기록하면서 방언을 그대로 두는 것이 옳다. 신라 사람들은 추봉追封된(죽은 뒤에 관위官位를 내림) 자를 갈문왕葛文王이라고 불렀는데 그 이유는 자세히 알 수 없다고 하였다.

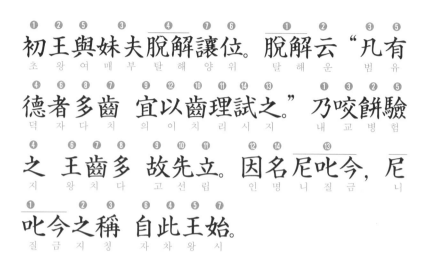

初王與妹夫脱解讓位。 脱解云 "凡有
초 왕 여 매 부 탈 해 양 위　　탈 해 운 범 유

德者多齒 宜以齒理試之。" 乃咬餠驗
덕 자 다 치 의 이 치 리 시 지　　내 교 병 험

之 王齒多 故先立。 因名尼叱今, 尼
지 왕 치 다 고 선 립 인 명 니 질 금 니

叱今之稱 自此王始。
질 금 지 칭 자 차 왕 시

⊙ 처음에 왕(노례왕)이 매부인 탈해에게 왕위를 양보하였다. 탈해가
말하길 "무릇 덕이 있는 자는 이가 많다고 하니 마땅히 이의 원리로
시험을 해 보자"고 제안했다. 이에 떡을 씹어 시험해 보았더니 (노
례)왕의 이가 더 많아서 먼저 왕위에 올랐다. 그리하여 이질금이라
고 불렀는데, 이질금이라는 칭호는 이 왕에서부터 시작하였다.

핵심 한자

讓
양보하다
양

① 사양하다 ② 양보하다 ③ 넘겨주다
양보讓步 다른 사람의 입장을 이해하여 자기의 주장이나 생각
을 굽히고 그의 의견을 좇음.

겸양謙讓 자기를 내세우거나 자랑하지 않는 태도로 남에게 양
　보하거나 사양함.

양위讓位 임금의 자리를 물려줌.

① 깨물다 ② 지저귀다 ③ 난잡한 소리(요)

교창咬創 짐승이나 독벌레, 독사 따위에 물려서 상처를 입음.
　또는 그 상처.

교교咬咬 새가 지저귀는 소리를 나타내는 말.

物다 교

餅

떡 병

① 떡 ② 먹다

병탕餅湯 떡국.

① 꾸짖다 ② 욕하다 ③ 소리의 형용

질책叱責 잘못을 꾸짖어 나무람.

호질虎叱 연암燕巖 박지원朴趾源이 지은 단편한문소설. 군자를
　가장한 선비가 범에게 꾸지람을 당한다는 줄거리.

* 여기서는 음만 가져옴

꾸짖다 질

해　설

노례왕(박노례이질금)은 경시更始 원년인 계미년(23)에 즉위하여(《삼
국사기》연표에는 24년에 즉위하였다고 함) 6부의 이름을 고치고, 6성姓
을 내렸으며, 도솔가兜率歌를 지으니 향가인 사뇌격詞腦格(사뇌가의 격
식)이 있었다. 보습(농기구에 끼우는 쇳조각)과 얼음 창고, 수레를 만들
었다. 건무建武 18년(42)에는 이서국伊西國을 멸망시켰다.

신라 왕호의 변천

제1대 왕 혁거세와 그 아들 남해는 '거서간居西干' 칭호를 사용했는데, 이는 말 그대로 칸kan, 즉 부족장의 의미를 크게 벗어나지 않는다. 이들의 권력 규모가 그 정도였다는 것이다. 특히 남해거서간은 '차차웅次次雄'이라고도 했는데, 차차웅은 신라 말로 '무당'이라고 한다. 단군신화에서도 봤듯이 초기 고대의 왕은 하늘에 제사를 지내는 '제사장'이기도 했다.

이후 남해왕의 사위 석昔씨 탈해脫解가 등장하면서 왕위 계승에 문제가 생겼다. 이때 치아가 많은 사람을 왕으로 삼자는 규칙이 정해지고, 떡을 깨물어 떡에 자국 난 이의 수로 위아래를 정하였다. 이가 많다는 것은 나이가 많다는 것이고, 나이가 많다는 것은 그만큼 경험도 많기 때문에 통치도 잘 할 수 있다는 논리일 것이다. 유례儒禮와 탈해의 떡 깨물기는 유례의 승리로 끝났고, 이를 계기로 왕을 잇금齒理, 즉 '이사금'이라 칭하게 되었다. 이 원칙은 이후 김씨가 등장한 후에도 지속되어 박 · 석 · 김 3성씨가 돌아가며 왕위에 올랐다.

이후 나라가 팽창하고 왕의 권력도 커지면서 '마립간麻立干' 칭호가 사용되었다. 신라의 학자 김대문의 설명에 의하면 마립은 말뚝을 가리키고, 말뚝은 직위에 맞추어 설치하므로, 왕의 말뚝이 주장(으뜸)이 되고 신하의 말뚝은 아래로 늘어서게 된다. 즉, 왕과 신하의 관계가 명확해졌음을 의미한다. 다만《삼국사기》에서는 눌지왕 때부터 마립간 왕호를 사용하기 시작했다고 하고,《삼국유사》〈기이〉편에서

혁거세부터 경순왕까지 신라 역대 왕

*《삼국사기》기준

1대 혁거세 거서간	기원전 57~서기 4	박씨~	
2대 남해차차웅	4~24		
3대 유리이사금	24~57		
4대 탈해이사금	57~80	석씨	
5대 파사이사금	80~112	박씨~	
6대 지마이사금	112~134		
7대 일성이사금	134~154		
8대 아달라이사금	154~184		
9대 벌휴이사금	184~196	석씨~	
10대 내해이사금	196~230		
11대 조분이사금	230~247		
12대 첨해이사금	247~261		
13대 미추이사금	262~284	김씨	
14대 유례이사금	284~298	석씨~	
15대 기림이사금	298~310		
16대 흘해이사금	310~356		
17대 내물마립간	356~402	김씨 독점세습	
18대 실성마립간	402~417		
19대 눌지마립간	417~458		
20대 자비마립간	458~479		
21대 소지마립간	479~500		
22대 지증왕	500~514		
23대 법흥왕	514~540		
24대 진흥왕	540~576		
25대 진지왕	576~579		
26대 진평왕	579~632		
27대 선덕여왕	632~647		
28대 진덕여왕	647~654		
29대 태종무열왕	654~661		
30대 문무왕	661~681		
31대 신문왕	681~692		
32대 효소왕	692~702		
33대 성덕왕	702~737		
34대 효성왕	737~742		
35대 경덕왕	742~765		
36대 혜공왕	765~780		
37대 선덕왕	780~785		
38대 원성왕	785~798		
39대 소성왕	799~800		
40대 애장왕	800~809		
41대 헌덕왕	809~826		
42대 흥덕왕	826~836		
43대 희강왕	836~838		
44대 민애왕	838~839		
45대 신무왕	839~839		
46대 문성왕	839~857		
47대 헌안왕	857~861		
48대 경문왕	861~875		
49대 헌강왕	875~886		
50대 정강왕	886~887		
51대 진성여왕	887~897		
52대 효공왕	897~912		
53대 신덕왕	912~917	박씨~	
54대 경명왕	917~924		
55대 경애왕	924~927		
56대 경순왕	927~935	김씨	

는 지증왕 때부터, 〈왕력〉편에서는 내물왕 때부터라고 기록하고 있다. 대체로 김씨가 왕위를 차지하는 내물왕 때부터 마립간 칭호를 사용한 것으로 보고 있다. 지증왕 때 비로소 '왕'이라 부르기 시작했다.

신라 말 학자였던 최치원은 저술 《제왕연대력》에서 신라 고유의 왕호를 사용하지 않았다. 그러나 김부식은 《삼국사기》에서 방언들을 그대로 두는 것이 옳다고 하여 고유 왕호를 기록해 두었고, 일연 또한 김부식의 사론史論을 인용하며 이를 옹호하였다. 다만, 본문에서는 고유 왕호를 사용하고, 항목의 제목에서는 '~왕'으로 표기하고 있다.

乃設詭計　潛埋礪炭於其側,　詰朝至
내 설 궤 계　잠 매 여 탄 어 기 측　힐 조 지

門云 "此是吾祖代家屋." 瓠公云"否"
문 운　차 시 오 조 대 가 옥　호 공 운 부

爭訟不決。乃告于官　官曰 "以何驗
쟁 송 불 결　내 고 우 관　관 왈　이 하 험

是汝家." 童曰 "我本冶匠　乍出隣鄕
시 여 가　동 왈　아 본 야 장　사 출 인 향

而人取居之, 請堀地檢看." 從之　果
이 인 취 거 지　청 굴 지 검 간　종 지 과

得礪炭　乃取而居焉。
득 여 탄　내 취 이 거 언

이에 간사한 꾀를 써서 몰래 숫돌과 숯을 그 집 곁에 묻어 놓고, 이른 아침에 문 앞에 가서 말하길 "이것은 우리 조상 때의 집입니다" 하였다. 호공이 "그렇지 않다" 하여 서로 다투었으나 시비를 가리지 못하였다. 이에 관가에 고하자 관가에서 묻기를 "무슨 증거로 이것이 너희 집이라고 하느냐?" 하였다. 동자(탈해)가 말하길, "우리는 본래 대장장이였는데 잠시 이웃 마을에 간 사이에 다른 사람이 빼앗아 살고 있으니 청컨대 땅을 파서 조사해 주십시오" 하였다. 말대로 하니 과연 숫돌과 숯이 나왔으므로 이에 (그 집을) 빼앗아 살게 되었다.

詭
속이다 궤

① 속이다 ② 꾸짖다 ③ 이상하다

궤계詭計 남을 속이는 간사한 꾀.

궤변詭辯 형식적으로 타당해 보이는 논증을 이용해서 거짓인 주장을 참인 것처럼 보이게 하는 논법.

기궤奇詭 기묘하고 이상스러움.

潛
잠기다 잠

① 잠기다 ② 자맥질하다 ③ 숨기다 ④ 몰래

잠재력潛在力 겉으로 드러나지 않고 숨겨져 있는 힘.

잠입潛入 아무도 알아차리지 못하게 몰래 숨어듦.

礪
숫돌 려(여)

① 숫돌 ② 갈다

여석礪石 숫돌.

마려磨礪 쇠붙이나 돌 따위를 숫돌 따위에 문질러서 갊.

詰
묻다 힐

① 묻다 ② 따지다 ③ 이른 아침

힐난詰難 트집을 잡아 지나치게 많이 따지고 듦.

힐조詰朝 이른 아침.

瓠
박 호

① 표주박 ② 우수수 떨어지다

호과瓠果 박과科에 딸린 식물의 열매.

호락瓠落 겉보기는 커도 소용이 없이 됨.

乍
잠깐 사

① 잠깐 ② 갑자기 ③ 일어나다

졸사간猝乍間 주로 '졸사간에'의 꼴로 쓰여, 미처 어떻게 해 볼 겨를이 없을 만큼 짧은 동안을 이르는 말.

사청乍晴 오래도록 비가 오다가 잠깐 갬.

驗
시험 **험**

① 증험하다 ② 시험 ③ 증거

실험實驗 과학에서 이론이나 가설 따위가 실제로 가능한지를 알아보기 위해 시험함.

수험생受驗生 시험을 치르는 사람.

해 설

남해왕 때 가락국 바다에 배가 이르러 수로왕首露王(금관가야의 제1대. 김해 김씨의 시조)이 맞이하여 머물도록 하였으나, 배가 계림의 동쪽 하서지촌下西知村 아진포阿珍浦에 이르렀다. 아진의선阿珍義先이라는 노파가 까치가 배 위에 모여 우는 것을 보고 배를 당겨 살펴보니 궤 하나가 있었다. 궤를 열어 보니 사내아이가 있었다. 7일간 대접하였더니, 그 아이가 다음과 같이 말하였다. "본래 용성국龍成國 사람인데, 왕비인 어머니가 알을 낳자 부왕 함달파含達婆가 좋은 일이 아니라고 여겨 궤짝에 알과 함께 가지각색의 보물을 넣고 배에 실어 보냈다. 붉은 용이 배를 호위하여 여기에 이르게 되었다." 7일을 머물면서 살 만한 곳을 찾았다.

이때 남해왕은 탈해가 지혜로운 사람임을 알고 큰딸을 시집보냈는데 그가 아니부인阿尼夫人이다. 하루는 탈해가 하인에게 물을 떠오라 했다. 하인이 도중에 먼저 마시고 드리려고 했더니 입에서 떨어지지 않았다. 감히 먼저 마시지 않겠다고 맹세한 후 떨어졌다.

노례왕이 죽고 광무제光武帝(후한의 초대 황제) 중원中元(광무제의 연호로 56~57년 사용) 2년인 정사년(57) 6월에 탈해가 왕위에 올랐다. 남의 집을 빼앗은 까닭에 석昔씨를 성으로 하고, 또는 노파가 까치

[鵲] 때문에 탈해가 담겨 있던 궤를 열었다 하여 조鳥자를 버리고 석昔씨라 하였다. 궤를 열고 알에서 나와서 탈해脫解라 이름하였다.

왕위에 오른 지 23년 만인 건초建初(장제章帝의 연호로 76~84년까지 사용) 4년인 기묘년(79)에 세상을 떠났다. 소천구疎川丘에 장사를 지냈는데, 신이 '내 뼈를 조심히 묻으라' 하였다. 이후 뼈를 부셔 소상塑像(찰흙으로 만든 사람의 형상. 조소)을 만들어 궁 안에 안치했더니 신이 '내 뼈를 동악東岳에 안치하라' 하여 그곳에 모셨다. 〈혹은 문무왕 20년 680년 3월 15일 밤에 왕의 꿈에 노인이 나타나 '나는 탈해인데, 내 뼈를 소천구에서 꺼내 소상을 만들어 토함산에 안치하라'고 하였다. 왕이 그대로 따랐다. 그런 까닭에 제사가 끊이지 않아 이를 동악신東岳神이라고 한다.〉

탈해의 출자出自

《삼국유사》에서 탈해는 주변 소국인 용성국 사람으로 아버지는 함달파왕이고 어머니는 적녀국積女國의 왕녀인데, 결혼한 지 7년 만에 알을 낳아 불길하다고 하여 배에 실어 보냈다고 한다. 《삼국사기》에는 다바나국多婆那國 출신으로, 아버지가 그 나라 왕이며 어머니는 여국왕女國王의 딸로 임신한 지 7년 만에 알을 낳아 그 알을 바다에 띄워 보냈다고 되어 있다. 공통적으로 왜국의 동북쪽 1천 리에 있다고 전한다. 이외 탈해의 출신국으로 '정명국正明國'·'완하국琓夏國'·'화하국花夏國' 등이 언급되는데 그만큼 탈해의 이동 경로에 대해서도 여러 설이 분분하다.

신라에 도착하기 전 가락국駕洛國에 먼저 닿았는데, 수로왕이 환영하였으나 탈해의 배가 신라로 이동하였다고 한다. 한편 《삼국사기》에서는 가락국 사람들이 거두지 않았다고 하고, 〈가락국기〉에는 수로왕과 탈해가 왕위 다툼을 벌인 일이 설화적으로 전한다. 탈해가 집을 빼앗은 호공이라는 인물도 본래는 왜인으로 허리에 표주박을 차고 바다를 건너와서 호공瓠公으로 불렸다 한다. 수로, 탈해, 호공은 모두 바다를 건너 이주해 온 사람(또는 세력)으로 새로운 지역에 정착하는 과정에서 다툼이 있었던 것이 아닐까 한다.

한편 탈해가 호공의 집을 빼앗으면서 본래 자기 집안이 '대장장이' 였다고 하고 자기 집의 표식으로 숯과 숫돌을 묻었다는 점에서, 석씨 昔氏 집안을 '철'을 잘 이용한 집단으로 이해한다. 그가 계림鷄林에 와서 정착한 토함산 일대를 석씨의 근거지로 보고 있다. 탈해왕은 남해왕의 맏딸과 혼인하고, 남해왕의 유언에 따라 유리왕의 뒤를 이어 신라의 제4대 왕(탈해이사금)으로 즉위한 후 호공을 대보大輔로 임명하여 등용하였다. 호공은 경주 김씨의 시조가 되는 김알지를 시림始林(신라 초기 경주 지방의 지명으로 탈해왕 9년에 계림鷄林으로 고쳤다)에서 발견하여 왕실로 데려오기도 하였다. 이렇게 탈해왕대에는 박·석·김씨의 공존, 토착 세력과 이주 세력의 공존이 이루어졌다.

永平三年庚申八月四日 瓠公夜行
영 평 삼 년 경 신 팔 월 사 일 호 공 야 행

月城西里 見大光明於始林中〈一作
월 성 서 리 견 대 광 명 어 시 림 중 일 작

鳩林〉。有紫雲從天垂地 雲中有黃
구 림 유 자 운 종 천 수 지 운 중 유 황

金樻 掛於樹枝 光自樻出。亦有白
금 궤 괘 어 수 지 광 자 궤 출 역 유 백

雞鳴於樹下。以狀聞於王 駕幸其林。
계 명 어 수 하 이 상 문 어 왕 가 행 기 림

開樻有童男 臥而即起。如赫居世之
개 궤 유 동 남 와 이 즉 기 여 혁 거 세 지

故事 故因其言 以閼智名之。閼智
고 사 고 인 기 언 이 알 지 명 지 알 지

即鄕言小兒之稱也。
즉 향 언 소 아 지 칭 야

▶ 영평永平 3년인 경신년(60) 8월 4일에 호공이 밤에 월성 서쪽 마을
로 가다가 큰 빛이 시림〈혹은 구림〉 속에서 빛나는 것을 보았다. 자
주색 구름이 하늘에서 땅에 드리워져 있고, 구름 속에 황금 궤가 있

어 나뭇가지에 걸려, 빛은 궤에서 나왔다. 또한 하얀 닭이 나무 아래에서 울고 있었다. 상황을 왕에게 아뢰자, 왕의 수레가(왕이 탄 수레가) 그 숲에 행차하였다. 궤를 열었더니, 동자가 있어 누워 있다가 바로 일어났다. 혁거세의 고사와 같아 그 말로 인해 알지閼智라 이름하였다. 알지는 곧 우리말로 어린아이의 명칭이다.

Tip 영평永平: 중국 후한後漢 명제明帝의 연호로 58~75년에 사용.

핵심 한자

紫
자주빛 **자**

① 자줏빛 ② 신선 · 제왕이 사는 곳의 빛깔

자색紫色 빨강과 파랑의 중간 색깔. 보라보다 붉은색을 더 많이 띤다.

자어紫禦 임금이 거처하는 집.

從
~부터 **종**

① 좇다 ② 시중들다 ③ 일하다 ③ ~부터 ④ 친족 간의 관계를 나타내는 말 ⑤ 세로, 남북

종심從心 '일흔 살'을 달리 이르는 말. 공자孔子가 《논어》〈위정편爲政篇〉에서 '나이 70이 되니 마음이 하고자 하는 바를 좇아도 도에 어그러지지 않았다從心所欲不踰矩'라고 한 데에서 나옴.

시종侍從 임금을 모시던 시종원侍從院의 한 벼슬.

종업원從業員 어떤 업무에 종사하는 사람.

종전從前 이전부터 해 오던 일. 또는 그 일의 방식方式이나 규

모 따위.

고종사촌姑從四寸 고모의 아들이나 딸.

합종合從 남북으로 동맹함. 중국 전국시대戰國時代 소진蘇秦이
　　주장했던 외교이론.

櫃
상자 **궤**

① 함, 상자

서궤書櫃 책을 보관하는 상자.

掛
걸다 **괘**

① 걸다 ② (마음이) 끌리다

괘종掛鐘 걸어 놓는 시계.

괘관掛冠 갓을 벗어 건다는 뜻으로, 관직을 버리고 물러남을
　　의미.

괘념掛念 마음에 두고 잊지 않음.

狀
형상 **상**

① 형상, 모습 ② 형용하다 ③ 문서, 편지(장)

형상形狀 물건의 생김새나 상태.

서장書狀 편지.

청첩장請牒狀 경사慶事가 있을 때에 남을 초청하는 글발.

駕
임금이 타는
수레 **가**

① 멍에 ② 탈것 ③ 임금이 타는 수레 ④ 능가하다

어가御駕 임금이 타는 수레를 이르던 말.

가정駕丁 가마를 메는 사람.

능가凌駕 다른 사람이나 사물을 능력이나 수준에서 앞지름.

幸
임금의 행차
행

① 다행이다 ② 은총 ③ 임금의 행차

다행多幸 주로 '~이다'와 함께 쓰여, 잘 안 될 것으로 여겨 걱
　　정했던 일이 뜻밖에 잘 풀려 마음이 놓이고 흡족함.

천행天幸 하늘이 내린 큰 행운.

능행陵幸 임금이 능에 행차함.

關
가로막다
알

① 가로막다 ② 그치다 ③ 흉노 선우의 왕비(연)

알가閼伽 부처에게 공양하는 물.

연씨閼氏 흉노의 왕 선우單于의 비妃를 이르던 말.

알지를 안고 궁으로 돌아오는데 새와 짐승들이 뒤따르며 기뻐 춤을
추었다. 왕이 길일吉日을 택해 태자로 책봉했으나, 파사婆娑에게 왕위
를 양보하였다. 금궤에서 나왔으므로 성을 김金씨라 하였다. 알지는
열한熱漢을 낳고, 열한은 아도阿都를 낳고, 아도는 수류首留를, 수류는
욱부郁部를, 욱부는 구도俱道를, 구도는 미추味鄒를 낳아 미추가 왕위
에 올랐다. 신라 김씨는 알지에서 시작되었다.

신라와 닭

〈기이〉 1 〈혁거세〉조에 신라 국명의 변화에 대한 이야기가 있다. 박
혁거세는 나라를 세우고 서라벌徐羅伐 또는 서벌徐伐이라 하였으며,
사라斯羅 또는 사로斯盧라고도 하였다. 이어 왕(혁거세)가 계정鷄井에
서 났기 때문에 계림국鷄林國이라고도 하고, 김알지를 얻은 숲속에서
닭이 울었기 때문에 나라 이름을 '계림'으로 고쳤다고 한다. 한편《삼
국유사》〈귀축제사歸竺諸師〉에 천축국天竺國(인도) 사람들이 신라인을
'구구탁 예설라'라 했다고 되어 있다. 구구탁矩矩托은 닭이라는 말이
며, 예설라禮說羅는 귀하다는 말로, 신라에서 닭을 떠받들어 날개깃을
머리에 꽂아 장식으로 삼았다고 알려졌다.

108 삼국유사로 배우는 한자

그러나 혁거세 신화에서 보듯이 혁거세는 계정이 아닌 나정蘿井에서 났다. 다만, 혁거세과 함께 2성二聖으로 추앙되는 왕비 알영의 입술이 닭 부리 모양이었는데 냇가에서 씻어더니 떨어졌다고 하였다. 그러므로 '계림'이라는 국명은 닭 울음소리를 시작으로 탄생한 김알지의 등장과 함께 김씨의 왕위 세습이 이루어지면서 정착된 것이 아닐까.

是時　新羅日月無光。日者奏云,
시 시　　신 라 일 월 무 광　　일 자 주 운

"日月之精　降在我國　今去日本　故
일 월 지 정　강 재 아 국　금 거 일 본　고

致斯怪。"王遣使求＊二人。延烏曰
치 사 괴　　왕 견 사 구　　이 인　　연 오 왈

"我到此國　天使然也　今何歸乎。
아 도 차 국　천 사 연 야　금 하 귀 호

雖然　朕之妃有所織細綃　以此祭天
수 연　짐 지 비 유 소 직 세 초　이 차 제 천

可矣。"仍賜其綃。　使人來奏　依其言
가 의　　잉 사 기 초　　사 인 래 주　의 기 언

而祭之　然後日月如舊。
이 제 지　연 후 일 월 여 구

🔘 이때 신라에서는 해와 달이 빛을 잃었다. 일관日官이 아뢰어 말하
길, "해와 달의 정기가 우리나라에 내려 있었는데 지금 일본으로 가
버렸기 때문에 이러한 괴변이 일어난 것입니다." 하였다. 왕이 일본
에 사신을 보내어 두 사람을 찾았다. 연오가 말하기를 "내가 이 나
라에 온 것은 하늘이 시킨 일이니 지금 어찌 돌아갈 수 있겠습니까.

비록 그러하나 짐의 비妃가 짠 고운 명주가 있으니 이것을 가지고 하늘에 제사를 지내면 될 것입니다." 하면서 이에 그 비단을 주었다. 사신이 돌아와서 아뢰자, 그 말대로 제사를 지냈더니 이후에 해와 달이 그 전과 같이 되었다.

* 원문에는 '來'로 되어 있으나 '求'의 오기다.

奏
이뢰디 주

① 아뢰다 ② 연주하다

상주上奏 임금에게 말씀을 아뢰어 올림.

연주演奏 악기를 다루어 악곡을 표현하거나 들려주는 일.

精
밝다 정

① 정미하다 ② 찧다 ③ 날카롭다 ④ 맑다 ⑤ 밝다, 밝히다 ⑥ 근본 ⑦ 영혼 ⑧ 마음

정밀精密 세밀한 곳까지 빈틈이 없고 정확함.

정예精銳 매우 날래고 용맹스러움. 또는 그러한 군사.

정수精髓 사물의 본질을 이루는 알짜나 알맹이.

정신精神 영혼이나 마음. 육체나 물질에 대립되는 의미로 이른다.

斯
이 사

① 이(사물을 가리키는 대명사) ② (어조사) 곧, 이에

사계斯界 이 분야나 방면의 사회.

사수斯須 매우 짧은 동안.

遣
보내다 **견**

① 보내다 ② 감정 따위를 풀다 ③ 하여금

파견派遣 어떤 개인이나 단체에게 일정한 임무를 주어 임지任
地로 보냄.

견민遣悶 답답한 속을 품.

使
사신 **사**

① 부리다, 시키다 ② 하여금 ③ 사신, 사신으로 가다

사역使役 사람이나 동물 등을 부리어 일을 시킴.

사신使臣 예전에 나라의 명을 받고 외국에 파견되던 신하.

求
구하다 **구**

① 구하다 ② 빌다, 청하다 ③ 탐하다, 욕심내다

가렴주구苛斂誅求 여러 명목의 세금을 가혹하게 거두어들여 백
성의 재물을 무리하게 빼앗는 일. 맵다, 사납다 **가苛**, 거두다 **렴**
斂, 베다 **주誅**

연목구어緣木求魚 나무에 인연하여 물고기를 구한다는 뜻으로,
목적이나 수단이 일치하지 않아 성공이 불가능함.

요구要求 어떠한 것을 필요하다고 바라거나 요청要請함.

綃
생사 **초**

① 생사生絲 ② 생초生綃

생초生綃 삶지 아니한 명주실로 얇게 짠 옷감.

仍
인하다 **잉**

① 인하다 ② 거듭되다 ③ 오히려 ④ 7대손

잉구관仍舊貫 고치지 않고 이전대로 둠.

후잉後仍 여러 대代가 지난 뒤의 자손.

잉손仍孫 일곱째 대의 자손.

신라 제8대 아달라왕阿達羅王 4년(157)년에 동해변에 연오랑 세오녀 부부가 살았다. 어느 날 연오랑이 바다에서 미역을 따는데 큰 바위돌이 나타나 그를 태우고 일본으로 갔다. 일본 사람들이 그를 왕으로 삼았다. 한편 세오녀는 남편을 찾으러 나갔다가 남편의 신발을 보고 바위에 올랐다. 마찬가지로 일본으로 가게 되어 부부가 만나 왕비가 되었다.

　이때 신라에서는 해와 달의 빛이 없어져, 왕이 사신을 일본으로 보내어 두 사람을 찾았더니, 연오는 돌아갈 수 없다고 말하고 그 대신 부인인 세오녀가 짠 비단을 주며 하늘에 제사를 지내라고 일러 주었다. 그의 말대로 세오녀가 짠 비단으로 하늘에 제사를 지냈더니 해와 달이 이전과 같아졌다. 이 비단을 국보로 삼고 어고御庫에 간직하여 그 창고를 귀비고貴妃庫라 하였다. 하늘에 제사지낸 곳을 영일현迎日縣 또는 도기야都祈野라 하였다.

도래인 설화

이 설화는 한반도에서 일본으로 건너간 '도래인'에 대한 이야기다. 일연도 언급했듯이, 연오랑이 일본으로 가서 왕이 되었다고 하나 이는 중앙의 왕은 아니며 어느 지방의 지배자가 된 것으로 볼 수 있다. 대체로 나고야 서남쪽 해안의 츠쿠시筑紫 지방 또는 시네마현의 이즈모出雲시를 연오랑·세오녀가 건너간 곳으로 보고 있다. 이즈모시에는 이즈모대사出雲大社라는 큰 신사神社가 있으며, 서쪽을 향해 있는 대국주신大國主神을 모시고 있다.

　사라진 해와 달을 되찾기 위해 세오녀가 짠 비단으로 제사를 지냈다고 하는데, 견우·직녀 설화에서 보듯이 일찍이 남성의 노동력은 농사, 여성의 노동력은 베짜기로 분화되었다. 신라에서는 6부部의 여성들이 두 패로 나뉘어 음력 7월 16일~8월 15일 한 달간 베짜기 경쟁을 하는 '가배嘉俳'라는 의식도 있었다. 이 베를 어떤 용도로 사용했는지에 대한 기록은 없지만, 제의에 사용되었을 가능성이 있다. 일본에서도 여성들이 짠 비단을 신사의 제물로 사용한 예가 많다.

이즈모대사에 있는 대국주신 동상. 이 상은 서쪽을 향해 팔을 벌리고 있다.

한편 《일본서기》 권6 스이닌垂仁천황 3년 3월조 기사를 보면, 신라 왕자 천일창天日槍이 7가지 물건을 가지고 일본에 귀화하였는데, 이 물건을 다지마노구니丹馬國에 보관하여 신물神物로 삼았다고 한다. 실제 신라 왕자가 일본으로 건너갔다고 할 수는 없지만, 천일창을 제사 지내는 집단이 일본으로 건너가거나, 이 설화를 가지고 있는 지역이 신라계 도래인 집단인 '하타씨秦氏' 거주지와 중복된다는 점에서 신라계 집단의 도일渡日, 그들에 의한 새로운 제의祭儀 수용으로 이해하기도 한다.

第十四儒禮*王代　伊西國人來攻金
제 십 사 유 례 왕 대　이 서 국 인 래 공 금

城。我大擧防禦, 久不能抗。忽有異
성　아 대 거 방 어　구 불 능 항　홀 유 이

兵來助 皆珥竹葉 與我軍竝力 擊賊
병 래 조　개 이 죽 엽　여 아 군 병 력　격 적

破之。軍退後 不知所歸 但見竹葉
파 지　군 퇴 후　부 지 소 귀　단 견 죽 엽

積於未鄒陵前 乃知先王陰隲有功。
적 어 미 추 릉 전　내 지 선 왕 음 즐 유 공

제14대 유례왕대 이서국인이 와서 금성을 공격하였다. 우리(신라)가 크게 병사를 일으켜 방어했으나 오래 저항할 수 없었다. 갑자기 이상한 병사들이 와서 도와주었는데, 모두 죽엽을 귀에 꽂고 아군과 함께 힘을 합쳐 적을 공격하여 깨뜨렸다. 군대가 물러간 후 그 돌아간 곳을 알지 못했다. 다만 죽엽이 미추왕릉 앞에 쌓여 있는 것을 보고 마침내 선왕의 음덕의 공이 있었음을 알았다.

* 본문에는 '理'로 되어 있으나 유리왕은 신라 3대 왕이므로 '禮'의 오기로 보아야 한다.

擧
일으키다
거

① 들다, 일으키다 ② 오르다 ③ 선발하다 ④ 죄다

일거양득 一擧兩得 한 번 들어 둘을 얻음.

거수擧手 손을 위로 들어올림.

선거選擧 일정한 조직이나 집단의 구성원이 그 대표자나 임원 등을 투표 등의 방법으로 가려 뽑는 행위.

거국擧國 온 나라 또는 국민 전체.

禦
막다 **어**

① 막다 ② 금지하다 ③ 멈추다

방어防禦 싸움이나 경기 따위에서 상대방의 공격을 맞서서 막음.

抗
막다 **항**

① 막다 ② 겨루다, 맞섬, 저항하다

저항抵抗 밖으로부터 가해지는 힘에 굴복하여 따르지 않고 거역하거나 버팀.

항쟁抗爭 상대에 맞서 싸움.

竝
아우르다
병

① 아우르다 ② 함께하다 ③ 모두, 다

병설竝設 한곳에 아울러 갖추거나 세움.

매수합병買收合竝 회사가 해산함과 동시에 기존 회사 또는 새로 설립한 회사에 대하여 영업 전부를 양도하는 합병 방법.

擊
공격하다
격

① 치다, 공격하다 ② 부딪히다 ③ 다스리다

공격攻擊 내달려서 적을 침.

목격目擊 눈으로 직접 봄.

격몽擊蒙 몽매蒙昧함을 일깨움.

珥
귀고리 이
| ① 귀고리 ② 햇무리
옥이玉珥 옥玉으로 만든 귀고리.
일이日珥 태양의 가에 있는 붉은 기운.

隲
수말 즐
| ① 수말 ② 부리다 ③ 정하다
음즐陰隲 하늘이 드러나지 않도록 사람을 도움.

해 설

제13대 미추이질금未鄒尼叱今(미추왕)은 김알지의 7세손이며, 이해니
질금理解尼叱今으로부터 선위禪位를 받아 왕위에 올랐다. 왕위에 오른
지 23년 만에 죽었으며 능은 흥륜사興輪寺 동쪽에 있다.

 먼 훗날 제37대(36대의 오기) 혜공왕惠恭王 대력大曆 14년인 기미년
(779) 4월에 김유신의 무덤에서 회오리바람이 일었다. 장군과 같은
모습의 한 사람이 말을 타고 죽현릉竹現陵(미추왕의 무덤)으로 들어갔
다. 왕릉 속에서 소리가 났다. "신이 평생 어려운 시국을 구하고 삼국
을 통일한 공을 세웠습니다. 혼백이 되어서도 나라를 지키고 재앙을
물리쳐 환난을 구제하려는 마음은 변함이 없습니다. 그러나 지난 경
술년에 신의 자손이 죽음을 당하였고, 왕과 신하들은 저의 공을 생각
하지 않습니다. 멀리 다른 곳으로 옮겨가 나랏일에 신경쓰고 싶지 않
습니다."라고 하였다. 왕이 "공과 내가 나라를 지키지 않으면 백성들
은 어떻게 할 것인가? 공은 이전과 같이 힘쓰라."고 하였다. 세 번 청
했으나 모두 들어주지 않았다.

 (혜공)왕이 이 소식을 듣고 두려워 무덤에 가서 사과하고, 공덕보功
德寶를 세우고 그 밑천으로 밭 30결을 취선사鷲仙寺에 시주하여 김유

신의 명복을 빌었다. 미추의 영혼이 아니었으면 김유신의 노여움을 막지 못했을 것이므로 왕이 나라를 수호하는 힘이 크다. 그러므로 나라 사람들이 3산三山(국가제사의 대상이 되었던 왕도 주변의 세 개 산. 경주 명활산과 영천 골화산, 안강 혈례산으로 비정)과 함께 제사지내고, 그 서열을 오릉 위에 두어 대표라고 불렀다.

김유신과 미추왕

770년, 혜공왕 6년에 대아찬(17관등官等 가운데 다섯째 등급) 김융金融이 모반을 일으켜 죽임을 당한 사건이 있었다. 이 김융이 김유신의 후손인지 명확하지 않지만, 그가 김유신의 후손이거나 이 사건에 김유신의 후손이 연루되어 죽임을 당한 것이 아닐까 추정된다. 이에 김유신은 원망하는 마음을 품고 미추왕을 찾아가 하소연하였다. 이 이야기를 전해들은 혜공왕은 김유신에게 사죄하고 명복을 기원했다고 한다. 《삼국사기》 신라본기에는 전하지 않으나, 열전 김유신조에는 혜공왕 15년(779) 4월에 있었던 일로 전한다. 회오리바람이 김유신 묘에서 시조대왕릉까지 이르렀는데, 수릉인守陵人이 들으니 그 속에서 곡읍哭泣(소리를 내어 슬프게 욺)하고 비탄하는 소리가 들렸다. 혜공왕이 두려워 대신을 보내 제사지내고 사죄하였으며, 취선사에 전田 30결을 바쳐 명복을 빌었다고 한다.

열전에서 시조대왕릉始祖大王陵이라 한 것이 바로 미추왕릉이다. 《삼국사기》에 미추왕릉은 '흥륜사 동쪽'에 있다고 하였다. 현재 경주 황남동 대릉원 내에 있다. 왕이 사망한 후 능의 이름을 '대릉大陵'이라 하였다. 겉은 원형봉토분이나 대릉원 내 천마총이나 황남대총을

김유신 혼백이 말을 타고 들어갔다는 미추왕릉은 지금의 경주 황남동 대릉
원 안에 있다.

발굴한 결과 돌무지덧널무덤이었으므로 이와 같은 유형일 것으로 추
정된다.

미추왕은 김씨 최초의 왕으로, 김씨 왕족에게는 시조始祖처럼 여겨
졌다. 제13대 미추이사금(미추왕)은 12대 첨해이사금에게 아들이 없
어 국인國人이 추대하였다. 미추이사금의 아버지는 구도仇道이고, 어
머니는 박씨로 갈문왕葛文王 이칠伊柒의 딸이었다. 그의 가계는 첨해
沾解이사금과 전혀 관련이 없었다. 다만 미추이사금의 아내가 11대
조분이사금의 딸 광명부인光明夫人인데, 12대 첨해이사금은 11대 조
분이사금의 친동생으로 첨해에게 자식이 없었기 때문에 전왕前王이
자 형이었던 조분이사금의 사위인 미추에게 왕위가 이어진 것이다.
이처럼 신라에서는 '사위'에게 왕위 계승 자격이 주어지기도 했다.

제36대 혜공왕 때 미추왕을 김씨 시조로 삼고, 무열왕과 문무왕은
백제·고구려를 평정한 공으로 불천위不遷位로 삼았으며, 여기에 친
묘親廟(할아버지와 아버지) 둘을 더하여 오묘五廟(박혁거세–석탈해–
김알지–무열왕–문무왕)를 제정하였다. 때문에 김유신은 미추왕에게

하소연했던 것이다. 김유신은 살아서 태대각간太大角干이라는 최고 직위에 오르고, 사후에 흥무대왕興武大王에 추존追尊되었다. 그러나 여전히 김유신의 집안은 '신新김씨'였고, 그의 사후 그의 집안에 대한 대우는 나빠졌을 것이다. 그러니 김유신이 무덤에서 벌떡 일어나 억울함을 하소연할 만하지 않았을까. 김유신 및 그 가계와 관련된 많은 설화들이 전해지는 것은 그의 공적을 인정하는 면도 있으나 그의 억울함을 위로하려는 것인지도 모르겠다.

於是囚堤上問曰, "汝何竊遣汝國王
어 시 수 제 상 문 왈 여 하 절 견 여 국 왕

子耶。" 對曰, "臣是雞林之臣 非倭
자 야 대 왈 신 시 계 림 지 신 비 왜

國之臣。今欲成吾君之志耳 何敢言
국 지 신 금 욕 성 오 군 지 지 이 하 감 언

於君乎。" 倭王怒曰, "今汝已爲我臣。
어 군 호 왜 왕 노 왈 금 여 이 위 아 신

而言雞林之臣 則必具五刑 若言倭
이 언 계 림 지 신 즉 필 구 오 형 약 언 왜

國之臣者 必賞重祿。" 對曰, "寧爲雞
국 지 신 자 필 상 중 록 대 왈 녕 위 계

林之犬㹠 不爲倭國之臣子。寧受雞
림 지 견 돈 불 위 왜 국 지 신 자 녕 수 계

林之箠楚 不受倭國之爵祿。"
림 지 추 초 불 수 왜 국 지 작 록

이에 제상을 옥에 가두고 묻기를, "너는 어찌하여 몰래 너의 나라 왕자를 보냈느냐?" 하니, 대답하길 "나는 계림의 신하이지 왜국의 신하가 아니다. 지금 내 임금의 뜻을 이루고자 할 뿐이니 무엇을 감히 그대에게 말하겠는가?" 하였다. 왜왕이 노하여 말하길 "지금 너는 이미 나의 신하되었다. 그런데 계림의 신하라 말한다면 반드시 오형을 갖출 것이고, 만약 왜국의 신하라 말하면 반드시 후한 녹을 상 주겠다"라고 하였다. 답하길, "차라리 계림의 개·돼지가 될지언정 왜국의 신하는 되지 않겠다. 차라리 계림의 채찍을 받을지언정 왜국의 작위와 녹봉을 받지 않겠다"고 하였다.

핵심 한자

汝
너 여

① 너 ② 물의 이름
여등汝等 '너희'를 문어체로 이르는 말.

竊
몰래 절

① 훔치다 ② 도둑 ③ 몰래
절도竊盜 남의 물건을 몰래 훔침. 또는 그런 사람.
서절鼠竊 쥐나 개처럼 가만히 물건을 훔친다는 뜻으로, '좀도둑'을 욕하여 이르는 말.
절념竊念 혼자 가만히 여러모로 생각함.

耶
어조사 야

① 어조사 ② 간사하다(사)
유야무야有耶無耶 어떤 일이 있는 듯 없는 듯 분명하게 끝맺어지지 않고 흐지부지한 상태.

耳
~뿐이다
이

① 귀 ② (귀에) 익다 ③ 어조사 ~뿐이다. **한정·강조. 오직 ~뿐. ~일 뿐이다. 而已·爾 따위와 쓰임이 같음.**
마이동풍馬耳東風 말의 귀에 동풍이 불어도 말은 아랑곳하지 않

는다. '남의 말에 귀기울이지 않고 그냥 지나쳐 흘려 버림'.

重
무겁다 **중**

① 무겁다 ② 소중하다 ③ 무게 ④ 위세, 권력 ⑤ 두 번, 또다시 ⑥ 자주하다

중량重量 무거운 정도.

중요重要 소중하고 요긴함.

중언부언重言復言 한 말을 자꾸 되풀이 함.

중문重門 대문 안에 거듭 세운 문.

祿
녹 **록**

① 녹. 관리의 봉급 ② 복福 ③ 제육祭肉. 제사에 쓰는 고기

관록貫祿 어떤 일을 오래 겪으면서 쌓인 권위나 위엄.

봉록俸祿 예전에 관리들에게 봉급으로 주던 곡식이나 돈, 피륙 따위를 통틀어 이르는 말.

寧
편안하다 **녕**

① 편안하다(녕, 영) ② 문안問安하다 ③ 틀림없이 ④ 차라리, 어찌

안녕安寧 친한 사이에 서로 만나거나 헤어질 때 인사로 하는 말.

정녕丁寧 거짓이 없이 진실하게. 또는 틀림없이 꼭.

寧~ 차라리 ~지언정 ~하다.

與~寧~ ~함보다는 차라리 ~하는 편이 낫다.

無寧~乎 차라리 ~함이 낫지 않겠는가.

寧~乎 어찌 ~하리오.

狪
돼지 새끼 **돈**

① 돼지 새끼 ② 돼지

환돈獾狪 오소리. 오소리 환獾

돈피狪皮 담비의 가죽.

箠
채찍 추

① 채찍 ② 채찍질하다

추초箠楚 종아리채, 또는 종아리를 침. 옛날 볼기를 치던 형구刑具.

신라의 제17대 내물왕 36년(390)에 왕이 왜와의 우호 관계를 위해 셋째 아들 미해美海를 왜에 보냈는데, 30년간 붙잡아 두고 돌려보내지 않았다. 신라 제19대 눌지왕 3년(419)에도 고구려와의 우호 관계를 위해 동생 보해寶海를 고구려로 보냈는데, 역시 억류하고 돌려보내지 않았다.

눌지왕 10년(425)에 왕이 눈물을 흘리며 두 아우를 다시 만나길 소망하니, 신하들이 삽라군歃羅郡(오늘날 경남 양산) 태수太守 김제상金堤上을 적임자로 추천하였다. 이에 김제상은 먼저 바닷길로 고구려에 들어가 보해를 데리고 왔다. 이어 곧바로 율포栗浦(울산 지방)에서 왜로 건너가 망명한 것처럼 왜왕을 속이고 신임을 얻었다. 이후 제상은 자신이 미해인 것처럼 그의 처소에 머물면서, 미해로 하여금 왜에 와 있던 강구려康仇麗를 따라 신라로 달아나게 하였다. 뒤늦게 이 사실을 안 왜왕은 제상에게 왜국의 신하가 되면 용서하겠다고 제안하였으나, 제상은 거부하였다. 다리의 가죽을 벗기고, 갈대를 베어 그 위를 걷게 하고, 뜨겁게 달군 쇠 위에 세워 놓기도 하였으나 제상은 끝까지 계림의 신하임을 주장하였다. 결국 왜왕은 그를 불에 태워 죽였다.

눌지왕은 동생 보해와 함께 미해를 맞이하여 잔치를 베풀고 크게 사면령을 내렸다. 제상의 아내를 국대부인國大夫人으로 책봉하고 그의 딸을 미해의 아내로 삼았다.

일찍이 제상이 왜로 떠날 때 부인이 뒤쫓았으나 따라잡지 못하고 망덕사望德寺 문 남쪽 모래 위에 넘어져 길게 절규하여 그 모래사장을 '장사長沙'라 불렀다. 친척들이 부축하여 돌아오려 하였으나 부인이 다리를 뻗고 일어나지 않아 그곳을 '벌지지伐知旨'라 하였다. 오랜 뒤 부인이 남편을 잊지 못한 나머지 세 딸을 데리고 치술령鵄述嶺에 올라가 왜국을 바라보고 통곡하다가 죽었다. 부인은 치술신모鵄述神母가 되었으며, 지금도 사당이 있다. 치술령은 지금의 경상북도 경주시 외동읍과 울산광역시 울주군 두동면 경계에 있는 높이 765미터의 산이다.

인질과 외교

《삼국사기》에서는 조금 다르게 전한다. 우선 김제상이 아닌, 박제상으로 성씨가 다르다. 이런 경우는 종종 보이는데, 5세기 신라은 성씨가 본격적으로 사용되기 전이라 후대에 붙여진 것으로 보기도 하고, 근친혼近親婚으로 모계와 부계가 혼동된 때문이라고도 한다.

무엇보다 《삼국사기》에서는 눌지왕의 동생 미해과 보해를 각각 미사흔未斯欣과 복호卜好라 하고, 이들이 각각 왜와 고구려에 볼모로 보내진 것도 제18대 실성왕實聖王대라고 기록하고 있다. 《삼국사기》에 의하면, 내물왕은 실성을 고구려에 인질로 보냈으며, 실성왕은 나물왕 말년에 신라로 돌아와 이듬해에 즉위하였다. 그는 자신을 인질로 보낸 것을 원망하여 내물왕의 아들인 미사흔과 복호를 각각 왜와 고구려에 보냈던 것이다.

《삼국사기》에는 내물왕－실성왕－눌지왕으로 이어지는 왕위 계승 과정에서 생긴 내부적·정치적 갈등이 인질 문제에 담겨 있다. 뿐만 아니라 고구려에서는 왕과의 대화를 통해 쉽게 인질을 데려올 수 있었으나, 왜와는 말이 통하지 않아 꾀를 써야 했으며, 그 속임수가 들통나서 박제상이 불에 타 죽고 말았다. 여기에는 왜를 오랑캐로 본 김부식의 유교적 인식이 담겨 있다.

반면에 《삼국유사》는 인질을 국제관계 문제로 인식했다. 강성해진 고구려와 자주 침략하는 왜를 막기 위해 인질을 보내야 했던 신라의 상황에서 우호적인 인질 송환은 불가능했고, 인질 구출 작전을 펼 수밖에 없었다. 그나마 고구려에서는 비교적 쉽게 인질을 구출했으나, 왜에서는 김제상의 죽음이라는 희생을 치르고 말았다. 발바닥 가죽이 벗겨진 채 날카롭게 베어 낸 갈대 위를 걷고, 뜨거운 철판 위를 걷는 고문을 당하면서도 '계림의 신하'임을 주장하는 '충신' 김제상의 모습이 《삼국유사》에는 생생하게 그려진다. 일연은 비록 승려였지만, 유학자 김부식보다 더 국가와 '충'을 강조하는 경향을 읽을 수 있다. 몽골의 침입으로 고려의 존망存亡이 교차하는 상황에서 '충'을 강조할 수밖에 없었을 것이다.

김제상? 박제상?

《삼국사기》 권45 열전에 〈박제상〉전이 수록되어 있다. 여기서는 제상을 혁거세의 후손으로 파사이사금의 5세손으로 '박씨'라고 하였다. 반면에 《삼국유사》는 제상의 가계를 언급하지 않고 제목에만 '김제상'이라 할 뿐 본문에서는 성을 밝히지 않았다. 이 시기 아직 신라에서 성姓을 사용하지 않았을 것이므로 성은 후대에 붙여진 것으로 이해된다.

두 왕자의 이름도 《삼국사기》에서는 복호卜好와 미사흔未斯欣으로 표기하고 있으며, 볼모로 보낸 시기 또한 실성왕대로 기록하고 있다. 즉, 본기에서는 실성마립간 1년(402)에 미사흔을 왜에, 동왕 11년(412)에 미사흔의 형 복호를 고구려에 볼모로 보낸 사실과 눌지왕 2년(418)에 미사흔이 왜에서 도망쳐 돌아왔다고 한다. 그러나 제상의 이름이나 활약은 보이지 않는다.

《삼국유사》에서는 제상 아내의 국대부인 책봉과 아내 관련 치술령 설화를 덧붙여 서술하고 있고, 《삼국사기》 열전에는 제상을 대아찬 으로 추증追贈한 것과 두 동생을 되찾은 왕이 그 기쁨을 노래한 '우식 곡憂息曲'의 유래를 언급하고 있다.

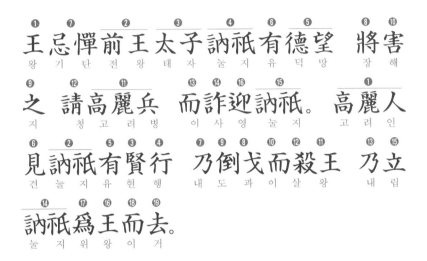

王忌憚前王太子訥祗有德望 將害
왕 기 탄 전 왕 태 자 눌 지 유 덕 망 장 해

之 請高麗兵 而詐迎訥祗。高麗人
지 청 고 려 병 이 사 영 눌 지 고 려 인

見訥祗有賢行 乃倒戈而殺王 乃立
견 눌 지 유 현 행 내 도 과 이 살 왕 내 립

訥祗爲王而去。
눌 지 위 왕 이 거

▶ (실성)왕(402~417 재위)은 전왕(내물왕)의 태자 눌지가 덕망이 있음을
꺼려하여 장차 그를 해하려고 고구려 군사를 청하여 거짓으로 눌지
를 맞이하였다. 고구려 사람들이 눌지에게 어진 행실이 있음을 보
고, 이에 창을 돌려 왕(실성왕)을 시해하고 마침내 눌지를 세워 왕으
로 삼고 가 버렸다.

핵심 한자

忌
꺼리다 **기**

① 꺼리다 ② 미워하다 ③ 질투하다 ④ 기일

기피忌避 어떤 대상이나 일 따위를 직접 하거나 부딪치기를 꺼
리어 피함. 피할 피避

시기猜忌 샘을 내고 미워함.

기일忌日 해마다 돌아오는 제삿날.

憚
꺼리다 **탄**

① 꺼리다 ② 괴로워하다 ③ 두려워하다
기탄忌憚 어렵게 여겨 꺼림.
무소기탄無所忌憚 아무것도 꺼릴 것이 없음.
탄복憚服 두려워하여 복종함.

訥
말을 더듬다 **눌**

① 말을 더듬다 ② (입이 무거워) 말을 잘 하지 않다
대변여눌大辯如訥 말을 잘하는 사람은 함부로 지껄이지 않기에 도리어 말이 서툴러 보인다. 겉에 드러나는 단순한 말만 가지고 판단하지 않도록 경계하여 이르는 말.

祗
공경하다 **지**

① 삼가다, 공경하다 ② 마침 ③ 이것
지후祗候 어른을 모시어 시중을 듦.

詐
속이다 **사**

① 속이다 ② 기롱欺弄하다 ③ 교묘한 말 ④ 갑자기
사기詐欺 못된 꾀로 남을 속임
교사巧詐 남을 교묘하게 속임.

倒
거꾸로 **도**

① 넘어지다 ② 거꾸로 ③ 거스르다
타도打倒 어떤 세력이나 대상을 쳐서 쓰러뜨리거나 거꾸러뜨림.
전도顚倒 위치나 차례가 거꾸로 뒤바뀜. 넘어질 전顚

殺
윗사람 죽일 **시**

① 죽이다 ② 감하다(살) ③ 빠르다, 지나치다(쇄)
살신성인殺身成仁 자기 몸을 희생하여 인仁을 이룸.
쇄도殺到 세차게 몰려듦.

5세기 초 신라와 고구려의 관계

《삼국사기》에 의하면, 신라 제18대 왕 실성實聖은 제17대 내물왕에 의해 고구려에 인질로 갔으며(392), 401년에 돌아와 왕위에 오른 뒤에는 내물왕에 대한 원망으로 내물왕의 아들 미사흔과 복호를 각각 왜와 고구려에 인질로 보냈다. 더 나아가, 내물왕의 큰아들인 눌지訥祇마저 제거하려 하였다.

실성왕은 눌지를 제거하기 위해 고구려 군사를 끌어들였다. 10년간 고구려에서 인질로 생활했던 실성이므로 고구려와 긴밀한 관계를 맺고 있었을 것이다. 이보다 앞서 400년(내물왕 45)에 고구려 광개토왕이 친히 군사 5만 명을 거느리고 신라를 도와 왜를 물리쳐 주었다. 이후 신라는 고구려와 긴밀한 우호 관계를 형성하였으며, 이런 상황에서 실성은 401년 신라로 돌아왔고 내물왕의 자식들이 어리다는 이유로 이듬해 바로 왕위에 올랐다. 그러므로 이 일련의 과정에 고구려가 개입했을 가능성이 크다. 고구려 장수왕의 남진南進을 기록한 〈충주 고구려비〉에 의하면, 당시 고구려는 '신라토내당주新羅土內幢主'라고 하여 고구려 군사를 신라 땅에 주둔시키고 있었다.

한편 실성왕의 청으로 눌지를 제거하려던 고구려의 군사는 눌지의 현행賢行(어진 행실)을 보고 오히려 눌지를 도와 실성왕을 시해弑害하고 눌지왕을 즉위시켰다. 눌지왕의 즉위에도 고구려의 영향력이 작용했던 것이다. 고구려가 실성왕이 아닌 눌지왕을 지지하게 된 데에는 실성왕이 미사흔을 왜에 볼모로 보내면서 왜와 우호 관계를 형성했기 때문이 아닐까 한다. 즉, 당시 국제관계는 고구려·신라 대對 백제·가야·왜가 대립하는 상황이었는데, 실성왕이 왜와 우호 관계를 형성하는 것은 이 국제관계를 깨는 일이자 고구려의 대외정책에

경주 호우총 출토 청동 '광개토대왕'명 호우壺杆.

반反하는 행동으로 여겨졌기 때문이다.

왕위 계승까지 고구려의 간섭을 받던 신라는 무엇보다 고구려의 영향에서 벗어나는 일이 급선무였다. 이에 눌지왕은 고구려와 왜에 인질로 가 있던 동생들을 구출한 후 '집안에 기르는 수탉을 죽여라'라는 명령을 내려 신라 안에 있던 고구려 군사들을 축출하였다(《일본서기》권14 웅략천황 8년).

경주 노서동 호우총壺杆塚에서 출토된 〈경주 호우총 출토 청동 '광개토대왕'명 호우慶州 壺杆塚 出土 靑銅 '廣開土大王'銘 壺杆〉('호우'는 그릇) 바닥에는 '을묘년국강상광개토지호태왕호우십乙卯年國罡上廣開土地好太王壺杆十'이라고 새겨져 있다. 을묘년은 415년, 장수왕 3년이다. 고구려에서 제작한 그릇이 신라 경주 왕릉에서 발견되었다는 것은 5세기 초 고구려와 신라의 외교적 관계를 잘 보여 준다.

第二十一 毗處王 即位十年戊辰 幸
제 이 십 일　비 처 왕　즉 위 십 년 무 진　행

於天泉亭。… 時有老翁自池中出奉
어 천 천 정　　시 유 노 옹 자 지 중 출 봉

書, 外面題云‘開見二人死 不開一
서　외 면 제 운　개 견 이 인 사　불 개 일

人死.’使來獻之 王曰,"與其二人死
인 사　사 래 헌 지　왕 왈　여 기 이 인 사

莫若不開 但一人死耳。"日官奏曰
막 약 불 개　단 일 인 사 이　일 관 주 왈

"二人者庶民也 一人者王也。"王然
이 인 자 서 민 야　일 인 자 왕 야　왕 연

之開見, 書中云‘射琴匣’。王入宮見
지 개 견　서 중 운　사 금 갑　왕 입 궁 견

琴匣射之。乃內殿焚修僧與宮主 潛
금 갑 사 지　내 내 전 분 수 승 여 궁 주　잠

通而所奸也。二人伏誅。
통 이 소 간 야　이 인 복 주

⭐ 신라 제21대 비처왕毗處王이 즉위 10년 무진년戊辰年(488)에 천천 정天泉亭으로 행차하였다. … 이때 노인이 연못에서 나와 편지를 바쳤는데, 겉면의 제목에 이르기를 '열어 보면 2명이 죽고 열지 않으면 1명이 죽는다' 하였다. 사자가 와서 (왕에게) 바치니, 왕이 말하길 "두 사람이 죽는 것보다는 열지 않아 단 한 사람만 죽는 것만 같지 못하다" 하였다. 일관日官이 아뢰길, "두 사람은 서민이고 한 사람은 왕입니다" 하였다. 왕이 그러하다 여겨 열어 보니 편지에 "사금갑射琴匣(거문고 궤짝을 활로 쏴라)"고 적혀 있었다. 왕이 궁에 들어가서 거문고 궤짝을 보고 쏘았다. 곧 내전의 분수승이 궁주宮主와 은밀하게 (정을) 통하며 간통하는 장소였다. 두 사람은 처형되었다.

幸
왕의 행차
행

① 다행하다 ② 왕의 나들이 ③ 은총
천만다행千萬多幸 어떤 일이 뜻밖에 잘 풀려 몹시 좋음.
순행巡幸 임금이 나라 안을 두루 보살피며 돌아다님.

翁
늙은이 옹

① 늙은이, 노인의 존칭 ② 아버지 ③ 창백한 모양
새옹지마塞翁之馬 인생의 길흉화복은 변화가 많아 예측하기 어렵다는 뜻.
노옹老翁 늙은 남자.
내옹乃翁 너의 아비, 이 아비라는 뜻으로, 주로 편지글에서 아버지가 자녀에게 자기를 가리키는 말.
옹옹翁翁 창백한 모양.

與
어조사 **여**

① 더불다 ② 참여하다 ③ 주다 ④ 어조사

참여參與 참가參加하여 관계關係함.

여당與黨 정부政府 정책政策을 지지支持하여 편을 드는 정당.

匣
작은 상자
갑

① 상자 ② 단위

장갑掌匣 손을 보호하거나 추위를 막거나 장식의 용도로 손에 끼는 물건.

문갑文匣 문서나 문구 따위를 넣어 두는 세간의 한 가지.

焚
불사르다
분

① 불사르다, 태우다 ② 화형하다 ③ 넘어지다

분서갱유焚書坑儒 중국의 진시황秦始皇이 학자들의 정치적 비판을 막고자 의약, 점복占卜, 농업에 관한 것을 제외한 민간의 모든 서적을 불태우고 이듬해 유생儒生들을 생매장한 일.

분탕焚蕩 몹시 부산하고 야단스럽게 굴거나 소동을 일으킴.

潛
몰래 **잠**

① 잠기다 ② 가라앉다 ③ 자맥질하다 ④ 감추다 ⑤ 몰래

잠재력潛在力 겉으로 드러나지 않고 속에 숨어 있는 힘.

잠입潛入 몰래 들어옴.

잠잠潛潛 요란하거나 시끄럽지 않고 조용함.

伏
엎드리다
복

① 엎드리다 ② 인정하다 ③ 숨다

복주伏誅 형벌을 받아 죽음을 당하다.

신라 제21대 비처왕(또는 소지왕炤智王)이 488년에 천천정天泉亭으로 행차하는데, 까마귀와 쥐가 나타나더니 쥐가 까마귀 가는 곳으로 따라가 보라고 하였다. 왕이 군사를 시켜 까마귀를 쫓게 하였는데, 군사는 돼지가 싸우는 것을 구경하다가 그만 까마귀를 놓치고 말았다. 그때 노인이 연못에서 나오더니 편지를 주었는데, 편지 겉면에는 '뜯어 보면 둘이 죽고 뜯지 않으면 한 명이 죽는다'고 적혀 있었다. 왕이 편지를 받고 뜯어 보려 하지 않자, 고대에 천문天文을 맡아보던 관리인 일관日官이 '두 사람은 일반 백성이요 한 사람은 왕일 것입니다'라고 아뢰니 왕이 봉투를 뜯어 보았다. 편지에는 '사금갑射琴匣'이라 적혀 있었다. 왕은 궁으로 돌아가 글자 그대로 거문고 궤짝을 활로 쏘았다. 마침 그 안에서는 분수승焚修僧과 궁주宮主가 몰래 정을 통하고 있어 둘을 처형하였다.

이후 신라에서는 매년 정월 첫 해亥일·자子일·오午일에는 모든 일을 조심하고 함부로 출입하지 않았다. 정월 보름날을 오기일烏忌日,

"거문고갑을 쏘라!" 지금의 경주시 남산1길에 위치한 서출지는 신라 제21대 비처왕(소지왕)의 저 유명한 '사금갑射琴匣' 설화가 깃든 곳이다.

즉 '까마귀의 기일忌日'이라 하여 찰밥을 지어 제사를 지내는 풍습이
생겨 지금까지 전한다. 속된 말로 '달도怛忉'라고 하는데, 슬퍼하고 근
심하며 모든 일을 금한다는 말이다. 편지가 나온 연못을 문서가 나왔
다고 하여 '서출지書出池'라 하였다.

신라의 불교 수용이 늦은 이유

이 기록에는 '분수승'이 등장한다. 분수승은 향을 사르며 수행하는
승려를 말하는데, 그가 왕비王妃가 거처居處하는 전각殿閣인 내전內殿
에 있었다는 것으로 보아, 5세기 후반 비처왕대에 이미 신라 왕실에
서 불교를 신봉하고 있었음을 알 수 있다. 일찍이 제17대 눌지왕 때
고구려에서 묵호자墨胡子가 신라에 와서 불교를 전했으며, 비처왕대
에도 아도阿道가 신라에 왔다고 전하므로 불교는 이미 5세기 초에 신
라 왕실에 알려졌다고 볼 수 있다.

그러나 신라에서는 백제·고구려보다 훨씬 늦은 527년(법흥왕 14)
에 가서야, 그것도 이차돈의 순교殉教라는 극단적인 과정을 거친 다
음에야 비로소 불교가 공인되었다. 왜 이렇게 늦었을까? 그 이유를
보여 주는 것이 바로 '사금갑' 사건이다. 이 사건으로 승려의 부도덕
함이 알려지면서 불교에 대한 불신이 신라에 퍼지게 되고, 그 결과
불교가 신라에 뿌리내리기 어려워졌을 것이다.

이 설화에서 봉투를 열지 않겠다는 왕을 설득하여 열어 보게 한 사
람이 '일관日官'이다. 일관은 천문을 관찰하고 점성占星을 통해 왕에
게 자문諮問을 올리는 역할을 하는 관직으로, 전통 신앙(샤머니즘)의
대변자라 할 수 있다. 불교가 수용되면서 치료나 천문 등을 승려들이
맡아서 하는 경우가 많아졌다. 신라에 온 고구려 승려 묵호자나 아도
가 공주의 병을 치료한 일 등이 이에 해당한다. 일관을 비롯한 전통
신앙의 행위자 및 신봉자들의 입장에서는 당연히 승려와 불교에 대

한 반감이 있었을 것이다. 이들 세력 간의 갈등이 사금갑 사건으로 나타난 것이다.

바람난 궁주는 누구?

그런데 분수승과 사통한 궁주宮主는 누구일까? 신라 중기 김대문이 썼다는 화랑들의 전기《화랑세기花郎世紀》에는 소지왕(비처왕)의 비妃인 선혜부인善兮夫人(《삼국사기》에서도 소지왕비의 이름은 선혜부인)이 승려 묘심妙心과 사통하여 딸 '오도吾道'를 낳았다고 한다.

　다른 궁주의 사례를 찾아보면, 신라의 제32대 효소왕孝昭王 때의 국선國仙(화랑도의 우두머리)이었던 부례랑夫禮郎의 어머니가 사량부沙梁部(신라 때 경주의 6부 중 하나) '경정궁주鏡井宮主'로 나오는 예(《삼국유사》 권3 탑상4 백율사조)가 있다. 고려시대에는 초기에 왕녀를 궁주라고 부르기도 했으며, 후궁에게 내리는 작호爵號명이기도 하였다. 그러므로 분수승과 사통한 '궁주'를 왕비라고 보기는 어렵겠지만, 단순한 궁녀가 아닌 지위가 있는 왕실 여성이었다고 추측할 수 있다.

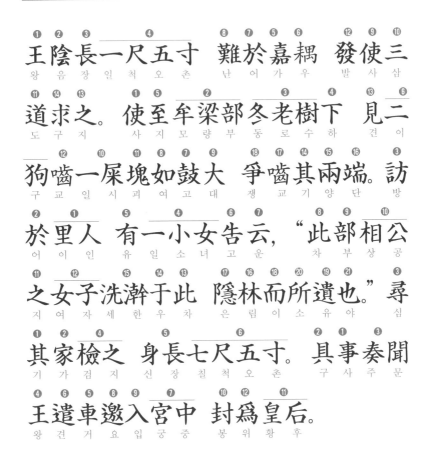

王陰長一尺五寸　難於嘉耦　發使三
왕 음 장 일 척 오 촌　난 어 가 우　발 사 삼

道求之。　使至牟梁部冬老樹下　見二
도 구 지　사 지 모 량 부 동 로 수 하　견 이

狗嚙一屎塊如鼓大　爭嚙其兩端。訪
구 교 일 시 괴 여 고 대　쟁 교 기 양 단　방

於里人　有一小女告云，"此部相公
어 이 인　유 일 소 녀 고 운　차 부 상 공

之女子洗澣于此　隱林而所遺也。"尋
지 여 자 세 한 우 차　은 림 이 소 유 야　심

其家檢之　身長七尺五寸。　具事奏聞
기 가 검 지　신 장 칠 척 오 촌　구 사 주 문

王遣車邀入宮中　封爲皇后。
왕 견 거 요 입 궁 중　봉 위 황 후

➲ (지철로) 왕은 음경의 길이가 1자 5척이나 되어 좋은 배필을 얻기가
어려워 사자를 세 방면으로 보내 (배필을) 구하였다. 사자가 모량부
동로수 아래 이르러, 개 두 마리가 북과 같은 크기의 한 똥덩이를 물
고 있는 것을 보았는데, 양 끝을 물고 다투고 있었다. 마을 사람에게
물었더니, 한 소녀가 나와 고하길 '이 부의 상공 따님이 여기에서 빨

래를 하다가 숲에 숨어서 누고 간 것입니다`고 하였다. 그 집을 찾아
가 살펴보니 키가 7자 5척이나 되었다. 이 사실을 갖추어 왕에게 아
뢰니, 왕이 수레를 보내 궁으로 맞이하고 봉하여 황후로 삼았다.

핵심 한자

耦
짝, 배우자
우

① 나란히 갈다 ② 마주 서다 ③ 짝수
우경耦耕 두 사람이 쟁기를 나란히 하여 함께 땅을 갊.
양우적兩耦積 벽돌을 구울 때 가마 속에 두 장을 한 짝으로 하
여 쌓는 방법.

嚙
깨물다 **교**

① 깨물다 ② 침식하다
교천지마嚙韉之馬 제 언치 뜯는 말. 자기가 부리는 말이나 소
등에 까는 천을 뜯으면 장차 자기 등이 시리게 되는 것과
마찬가지로, 친척이나 동기를 해치는 것은 결국 자신을 해
치는 것과 같다는 의미. **언치 천韉(안장이나 길마 밑에 까는 천)**

屎
똥 **시**

① 똥, 오물 ② 앓다, 신음하다(히)
시뇨屎尿 똥과 오줌.

塊
덩어리 **괴**

① 덩이, 흙덩이 ② 홀로 있는 모양 ③ 편안한 모양
금괴金塊 금덩어리.
괴연塊然 홀로 있는 모양.

瀚
빨래하다
한

① 빨래하다, 빨다 ② 열흘

한척瀚滌 때 묻은 옷을 깨끗이 빪. 씻다, 헹구다 **척滌**

삼한三瀚 그달의 상순上旬, 중순中旬, 하순下旬을 아울러 이르
는 말.

邀
맞이하다
요

① 맞다, 기다림 ② 부르다, 초대하다 ③ 만나다

요격邀擊 공격해 오는 상대방을 기다리고 있다가 맞받아침.

청요請邀 남을 초청하여 맞음.

해 설

왕의 성기 이야기

민주주의가 발달한 오늘날에도 대통령에 대해 함부로 말하기 어려운
데, 왕에 대해, 그것도 가장 사적이고 민감한 부분인 성기性器를 언급
하고 있다. 그러나 여기서 왕의 성기가 배필을 얻을 수 없을 정도로
크다고 하는 것은 단순한 신체적 비밀이 아니다. 그만큼 왕이 범상치
않고, 신성했으며, 나아가 권력이 컸다는 이야기다. 신라의 제22대 지
철로왕智哲老王, 곧 지증왕智證王(437~514, 재위: 500~514)은 전왕前王인
소지왕의 6촌으로 무려 64세의 나이에 왕위에 올랐다. 고령의 나이는
그의 왕위 계승에 큰 걸림돌이었을 것이다. 그러므로 그의 건강함을
과시함으로써 왕으로서의 능력을 보이고자 했던 것이다. 더 나아가,
신성하고 건강한 왕에 걸맞는 왕비를 맞이해야 했기 때문에 왕비 또
한 남들보다 훨씬 큰 여성으로 묘사되고 있다. 한편 신라 제35대 경
덕왕景德王의 경우에는 이와 반대로 성기가 8척밖에 안 되어서 아들
이 없어, 상제上帝(천신)에게 부탁한 후에야 겨우 아들을 얻었다《삼국

유사》〈경덕왕 충담·표훈〉조). 그 아들이 신라 중대의 마지막 왕인 제36대 혜공왕惠恭王으로, 신라는 이후 혼란에 빠지기 시작하였다.

지철로 지증왕의 내력

500~514년에 재위한 지증왕은 내물왕의 손자이다(17대 내물왕-습보(기보)갈문왕-22대 지증왕). 21대 소지왕炤知王은 내물왕의 증손(내물왕-눌지왕-자비왕-소지왕)이다. 22대 지증왕은《삼국사기》에는 습보갈문왕習寶葛文王의 아들로 내물왕의 증손(내물왕-?-습보갈문왕-지증왕)이라 하였고,《삼국유사》에는 기보갈문왕期寶葛文王의 아들로 내물왕의 손자로 등장한다. 64세의 나이로 즉위하였는데, 503년에 세워진〈포항 냉수리 신라비〉에는 '지도로 갈문왕至都盧 葛文王'으로 등장한다. 또한 이 비문에는 절거리라는 사람의 재산 취득과 상속을 인정하는 내용이 새겨져 있는데, 지도로 갈문왕을 포함한 6부의 대표 7왕이 공론하여 내린 결정이었다. 지증왕은 즉위한 지 3년이 지나도록 여전히 갈문왕을 칭하며 6부의 대표를 능가하는 권력을 가지지 못했음을 알 수 있다. 이는 지증왕의 즉위 과정

포항 냉수리 신라비浦項冷水里新羅碑(국보 제264호)

이 순탄하지 않았음을 암시한다. 지증왕이 왕위를 쟁탈한 것으로 추정하기도 하고, 500~503년을 공위기空位期로 보기도 한다.

지증왕은 왕호를 '마립간'에서 '왕'으로 고쳤으며, 국호를 '덕업일신 망라사방德業日新 網羅四方'이라는 뜻에서 '신라新羅'로 정하였다. 《삼국유사》〈왕력王歷〉에서는 혁거세~지증왕까지를 '상고上古'라고 시기를 구분하였다.

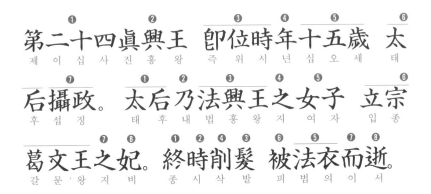

第二十四眞興王　卽位時年十五歲　太
제 이 십 사 진 흥 왕　즉 위 시 년 십 오 세　태

后攝政。　太后乃法興王之女子　立宗
후 섭 정　태 후 내 법 흥 왕 지 여 자　입 종

葛文王之妃。　終時削髮　被法衣而逝。
갈 문 왕 지 비　종 시 삭 발　피 법 의 이 서

➡ 제24대 진흥왕은 즉위 때 나이가 15세여서 태후가 섭정하였다. 태
후는 곧 법흥왕의 딸이요, 입종갈문왕의 비이다. (진흥왕은) 임종 때
머리를 깎고 승려의 의복을 입고 돌아가셨다.

핵심 한자

攝
대신하다
섭

① 당기다 ② 다스리다 ③ 돕다

섭정攝政 임금이 직접 통치할 수 없는 때에 임금을 대신하여
통치권을 맡아 행함. 또는 그 사람.

포섭包攝 상대방을 끌어들여 자기편自己便으로 만듦.

섭리攝理 ① 신神이나 정령精靈이 인간을 위하여 세상을 다스
리는 일. ② 자연계를 지배하는 원리나 법칙.

削 | ① 빼앗다 ② 모질다 ③ 약해지다 ④ 칼집
깎다 삭

삭감削減 깎아서 줄임.

삭발削髮 머리털을 전부 깎음. 출가하여 중이 됨을 비유적으로
　나타냄. 머리털 발髮

被 | ① 이불 ② 미치다 ③ 덮다 ④ 입다
입다 피

피해被害 어떤 사람이 재물을 잃거나 신체적·정신적으로 해
　를 입은 상태狀態.

피복被覆 거죽을 덮어씌움 또는 그 덮어씌운 물건.

피복被服 옷, 의복.

逝 | ① 가다 ② 죽다 ③ 날다, 뛰다 ④ 맹세하다
죽다 서

원서遠逝 먼 곳으로 떠남.

서거逝去 죽어서 이 세상을 떠나감. 죽음의 높임말.

해　설

승성承聖 3년(554. 진흥왕 15) 9월에 백제가 신라의 진성珍城을 침범해
남녀 3만 9천 명과 말 8천 필을 빼앗아 갔다. '승성'은 552년에서 555
년까지 사용한 중국 양梁나라 원제元帝의 연호이고, (진성은 지금의 전
북 무주 지역에 해당) 이보다 앞서 백제가 신라와 군사를 합쳐 고구려
를 치려 하였는데, 진흥왕이 '나라의 흥망은 하늘에 달렸으니, 하늘
이 고구려를 미워하지 않는다면 감히 바랄 수 있겠는가?' 하였다. 이
말을 전해들은 고구려는 감격하여 신라와 화친을 맺었다. 백제는 이
를 원망하여 신라를 침략하였다.

섭정攝政과 친정親政

《삼국사기》에서는 진흥왕이 7세에 즉위하였다고 한다. 태후太后(황제의 살아 있는 어머니)가 섭정했다는 것으로 보아 15세보다는 7세를 즉위 시 나이로 보아야 할 것이다. 전왕前王인 23대 법흥왕法興王에게 아들이 없어 그의 동생인 입종갈문왕立宗葛文王의 아들인 진흥왕이 왕위를 계승하였다.

진흥왕의 즉위 과정에서 주목되는 것은 그의 어머니 지소只召태후가 곧 법흥왕의 딸이라는 사실이다. 진흥왕은 법흥왕의 조카이자 외손자인 것이다. 아마 조카라는 친족관계보다 외손자라는 것이 진흥왕 즉위에 영향을 끼쳤을 것이다. 진흥왕은 즉위한 지 12년째 되는 551년 정월에 '개국開國'이라는 연호를 선포하였다. 7세에 즉위하였다고 할 때, 진흥왕의 나이 18세 되던 해였다. '개국'이라는 연호는 진흥왕의 '친정親政', 즉 섭정을 끝내고 직접 정치를 하겠다는 뜻을 밝힌 것으로 이해된다.

섭정 기간에 지소태후는 미완未完이었던 흥륜사興輪寺를 완공하였고, 《국사國史》를 편찬하여 군신君臣 관계를 명확히 하는 등 아버지 법흥왕의 업적을 계승하였다. 친정을 하기 시작한 진흥왕은 14년(553) 황룡사皇龍寺를 창건하여 자신만의 기반을 다지고자 하였다.

신라와 백제의 관계

427년 장수왕이 평양으로 천도하면서 남하南下정책을 펴자, 이를 막기 위해 433년 신라와 백제는 동맹을 맺었으며, 493년에는 양국이 혼인 관계를 맺어 동맹을 강화하였다. 이후 진흥왕은 백제 성왕聖王과 함께 고구려를 공격하여 한강 유역을 회복하였다. 이때 신라가 백제와 고구려의 싸움을 틈타 한강 하류를 차지하고, 고구려의 10군을 빼앗았다. 이로써 신라와 백제의 동맹은 파기破棄되었다. 이에 백제

성왕이 직접 관산성管山城(지금의 충청북도 옥천에 있던 신라의 성)을 공격하여 신라 장군 김무력金武力이 맞서 싸웠고, 삼년산군三年山郡(지금의 보은군 보은읍 대야리와 어암리 사이)의 고간高干(신라 외위 11관등 중 3위) 도도都刀가 매복하고 있다가 급습하여 백제 성왕을 죽였다. 이후 신라와 백제는 원수 관계가 되었다.

일제강점기에 촬영된 북한산 진흥대왕 순수비(진흥왕 16년. 555년경), 국보 3호. 비봉에 있던 것이 현재는 국립중앙박물관에 소장되어 있다.

본문에서 554년 백제가 신라를 침범했다는 것은 성왕의 신라 정벌을 가리킨다. 그러나 남녀와 말을 빼앗아 갔다는 것은 다른 기록에 보이지 않으며, 이보다 앞서 신라와 고구려가 화친和親하였다는 것도 찾아볼 수 없다.

(眞智王) 御國四年 政亂荒婬 國人廢
　　　　진지왕　어국사년　정란황음　국인폐

之。…是年 王見廢而崩。後二年其夫
지　　　시년　왕견폐이붕　　후이년기부

亦死。浹旬忽夜中 王如平昔來於女
역사　　협순홀야중　왕여평석래어여

房曰, "汝昔有諾 今無汝夫可乎" 女
방왈　　여석유락　금무여부가호　　여

不輕諾 告於父母, 父母曰 "君王之
불경락　고어부모　　부모왈　군왕지

教何以避之。"以其女入於房。留御
교하이피지　　　이기녀입어방　　유어

七日 常有五色雲覆屋 香氣滿室。七
칠일　상유오색운복옥　향기만실　　칠

日後忽然無蹤。女因而有娠 月滿將
일후홀연무종　　어인이유신　월만장

産 天地振動。産得一男 名曰鼻荊。
산　천지진동　　산득일남　명왈비형

(진지왕이) 나라를 다스린 지 4년 만에 정치가 어지러워지고 음란에 빠져 국인이 폐위시켰다. … 이해에 왕이 폐위를 당하고 죽었다. 2년이 지나 그(도화녀의) 남편도 죽었다. 열흘이 지나 갑자기 밤중에 왕이 평상시처럼 여인의 방에 와서 말하길, "네가 옛날에 허락하였듯이 지금 너의 남편이 없으니 가능하겠느냐?" 하였다. "여자가 쉽게 허락하지 않고 부모에게 알리니, 부모가 말하길 "군왕의 뜻을 어찌 피할 수 있겠느냐?" 하였다. 그 딸을 방에 들어가게 하였다. (왕이) 7일을 머물렀는데 항상 오색구름이 집을 덮고 향기가 방에 가득 찼다. 7일 후 홀연히 자취를 감추었다. 여인은 이로 인해 임신하여 달이 차서 장차 출산하려 하자 천지가 진동하였다. 아들을 낳았는데 이름을 비형이라 하였다.

핵심 한자

御
다스리다
어

① 다스리다 ② 거느리다 ③ 짐승을 길들이다

어세御世 천하를 다스림.

어인御人 사람을 거느림.

제어制御 통제하여 복종시킴. 기계나 설비 등을 목적에 맞게 조절함.

유어留御 임금이 탄 수레가 머무름.

見
당하다(피동)
견

① 보다 ② 당하다 ③ 보는 바, 생각 ④ 뵙다(현) ⑤ 나타나다, 드러나다(현)

견탈見奪 남에게 빼앗김.

의견意見 어떤 사물 현상에 대하여 자기 마음에서 판단하여 가지는 생각.

알현謁見 지체가 높고 귀한 사람을 찾아가 뵘. **뵐 알謁**

浹
두루 미치다
협

① 두루 미치다 ② 젖다 ③ 널리 퍼지다 ④ 돌다, 일주一周함

협흡浹洽 물이 물건을 적시듯 널리 전해짐.

협순浹旬 열흘 동안.

旬
열흘 순

① 열흘 ② 열 번 ③ 10년

초순初旬 한 달의 초하루부터 초열흘까지의 사이.

칠순七旬 십 년씩 일곱 번을 지낸 해. 곧 일흔 살.

覆
뒤집히다
복

① 뒤집히다 ② 무너지다 ③ 망하다 ④ 도리어, 반대로 ⑤ 덮다, 덮개(부)

전복顚覆 정권이나 체제 따위를 무너지게 함.

부개覆蓋 어떤 물건을 보호하기 위하여 덮어씌우는 물건을 통틀어 이르는 말.

蹤
발꿈치, 자취
종

① 발꿈치 ② 뒤쫓다 ③ 잇다 ④ 이르다, 도달하다

자정지종自頂至踵 정수리에서 발뒤꿈치까지라는 뜻으로, '온몸'을 이르는 말.

종접踵接 끊이지 않고 이음.

荊
가시나무
형

① 가시나무 ② 곤장, 매 ③ 아내 ④ 땅 이름

형극荊棘 나무의 가시, 괴로움이나 어려움을 비유하는 말.

형처荊妻 남에게 자기의 아내를 겸손하게 이르는 말.

형산지옥荊山之玉 형산에서 나는 옥. 어질고 착한 사람을 이르는 말.

제25대 진지왕舍輪王의 시호는 진지대왕眞智大王으로 성은 김씨이며, 왕비는 기오공起烏公의 딸 지도부인知刀夫人이다. 태건太建(중국 진나라 선제宣帝의 연호로 569~582년) 8년 병신년(576)에 즉위하여 다스린 지 4년 만에 정치가 어지러워지고 음란하다는 이유로 국인國人(화백회의 구성원)에 의해 폐위되었다.

일찍이 왕이 사량부沙梁部(신라 때 경주 6부의 하나)의 도화녀桃花女가 예쁘다는 소문을 듣고, 그녀를 궁으로 불러 동침하려 하였다. 그녀는 남편이 있으므로 목을 벨지언정 정절을 빼앗을 수 없다고 하였다. 왕이 남편이 없으면 가능하겠느냐고 묻자, 그녀가 좋다고 하였다. 이 해에 왕이 폐위되어 죽었고, 2년 후 그녀의 남편도 죽었다. 열흘 후 밤에 왕이 그녀의 방을 찾아와 7일간 머물다가 홀연히 사라졌다. 이후 그녀는 '비형鼻荊'을 낳았다.

진평왕이 이 소문을 듣고 비형을 데려다 궁중에서 기르고 15세 때 집사執事 벼슬을 주었다. 비형이 밤마다 귀신들을 데리고 놀자, 왕이 비형에게 귀신을 부려 월성 북쪽에 있는 신원사神元寺 북쪽 개천에 다리를 놓으라고 했더니 하룻밤에 마쳤다. 왕이 귀신 중에 조정을 도울 만한 자가 있냐고 묻자, 길달吉達을 추천하였다. 길달은 충직하게 일을 했는데, 어느 날 여우로 변하여 도망쳐 버렸다. 비형이 귀신을 시켜 길달을 잡아 죽였는데, 이로 인해 귀신들은 비형의 이름만 들어도 달아났다. 당시 사람들이 비형에 관한 글을 썼는데, 풍속에 그 글을 써 붙여서 귀신을 쫓았다.

진지왕이 폐위된 까닭

《삼국사기》에서는 진지왕이 즉위 4년에 병으로 사망했다고 하나,

《삼국유사》의 기록에서는 진지왕이 즉위 4년 만에 국인에게 폐위廢位되어 죽었다고 한다. 그리고 폐위의 원인은 '음란하여 정치가 어지러웠기 때문政亂荒婬'으로, 그 단적인 예로 도화녀와의 관계를 전하고 있다. 그러나 유부녀였던 도화녀가 관계를 거부하고 이를 진지왕이 수용했는데, 또 왕이 남편을 죽인 것도 아니고 남편이 죽은 후 만남이 이루어졌는데 이를 음란하다고 볼 수 있을지 의문이다.

《삼국사기》에서는 진지왕의 비를 지도부인知道夫人이라고만 할 뿐 그 소속이나 성씨는 언급하지 않았다. 반면 《삼국유사》 왕력王曆에서는 왕비는 지도부인知刀夫人이며 기오공起烏公의 딸로 박씨朴氏라고 하였다. 박씨 왕비의 등장은 22대 지증왕 대로 거슬러 올라간다. 지증왕은 모량리 박씨 상공相公의 딸을 부인으로 맞이하였으며, 이후 23대 법흥왕~25대 진지왕까지 박씨 왕비를 두었다. 따라서 진지왕의 비 지도부인 또한 모량부 소속일 가능성도 있다. 한편 이 설화를 근거로 사량부 소속 도화녀가 진지왕의 부인 지도부인이라고 보며, 따라서 비형은 용수(또는 용춘), 즉 무열왕의 아버지라고 보기도 한다.

한편 비형은 귀신들을 데리고 놀았으며, 그중 길달이라는 자를 조정에 천거薦擧하였으나 길달이 달아나자 귀신을 시켜 잡아 죽였다고 한다. 이러한 비형의 행동을 볼 때 그가 전통 신앙의 신봉자였음을 짐작할 수 있다. 만약 비형=용춘으로 본다면 무열왕을 비롯한 신라 중대中代 무열왕계는 전통 신앙을 중심 사상으로 삼았을 것이다. 그러나 무열왕계는 '춘추春秋'라는 이름과 '만파식적萬波息笛' 등에서 보듯이 오히려 유교 중심의 정책을 펴 사상적 기반이 전혀 다르므로, 도화녀=지도부인, 비형=용춘으로 보기는 어렵지 않을까.

결국 이 설화는 첫머리에 언급된 바와 같이 진지왕의 폐위 원인을 설명하기 위한 것이며, 진지왕 폐위 후 왕위가 조카(진흥왕의 장남의 아들)인 진평왕眞平王에게 계승된 것으로 보아 이어서 살펴볼 동륜계와 사륜계의 갈등 속에서 동륜계의 입장에서 정리된 이야기로 볼 수 있겠다.

사륜=금륜?

진지왕의 이름은 사륜舍輪이다. 사륜은 진흥왕의 둘째아들로, 형은 동륜東輪이었으나 태자 시절에 사망함으로써 차남인 사륜이 왕위를 계승하게 되었다. 동륜, 사륜은 곧 인도 신화에 등장하는 이상적인 왕인 전륜성왕轉輪聖王의 명칭으로 형이 동륜이므로 동생 사륜은 본디 철륜의 다른 표기일 것이다. 철鐵의 뜻인 쇠를 음으로 옮기면 사솔와 유사하다. 또한 사륜을 금륜金輪이라고도 하는데, 동륜은 즉위하지 못했지만 사륜은 즉위하였으므로 '금륜왕'으로 칭했을 가능성도 있다고 본다. 그러나 형이 동륜인데 동생이 금륜을 칭했다고 보기 어려우며, 금륜이라는 표현 또한 철륜과 마찬가지로 그 뜻이 '쇠'이므로 발음에 따른 표기로 볼 수 있겠다.

참고로 전륜성왕은 범어로 Cakra-varti-rāja. 부처와 마찬가지로 몸에 32상을 갖추고 있으며 즉위할 때 하늘로부터 윤보輪寶를 감득感得하는데, 이 윤보를 굴리면서 사방을 위엄으로 굴복시키므로 '전륜왕轉輪王'이라 불린다. 윤보의 종류에 따라 금ㆍ은ㆍ동ㆍ철륜왕으로 나뉜다. 금륜왕은 수미須彌 4주洲를, 은륜왕은 동서남 3주, 동륜왕은 동남 2주, 철륜왕은 우리가 사는 남섬부南贍浮주만 통치한다.

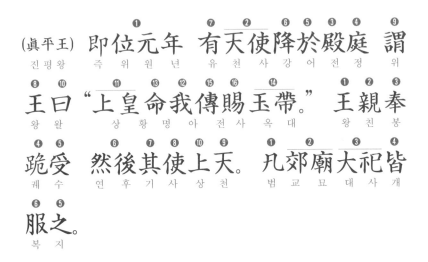

(眞平王) 即位元年 有天使降於殿庭 謂
진평왕　즉위원년　유천사강어전정　위

王曰 "上皇命我傳賜玉帶." 王親奉
왕왈　상황명아전사옥대　왕친봉

跪受　然後其使上天。凡郊廟大祀皆
궤수　연후기사상천　범교묘대사개

服之。
복지

➡ (진평왕) 즉위 원년에 천사가 궁궐 마당에 내려와 왕에게 말하길, "상황께서 제게 명하여 옥대를 전해 주라 하셨습니다." 하였다. 왕이 친히 받들어 무릎을 꿇고 받자 이후 천사는 하늘로 올라갔다. 무릇 교묘郊廟와 대사大祀에는 항상 이것을 허리에 찼다.

핵심 한자

庭
뜰 정

① 뜰 ② 집 안 ③ 조정, 궁중

전정殿庭 궁궐의 뜰.

賜 하사하다 **사**	① 주다, 하사하다 ② 은덕, 은혜 **하사下賜** 임금이 신하에게, 또는 윗사람이 아랫사람에게 물건을 내려 줌. **사은賜恩** 임금이 신하에게 내리는 크고 거룩한 은혜.
跪 꿇어앉다 **궤**	① 무릎을 꿇고 앉다, 절하다 ② 게의 발 **궤배跪拜** 무릎을 꿇고 절함.
郊 하늘과 땅에 지내는 제사 **교**	① 성 밖 ② 국경 ③ 시골 ④ 하늘과 땅에 지내는 제사 **교외郊外** 도시에 인접하여 있는 곳. **교묘郊廟** 천지에 지내는 제사와 선조에 대한 제사.
廟 사당 **묘**	① 사당 ② 위패 ③ 빈소 ④ 왕궁의 정전正殿 ⑤ 절, 사찰 **종묘宗廟** 조선시대 역대 임금과 왕비의 위패를 모시던 왕실 사당. **묘당廟堂** 나라와 정치를 다스리는 조정.

해 설

제26대 백정왕白淨王의 시호는 진평대왕眞平大王이고 성은 김씨다. 태건太建 11년 기해년(579) 8월에 즉위하였다. 키가 11자로, 왕이 내제석궁에 행차했을 때 돌사다리를 밟았더니 3개가 한 번에 부러졌다. 왕은 이 돌을 수리하지 말고 후대에 보이라고 하였다. 그리고 즉위한 해에 하늘의 천사에게서 옥대玉帶(옥으로 장식한 띠)를 받아 교묘郊廟 (천지와 선조에 대한 제사)나 대사大祀(나라의 큰 제사) 때 착용하였다. 이 천사옥대는 황룡사 장륙존상丈六尊像, 황룡사 9층목탑과 함께 신라의 3대 보물(신라삼보)로 꼽혔다. 이후 고구려 왕이 신라를 치려고 계획했으나 3보三寶가 있다는 얘기를 듣고 중지하기도 하였다.

한편 일연은 제목 아래에 다음과 같은 이야기를 덧붙여 놓았다. '청태淸泰 4년 정유년(937) 5월에 김부金傅(경순왕)가 금으로 새기고 옥으로 만든 허리띠를 바쳤다. 길이가 10위圍이며 새겨 넣은 장식이 62개이다. 이것을 진평왕의 천사대라고 하는데, 고려 태조가 받아서 내고內庫에 두었다.'

진평왕의 자식은 석가모니?

진평왕은 백정왕으로 불리기도 한다. '백정白淨'은 진평왕의 이름이기도 하지만, 석가모니 아버지의 이름이기도 하다. 진평왕의 부인 이름도 마야摩耶로 석가모니의 어머니 이름과 동일하다. 진평왕의 두 동생 진정갈문왕 백반伯飯과 진안갈문왕 국반國飯 또한 석가모니 삼촌들의 이름이다. 자연히 진평왕의 자식은 곧 석가모니와 동격이 되는 것이다. 이처럼 진평왕계, 즉 동륜계는 자신들을 석가족釋迦族과 동일시하는 의식이 있었으며, 이를 '진종설眞種說'이라고 한다.

신라 3대 보물과 동륜계

지증왕이 성기가 남보다 큰 것을 강조했듯이, 한꺼번에 돌계단을 3개나 부러뜨릴 정도인 진평왕의 몸무게 또한 왕권王權을 상징한다. 덧붙여 천사가 전해 준 옥대는 바로 하늘이 그 왕권을 인정했음을 가리킨다.

사륜舍輪 진지왕이 국인에 의해 폐위되고 그 조카이자 동륜의 아들인 진평왕이 왕위에 올랐기 때문에, 진평왕은 자신의 왕위 계승이 정당함을 보여 줄 필요가 있었고, 하늘이 내려 주었다는 옥대가 바로 그 징표였다. 그래서 진평왕은 나라의 큰 제사 때 이 옥대를 착용着用하였다.

진평왕의 즉위로 신라 왕실의 계보系譜는 사륜계에서 동륜계로 이동하였다. 사륜계에는 김용춘과 김춘추가 건재했으므로, 동륜계로서는 왕위 계승을 더욱 공공히 할 필요가 있었다.

신라의 세 가지 보물로 꼽히는 황룡사 장육존상 – 천사옥대 – 황룡사9층목탑은 각각 진흥왕 – 진평왕(진흥왕의 적손嫡孫) – 선덕여왕(진평왕의 딸) 때 만들어진 것으로, 삼보는 곧 동륜계의 적통성을 나타내는 상징물임을 알 수 있다. 진지왕이 폐위되었기 때문이기도 하지만, 어쨌든 사륜계는 이후 진골眞骨(골품제의 둘째 등급)이 되었고, 첫째 등급인 '성골聖骨'은 오직 동륜계로만 이어지게 되었다. 아들이 없는 진평왕이 죽은 후 동륜계에 왕위를 계승할 남자가 없는 '성골남진聖骨男盡'의 상황이 발생하자, '성골' 여성이 왕위를 계승하게 되었다. 그녀가 바로 진평왕의 딸 덕만德曼으로, 선덕善德여왕이다. 그러므로 왕=성골이라는 의식 또한 진평왕대 '동륜계'를 결집시키고 부각시키기 위해 만든 것으로 생각된다.

진흥왕계 계보도

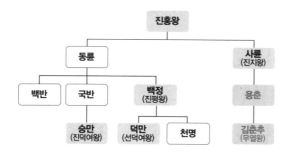

當時群臣啓於王曰 "何知花蛙二事
당 시 군 신 계 어 왕 왈　 　하 지 화 와 이 사

之然乎." 王曰 "畫花而無蝶 知其無
지 연 호　 　왕 왈　 　화 화 이 무 접 지 기 무

香。 斯乃唐帝欺寡人之無耦也。 蛙有
향　 　사 내 당 제 기 과 인 지 무 우 야　 　와 유

怒形 兵士之像。 玉門者女根也。 女
노 형　 　병 사 지 상　 　옥 문 자 여 근 야　 　여

爲陰也 其色白 白西方也 故知兵在
위 음 야　 　기 색 백　 　백 서 방 야　 　고 지 병 재

西方。 男根入於女根 則必死矣。 以
서 방　 　남 근 입 어 여 근　 　즉 필 사 의　 　이

是知其易捉."
시 지 기 이 착

❍ 당시 여러 신하들이 왕에게 아뢰길, "어떻게 꽃과 개구리 (우는) 두
　가지 일이 그렇게 될 줄 아셨습니까?" 하였다. 왕이 말하길, "꽃을
　그렸으나 나비가 없으므로 그 향기가 없음을 알았다. 이는 곧 당나
　라 황제가 과인이 짝(배필)이 없음을 놀린 것이다. 개구리는 노한 모
　습을 하고 있어 병사의 형상이다. 옥문은 여자의 생식기이다. 여자

는 음이고 그 음의 색은 흰색이고 흰색은 서방이다. 그러므로 군사적 사건이 서방에 있음을 알았다. 남자의 생식기가 여자의 생식기에 들어가면 반드시 죽으니, 이로써 쉽게 잡을 줄 알았다." 하였다.

幾
기미 **기**

① 기미 ② 몇 ③ 거의

기미幾微 느낌으로 알아차릴 수 있는, 일이나 상황의 되어 가는 형편.

기하幾何 수효나 분량, 정도 따위를 물을 때 쓰는 말.

啓
여쭈다 **계**

① 열다, 깨닫다 ② 여쭈다, 아뢰다

계발啓發 재능이나 정신 따위를 깨우쳐 열어 줌.

계주啓奏 조선시대에 신하가 임금에게 어떤 내용을 글로 아뢰는 것을 이르던 말.

蛙
개구리 **와**

① 개구리 ② 음란하다

정저지와井底之蛙 ① 우물 밑의 개구리 ② 소견所見이나 견문見聞이 몹시 좁음.

蝶
나비 **접**

① 나비

호접몽胡蝶夢 중국의 장자莊子가 꿈에 나비가 되어 즐겁게 놀다가 깬 뒤에 자기가 나비의 꿈을 꾸었는지 나비가 자기의 꿈을 꾸었는지 알기 어렵다고 한 고사故事에서 유래. 자아自我와 외물外物은 본디 하나라는 이치를 설명하는 말.

欺
업신여기다
기

① 속이다 ② 거짓 ③ 업신여기다

사기詐欺 못된 꾀로 남을 속임.

가기이방可欺以方 그럴듯한 방법으로 남을 속일 수 있음.

易
쉽다 **이**

① 바꾸다, 교환하다(역) ② 고치다(역) ③ 다르다(역) ④ 주역, 역학(역) ⑤점占(역) ⑥ 쉽다(이) ⑦ 편안하다(이) ⑧ 경시하다(이)

역지사지易地思之 남과 처지를 바꾸어 생각함.

역술인易術人 점占 치는 일을 업으로 하는 사람.

주역周易 유교 경전인 삼경三經의 하나로, 주周나라 시대에 씌어진 책. 천지만물이 끊임없이 변화하는 자연현상의 원리를 설명하고 풀이함.

난이도難易度 어렵고 쉬운 정도.

捉
잡다 **착**

① 잡다 ② 사로잡다 ③ 지키다

포착捕捉 일의 기회나 정세 따위를 알아차림.

해　설

신라 제27대 덕만의 시호諡號는 선덕여대왕善德女大王으로 성은 김씨, 아버지는 진평왕이다. 정관貞觀 6년 임진년壬辰年(632)에 즉위하여 다스린 지 16년 동안에 미리 안 일이 세 가지 있었다.

　첫째, 당 태종이 붉은색·자주색·흰색 3색의 모란 그림과 그 꽃씨 석 되를 보내왔다. 왕이 그림을 보고 "이 꽃은 반드시 향기가 없을 것이다"라고 하였다. 뜰에 심어 그 꽃이 피고 지는 것을 보았더니 과연 그의 말과 같았다.

둘째, 영묘사靈廟寺 옥문지玉門池에 겨울임에도 많은 개구리가 모여 3~4일 동안이나 울었다. 나라 사람들이 괴이하게 여겨 왕에게 물은즉, 왕은 각간角干 알천閼川과 필탄弼呑 등에게 명하여 정병精兵 2천을 뽑아 속히 서쪽 교외로 나가 여근곡女根谷을 수색하면 필히 적병이 있을 것이니 엄습掩襲하여 그들을 죽이라고 하였다. 과연 백제 병사 5백 명이 와서 매복해 있었으므로 모두 잡아 죽였다. 백제 장군 우소于召를 비롯하여 군사 1천 3백 명을 다 죽였다.

셋째, 왕이 아무런 병이 없는데도 신하들에게 아무 해 아무 달 아무 날에 죽을 것이니 도리천忉利天에 장사 지내라고 말하였다. 신하들이 그곳이 어딘지 몰라 물었더니, 왕이 낭산狼山 남쪽이라 하였다. 그달 그날에 과연 왕이 죽었으므로 신하들이 낭산에 장사 지냈다. 10여 년 후 제30대 문무왕이 그 무덤 아래에 사천왕사四天王寺를 창건하였다. 불경에 사천왕천 위에 도리천이 있다고 했으니 왕의 신령하고 성스러움을 알게 되었다.

선덕왕이 영묘사를 창건한 것은 당대에 석장(지팡이)을 부린 도승道僧으로 알려진 양지법사良志法師의 전기에 실려 있다. 《별기》에는 이 왕 때에 돌을 다듬어서 첨성대를 쌓았다고 하였다.

범어로 Trāyastriśa로 표기하는 도리천은 욕계欲界(윤회하는 세계)의 제2천으로, 불교의 세계관에서 인간들이 거주하는 땅을 가리키는 남섬부주南贍部洲 위 수미산須彌山 꼭대기에 있는 하늘이다. 가운데 선견성善見城에는 제석천帝釋天이 있고 사방에 각각 8개의 성이 있어 전체 33개여서 '33천'이라고도 한다. 도리천 아래, 즉 욕계의 제1천이 사천왕천이다. 그러므로 사천왕사 위에 있는 선덕여왕릉은 자연히 도리천으로 이해할 수 있다.

여왕의 등장과 예지력

《삼국사기》에서는 첫 번째 모란꽃 관련 일화를 진평왕대, 즉 선덕왕이 즉위하기 전 공주 시절에 있었던 일로 기록하고 있으며, 당 황제가 이것을 보낸 의미 또한 언급하지 않았다. 두 번째 옥문지 관련 일화 또한 신라본기本紀와 백제본기를 보면, 선덕여왕 5년(636년, 백제 무왕 37년) 5월에 백제 장군 우소가 500명의 군사를 거느리고 신라의 독산성獨山城을 공격하려 왔는데, 옥문곡에 이르러 알천의 급습으로 몰살당했다고 전한다. 즉,《삼국사기》의 '5월'이《삼국유사》에서 '겨울'로 바꾸어 개구리 울음을 신기한 일로 만들고, 사건이 일어난 장소인 '옥문곡'을 '여근곡'으로 변경하여 설화적 요소를 더 가미한 것이다.

그러므로 당 태종의 여왕에 대한 조롱, 전투 장소로 여근곡의 등장 등은 여왕의 등장과 통치에 대한 국내외적 불안과 불평을 의미하는 것으로 해석할 수 있다. 이에 맞서 예지력을 발휘하는 여왕의 모습을 보여 줌으로써 이러한 불신을 잠재우고, 나아가 여왕의 통치 능력을 과시하려는 의도가 이 설화 속에 담겨 있다.

선덕여왕의 통치 16년간 영묘사를 비롯한 많은 사찰이 건립되었고, 주변국의 침략을 방어하기 위해 황룡사 9층목탑을 건립하는 등 불교치국책佛敎治國策을 적극적으로 폈다. 그러나 정치적 개혁이나 제도 개혁은 전혀 기록에 전하지 않으며, 지기삼사知幾三事(선덕여왕이 예측한 세 가지 신비로운 일)와 같은 신이神異함을 강조할 뿐이다. 선덕여왕은 첫 여왕이라는 타이틀로만 이미지화되었다.

첨성대 논쟁

첨성대瞻星臺는 말 그대로 풀이하면 '별을 보는 높고 평평한 곳'이다. 이 명칭에 따라 첨성대를 천문대天文臺로 이해해 왔다. 그러나 별을 관찰하기에 좁고 불편하다, 창구窓口나 기단基壇 등이 진남북眞南北 방향에 맞지 않는다, 평지에 지어졌다는 점 등을 이유로 천문대로서의 역할에 의문을 제기하는 다양한 이설異說이 제기되었다. 첨성대 모양 자체가 특이해서 원형의 원통과 정井자의 상부 등을 종교나 제의와 연관 지어 해석하기도 한다. 즉, 시조 혁거세나 알영이 나정과 알영 등 우물에서 나왔으므로 첨성대의 상부 정井자를 우물과 연관시켜 토착 신앙에 기반한 풍요를 기원하는 영대靈臺로 보는 것이다. 또는 2단

선덕여왕 때 축조된 첨성대는 경주부慶州府 남쪽 월남리月南里, 지금의 경주시 인왕리에 자리하고 있다. 이곳은 계림에서 북쪽으로 약 150미터, 내물왕릉에서는 동북쪽 약 300미터 되는 곳이다.

의 기단+27단의 원형 몸통+상부 정井자 2단, 여기에 땅과 하늘을 합쳐 33단, 곧 도리천의 상징으로 이해하거나, 원형 몸통=마야 부인으로 보고 석가가 마야의 오른쪽 옆구리에서 출생했듯이 첨성대의 창구가 그 옆구리를 상징한다고 보는 등 불교적 해석을 내놓기도 한다.

　최근에는 고대의 별 관찰은 오늘날의 천문과 달리 예언 및 점성의 역할을 했는데, 첨성대를 점성대占星臺로도 불렀으며(《삼국유사》 왕력 내물마립간), 선덕여왕은 자신의 죽을 날까지 예언하는 능력을 갖춘 자였으므로 이러한 선덕여왕의 표상으로서 첨성대가 세워졌다는 견해도 있다.

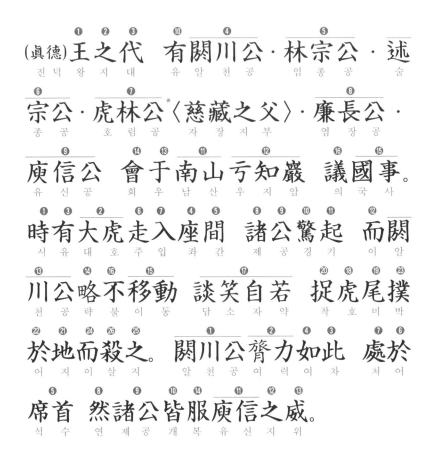

(眞德)王之代　有關川公·林宗公·述
진덕왕지대　유알천공　임종공　술

宗公·虎林公[*]〈慈藏之父〉·廉長公·
종공　호림공　자장지부　염장공

庾信公　會于南山亐知巖　議國事。
유신공　회우남산우지암　의국사

時有大虎走入座間　諸公驚起　而關
시유대호주입좌간　제공경기　이알

川公略不移動　談笑自若　捉虎尾撲
천공략불이동　담소자약　착호미박

於地而殺之。　關川公臂力如此　處於
어지이살지　알천공여력여차　처어

席首　然諸公皆服庾信之威。
석수　연제공개복유신지위

➡ (진덕)왕의 시대에 알천공·임종공·술종공·호림공·염장공·유
신공이 있어 남산 우지암에 모여 나랏일을 의논하였다. 이때 큰 호
랑이가 좌석으로 뛰어들어 와 모든 공이 놀라 일어났으나, 알천공
은 꼼짝 않고 이야기를 하고 웃으며 호랑이의 꼬리를 잡아 땅에 때
려눕혀 죽였다. 알천공의 힘이 이와 같아 윗자리에 앉았으나 여러

공들은 모두 유신의 위엄에 복종하였다.

*虎는 고려 제2대 혜종의 이름 '武'를 피휘한 것. 본래 무림공.

亏
어조사 **우**

① 于의 본자 ② 어조사 ③ ~에서(~부터) ④ 향하여 가다

若
같다 **약**

① 같다 ② 어리다 ③ 이와 같다 ④ 만약萬若
담소자약談笑自若 위험이나 곤란에 직면해 걱정과 근심이 있을
　때라도 변함없이 평상시와 같은 태도를 가짐.

捉
잡다 **착**

① 잡다 ② 사로잡다 ③ 지키다
포착捕捉 일의 기회나 정세 따위를 알아차림.

撲
치다, 때리다
박

① 치다 ② 때려눕히다 ③ 가지다 ④ 모두, 다 ⑤ 종아리채
타박打撲 사람이나 동물을 때려 침.
박멸撲滅 모조리 때려잡아 없앰.

膂
힘 **려(여)**

① 등골뼈, 척추골 ② 근육의 힘
여력膂力 물리적으로 억누르는 힘.

163

사촌인 선덕여왕에 이어 왕이 된 제28대 진덕여왕은 즉위 후 스스로 〈태평가〉를 지어 당나라 황제에게 바쳤다. 당 황제가 이를 표창하여 계림국왕鷄林國王으로 봉하였다. 남산 우지암亐知巖에서 화백和白회의가 열렸는데, 알천공이 호랑이를 잡을 정도로 힘이 세어 윗자리에 앉았으나 여러 공들은 김유신의 위엄에 복종하였다. 신라에는 대신들이 모여 큰일을 의논하는 영험한 땅으로 동쪽의 청송산靑松山, 남쪽의 우지산亐知山, 서쪽의 피전皮田, 북쪽의 금강산金剛山이 있었다. 진덕여왕 때 처음으로 신년 축하 의식과 '시랑侍郞'이라는 관직을 두었다.

'석가족' 진덕왕 치세

《삼국유사》 왕력王歷에는 '이름은 승만勝曼, 김씨. 아버지는 진평왕의 동생 국기안갈문왕國其安葛文王이고, 어머니는 아니부인阿尼夫人 박씨로 노추□□□ 갈문왕의 딸 혹은 월명이라고 하나 잘못이다'라고 하였다. 《삼국사기》에는 이름은 승만, 진평왕 동생 국반갈문왕國飯葛文王의 딸, 어머니는 박씨 월명부인月明夫人이라고 한다. 승만은 생김새가 풍만하고 아름다웠으며, 키가 일곱 자였고 손을 내려뜨리면 무릎 아래까지 닿았다고 한다. '손이 무릎 아래까지 닿았다'는 것은 부처의 신체적 특징인 32상 중의 하나로, 이 또한 석가족(진종설)임을 나타낸 표현이라 할 수 있다.

선덕왕이 성골 남자가 없어 '성골 여자' 자격으로 왕위를 잇고 혼인을 하지 않아 후사가 없었기 때문에, 647년 '성골' 여자였던 사촌 승만에게 왕위가 계승되었다. '승만'은 여래장 사상을 천명하는 불교 대승경전인 《승만사자후일승대방편방광경勝鬘師子吼一乘大方便方廣經》의 주인공인 '승만부인'에서 따온 이름이다. 승만부인은 인도 아유타국阿踰陀國의 왕비이며, 출가하지 않은 재가녀在家女(우바이)로 보살행을 실천한 인물이다.

647년(선덕여왕 16)에 상대등上大等이었던 비담이 일으킨 반란(비담의 난)을 진압한 후 알천을 상대등으로 삼았으나, 백제의 지속되는 공격을 김유신이 선봉에서 막아 냈고, 김춘추가 당에 사신으로 가는 등 외교를 주도하고 있었다. 당과의 관계가 긴밀해지면서 649년에 중국 의관衣冠을 착용하기 시작했고, 이듬해 650년에 중국 연호를 사용하기 시작하였다.

신라의 화백회의

중국의 역사서《신당서新唐書》에 따르면, 신라에서는 '일이 있으면 반드시 무리衆와 더불어 의논하는데 이를 화백和白이라 하며 한 사람이라도 이의를 제기하면 파하였다'고 한다. 화백회의는 국왕의 폐위나 추대를 비롯하여 전쟁, 불교 공인公認과 같이 국가적인 중대사를 고위직 진골 귀족들이 모여 논의하고 결정한 귀족들의 회의체였다.

《삼국유사》기록은 경주 남산 우지암에서 열린 화백회의의 모습을 담고 있다. 화백회의는 우지암을 포함한 청송산, 피전, 금강산 등 4영지靈地에서 열리기도 하였으나, 대체로 정무政務를 담당하는 관청인 남당南堂과 정사당政事堂에서 이루어졌다. 이 회의를 이끈 사람은 진골 귀족의 대표인 상대등이었다.

알천공은 누구?

647년 상대등인 비담이 '여왕이 나라를 다스리지 못한다'는 명분으로 난을 일으켰고, 이 와중에 선덕여왕이 사망하였다. 선덕여왕과 마찬가지로 승만도 성골 남자가 없는 상황에서 유일한 성골로 왕위를 계승하였다.

알천공은 선덕왕대에 장군(선덕왕 5년), 대장군(선덕왕 7년)으로 백제·고구려와의 전투에서 대승을 거두는 등 크게 활약하였다. 비담이 난을 일으키고, 선덕왕이 사망하고, 진덕왕이 즉위한 후 알천공이 최고 관직인 상대등이 되어 화백회의를 주재하였다.

알천공이 화백회의의 수장首長 자리에 앉았으나, 만장일치제로 운영되는 이 회의에서 귀족들은 알천보다 유신의 눈치를 보았다. 신라에 투항한 가야 왕족 출신으로 진골에 편입된 김유신은 신분상 한계를 극복하고자 선덕여왕대에 전장에서 돌아와 집에도 들르지 않고 곧바로 말머리를 돌려 또 다른 전장에 나가는 등 군사적으로 큰 활약을 펼쳤다. 진지왕의 손자로서 김유신의 여동생 문희와 혼인한 김춘추 역시 고구려로, 당으로 직접 외교 활동을 전개하며 정치적 영향력을 발휘하고 있었다. 비록 진덕왕이 즉위하긴 했으나 처남 매부 사이였던 김유신과 김춘추가 당대의 실세實勢였던 것이다. 《삼국사기》 열전 김유신 편에 따르면, 654년 진덕왕이 사망한 후 군신群臣들이 알천공을 왕으로 추대했으나, 알천은 스스로 '나이가 많고 덕행이 없다'고 거절하고 김유신과 함께 김춘추를 추천하였다.

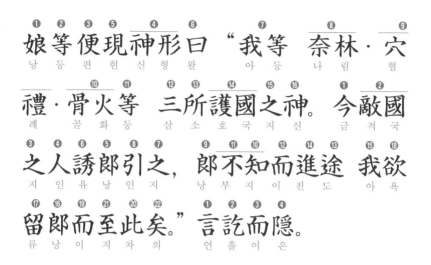

娘等便現神形曰 "我等 奈林·穴
낭 등 편 현 신 형 왈   아 등   나 림   혈

禮·骨火等 三所護國之神。今敵國
례   골 화 등   삼 소 호 국 지 신   금 적 국

之人誘郞引之, 郞不知而進途 我欲
지 인 유 낭 인 지   낭 부 지 이 진 도   아 욕

留郞而至此矣。"言訖而隱。
류 낭 이 지 차 의   언 흘 이 은

➡ 여인들이 곧 신의 모습으로 나타나 말하길, "우리들은 나림·혈
례·골화 등 세 곳의 나라를 지키는 신입니다. 지금 적국(고구려)의
사람이 낭(김유신)을 꾀어 끌고 가는데, 낭이 알지 못하고 길을 가니
우리가 낭을 지체시키고자 이곳에 이르렀습니다." 하였다. 말을 마
치고 숨어 버렸다.

핵심 한자

娘
아가씨 **낭**

① 아가씨 ② 어미
낭자娘子 처녀나 젊은 여자를 대접하여 이르던 말.
낭가娘家 어머니의 친정.

等
들 등

① 등급 ② 같다 ③ 부류 ④ 기다리다 ⑤ 들, 복수접미사

등급等級 신분, 품질, 값, 각종 평가 등의 높고 낮음, 좋고 나쁨을 여러 단계로 나누는 구분.

균등均等 어느 한쪽으로 더하거나 덜함이 없이 고르고 가지런함.

하등何等 주로 '하등의'의 꼴로 부정어와 함께 쓰여, '아무런'의 뜻을 나타내는 말.

오등吾等 주로 글에서, 말하는 사람이 자기와 자기의 주위에 있는 사람들이나 자기가 속한 단체의 사람들을 가리키는 말.

便
곧 변

① 편하다 ② 익히다 ③ 소식 ④ 쪽, 몇 패로 갈라진 것들의 하나하나(편) ⑤ 똥오줌(변) ⑥ 곧, 문득(변)

편의便宜 생활하거나 일하는 데 형편이나 조건 따위가 편하고 좋음.

남편男便 결혼한 남자를 그 아내에 상대하여 이르는 말.

편지便紙 상대편에게 전하고 싶은 안부, 소식, 용무 따위를 적어 보냄. 또는 그 글.

誘
꾀다, 유혹하다
유

① 권하다 ② 인도하다 ③ 가르치다 ④ 아름다운 모양

유혹誘惑 꾀어서 마음을 현혹하거나 좋지 아니한 길로 이끎.

권유勸誘 남에게 어떤 일을 권하여 하도록 함.

교유教誘 달래고 가르쳐 이끎.

訖
마치다 흘

① 이르다 ② 마치다, 그만두다 ③ 마침내 ④ ~까지

언흘言訖 하던 말을 끝냄.

조흘照訖 대조를 끝냄. 서로 맞대어 보아 살핌을 끝냄.

진흥왕 때 관산성 전투에 참전한 장수 김무력金武力의 아들인 서현舒
玄에게는 맏아들 유신, 차남 흠순欽純, 그리고 보희寶姬와 문희文姬 두
딸이 있었다. 유신은 진평왕 17년(595)에 태어났는데, 해 · 달 · 별의
정기를 타고나 등에 칠성 무늬가 있었다. 18세 되던 해(612)에 화랑
의 지도자인 국선國仙이 되었다. 이때 고구려 첩자 백석白石이라는 자
가 화랑 무리에 속해 있다가 유신을 꾀어 고구려로 데리고 가려 했
다. 도중에 나림奈林 · 혈례穴禮 · 골화骨火 세 신령의 도움으로 무사할
수 있었다.

　한편 백석이 유신을 모해謀害하고자 한 이유는, 고구려의 점치는
술객術客인 추남楸南이 모함을 받아 처형되면서 '적국의 장수가 되어
고구려를 멸망시키겠다'고 저주한바, 그 추남이 신라의 김유신으로
환생했기 때문이다. 김유신은 백석을 처형하고 세 신령에게 제사하
였다. 제54대 경명왕景明王 때 김유신을 추모하여 흥무대왕興武大王으
로 추존하였다(《삼국사기》 열전에는 흥덕왕 때로 기록되어 있다).

영웅의 비애?

김유신(595~673)은 18세에 국선이 된 후 환갑이 넘은 나이에도 앞장
서서 몸소 전장을 누볐다. 심지어 전투에서 돌아오자마자 곧바로 다
른 전투에 참가해야 했기에 집에 들를 수도 없었다. 집의 우물물을
떠 오게 한 뒤 말 안장 위에서 한 모금 마신 후, '우리 집 물맛이 그대
로구나'라는 한 마디로 안부를 전할 뿐이었다. 이러한 노력 덕분에
신라는 삼국을 통일할 수 있었고, 그 공을 인정받아 김유신은 태대각
간太大角干이라는 유일무이의 최고 벼슬을 받았다. 이후 제42대 흥덕
왕興德王은 그를 흥무대왕으로 추존하였다. 신라에서 왕이 아니면서

〈양산 지산리 부부상〉. 김유신의 부모인 김서현 장군과 만명부인상이다. 양산시 북
정동 북정고분군 부부총 근처 사당에 모셔져 있었다. 경남 문화재 자료 제294호 양
산시립박물관 소장.

왕의 칭호를 받은 유일한 인물이 김유신이다.

《삼국유사》의 기록은 이런 측면에서 해석해야 한다. 호국신護國神
인 세 산신山神이 김유신을 지켜 주고, 나아가 김유신을 도리천 33인
의 한 사람으로 천상에서 내려온 인물이라고 하였다(〈기이1 태종 춘
추공〉). 삼국통일의 일등 공신인 김유신은 단순한 영웅을 너머 '호국'
의 상징이자 '신'적인 존재로 여겨졌다.

그러나 이러한 영웅에게도 가슴속 응어리가 있었으니, 아무리 노
력해도 극복할 수 없는 신분적 한계가 그것이었다. 김유신 집안은 본
래 금관가야의 왕족으로, 그의 증조 구형왕仇衡王(금관가야의 제10대
마지막 왕)이 신라에 항복하면서 진골 신분에 편입되었다. 할아버지
김무력은 한강을 차지하고 설치한 '신주新州'의 도독이 되었고, 관산
성 전투에서 백제 성왕을 전사시키는 데 큰 공을 세우는 등 무인으로
서 크게 활약하였고, 그 덕분에 최고 관직인 각간에까지 올랐다. 아

버지 김서현은 만노군 태수를 비롯해 대장군과 소판蘇判 등을 역임하였다. 그러나 김서현이 진흥왕의 동생 숙흘종肅訖宗의 딸인 만명萬明과 혼인하려 했을 때 숙흘종이 반대하는 바람에 애를 먹어야 했다. 이처럼 김유신 집안은 진골이었지만, 신라 왕족과 달리 '신김씨新金氏'로 불리면서 구별되었다. 증조부·조부가 무인으로 활약을 펼친 것도, 김유신이 김춘추와 친분을 돈독히 하며 동생 문희를 김춘추와 혼인시키려 한 것도 모두 신라 왕족과 어깨를 나란히 하는 진짜 진골이 되려 함이었다.

《삼국유사》〈미추왕 죽엽군未鄒王竹葉軍〉조에 김유신에 관한 설화가 하나 더 있다. 774년 혜공왕대에 김유신의 무덤에서 회오리바람이 일어나더니 김유신이 40여 명을 데리고 죽현릉竹現陵, 즉 미추왕릉으로 들어갔다는 내용이다. 이때 김유신은 미추왕에게 자신은 살아서는 평생 나라를 위해 힘썼으며 죽어서도 나라를 진호鎭護하려는 마음을 가지고 있음을 밝히면서, 770년 그의 후손이 모반 사건에 연루되어 죽음을 당한 것을 원망하며 멀리 다른 곳으로 옮겨 나라를 위한 노력을 하지 않겠다고 하였다. 물론 미추왕은 이를 허락하지 않았다. 이 이야기를 전해들은 혜공왕은 김유신에게 사죄하고 명복을 기원했다.

〈기이〉편은 역사편이라고 할 수 있으며, 그 목차 구성을 보면 시간 순서대로 신라의 경우 각 왕이나 왕대의 특이한 사건을 다루고 있다. 김유신이 활동했던 선덕－진덕－문무왕 시대도 각각 다루었다. 그런데 여기에 '김유신'이라는 별도의 항목을 넣은 것은 그가 흥무대왕으로 추존되기도 했고, 그의 업적이 뭇 왕들과 어깨를 나란히 할 만하다는 《삼국유사》 찬자撰者의 판단이 아닐까.

神文王時　唐高宗遣使新羅曰 "朕之
신 문 왕 시　당 고 종 견 사 신 라 왈　짐 지

聖考得賢臣魏徵·李淳風等　協心同
성 고 득 현 신 위 징　이 순 풍 등　협 심 동

德　一統天下　故爲太宗皇帝。汝新
덕　일 통 천 하　고 위 태 종 황 제　여 신

羅海外小國　有太宗之號　以僭天子
라 해 외 소 국　유 태 종 지 호　이 참 천 자

之名　義在不忠　速改其號。" 新羅王
지 명　의 재 불 충　속 개 기 호　신 라 왕

上表曰 "新羅雖小國　得聖臣金庾信
상 표 왈　신 라 수 소 국　득 성 신 김 유 신

一統三國　故封爲太宗。" 帝見表乃思
일 통 삼 국　고 봉 위 태 종　제 견 표 내 사

儲貳時　有天唱空云, '三十三天
저 이 시　유 천 창 공 운　삼 십 삼 천

之一人降於新羅爲庾信,' 紀在於書,
지 일 인 강 어 신 라 위 유 신　기 재 어 서

出檢視之, 驚懼不已。更遣使許無改
출 검 시 지　경 구 불 이　갱 견 사 허 무 개

太宗之號。
태 종 지 호

➡ 신문왕 때 당나라 고종이 사신을 신라에 보내 말하길, '짐의 아버지 (당태종)는 훌륭한 신하 위징과 이순풍 등을 만나 마음을 합치고 덕을 함께 하여 천하를 통일하였으므로 태종황제라 하였다. 너희 신라는 해외의 소국으로서 태종이라는 묘호를 써 천자의 이름을 어지럽히는 것은 그 뜻이 불충不忠하니, 빨리 그 묘호를 고치도록 하라.' 하였다. 신라왕이 표표를 올려 말하길, '신라는 비록 소국이나 성스러운 신하 김유신을 얻어 삼국을 통일하였으므로 태종으로 봉한 것입니다.' 하였다. 황제가 표문을 보고 곧 자신이 태자로 있을 때 하늘에서 외치는 소리로 이르길, '33천의 한 사람이 신라에 태어나 김유신이 되었다'고 한 것을 글로 적어 둔 것이 생각나 꺼내 살펴보고는 놀랍고 두렵지 않을 수 없었다. 다시 사신을 보내 태종의 칭호를 고치지 않아도 됨을 허락하였다.

핵심 한자

朕
임금의 자칭
짐

① 나 ② 조짐, 징조

조짐兆朕 나중 일이 벌어지는 양상을 추측할 수 있게 하는, 그 이전 단계의 움직임이나 변화.

僭
참람하다
참

① 참람하다 ② 어그러지다 ③ 불신

참칭僭稱 분수分數에 맞지 않게 스스로 황제皇帝나 왕王이라고 일컬음. 또는 그 칭호.

儲 태자 저
① 빠르다 ② 빨리 ③ 부르다, 초래하다 ④ 삼가다 ⑤ 종종
속전속결速戰速決 싸움을 오래 끌지 않고 될 수 있는 대로 재빨리 싸워 전국戰局을 결정함.
불속지객不速之客 부르지 않은 손님, 즉 불청객, 군손님.

懼 두려워하다 구
① 쌓다, 저축하다 ② 버금 ③ 태자, 동궁
공저公儲 국가에서 하는 저축. 곡식을 비축하는 것 따위를 이름.
국저國儲 나라의 버금이란 뜻으로, 황태자를 이르던 말.
저이儲貳 다음 제위帝位를 이을 황태자나 다음 왕위를 이을 왕세자를 이르던 말. 둘 이貳

更 다시 갱
① 두려워하다 ② 위태로워하다 ③ 조심, 걱정 ④ 협박함
희구지심喜懼之心 한편으로 기쁘면서 한편으로는 두려운 마음.
송구悚懼 매우 두렵고 거북함. 당황할 송悚

 불이불기不已不己 : ~뿐이다

速 빨리 속
① 다시, 또 ② 고치다, 바꾸다(경) ③ 밤(경)
갱생更生 다시 살아남. 태도나 정신이 바람직한 상태로 되돌아감.
추경追更 예산의 부족이나 특별한 사유로 인해 이미 성립된 본예산을 변경하여 다시 정한 예산.
삼경三更 하룻밤을 다섯으로 나눈 셋째의 시각. 밤 열한 시부터 새벽 한 시까지의 사이.

제29대 태종대왕의 이름은 춘추春秋, 성은 김씨다. 문흥대왕文興大王
으로 추봉追封된 용수龍樹(또는 용춘) 각간의 아들로 어머니는 진평대
왕의 딸인 천명天明부인, 왕비는 문명왕후 문희로 유신공의 막내 누
이다.

문희의 언니 보희가 서악西岳(경주 서쪽에 있는 선도산仙桃山. 신령스
러운 산으로 숭배되었다)에 올라가 오줌을 누는데, 그 오줌이 경주에
가득 차는 꿈을 꾸었다. 동생 문희가 비단 치마를 주고 그 꿈을 샀다.
열흘 뒤 김유신이 김춘추와 축국蹴鞠을 하다가 고의로 춘추의 옷자락
을 밟았다. 유신은 옷을 꿰매라며 춘추를 집으로 데려왔고, 이 일을
계기로 춘추와 문희가 사귀게 되었다.

하루는 선덕여왕이 잠시 쉬려고 남산에 올랐는데, 김유신 집에서
연기가 피어오르고 있었다. 왕이 그 까닭을 물으니, 신하들이 누이가
남편도 없이 아이를 가져 태워 죽이려는 모양이라고 아뢰었다. 김춘
추의 소행임을 안 왕은 춘추에게 명하여 빨리 가서 구하도록 하였다.
이후 혼례를 올렸다.

진덕왕이 죽고 영휘永徽 5년 갑인년(654)에 왕위에 올라 나라를 다
스린 지 8년 만인 용삭龍朔 원년 신유년(661)에 59세로 세상을 떠났
다. 애공사哀公寺 동쪽에 장사지내고 비를 세웠다. 왕은 유신과 함께
힘을 다해 삼국을 통일하고 나라에 공을 세웠으므로 묘호廟號를 태종
太宗이라 하였다.

태자 법민法敏과 각간 인문仁問·문왕文王·노차老且 등이 문희의
소생이며, 서자庶子는 개지문皆知文 급간級干·차득車得 영공令公·마
득馬得 아간阿干과 딸까지 5명이다.

왕의 식사는 하루에 쌀 3말과 꿩 9마리였는데, 백제를 멸망시킨 후

로 점심을 거르고 아침만 먹었다. 그러나 하루에 쌀 6말, 술 6말, 꿩 10마리를 먹었다. 군사를 청하러 당에 갔을 때 당나라 황제가 칭찬하며 시위侍衛로 삼으려 하였으나 거절하고 귀국하였다.

백제가 망할 징조

이때 백제의 마지막 왕인 의자왕은 해동의 증자(海東曾子)로 불렸으나 왕위에 오른 후 주색에 빠져 나라가 위태로워졌다. 신하 성충成忠이 간諫했으나 옥에 가두고 듣지 않았다. 성충이 죽기 전에 '병란兵亂이 있을 것이니, 외적이 오면 육로로는 탄현을 넘어오지 못하게 하고, 수군은 기벌포에 들어오지 못하게 할 것이며, 험한 곳에 의지하여 적을 막아야만 할 것입니다.'라고 하였으나 왕이 듣지 않았다.

백제 멸망 1년 전인 659년에 오회사烏會寺(충남 보령시 성주면에 있었던 절)에 붉은 말이 나타나 돌아다녔고, 2월에 여우 떼가 궁중에 들어왔으며, 4월에는 태자궁에서 암탉이 참새와 교미하였고, 5월에 사비 언덕에 큰 고기가 죽었는데 그것을 먹은 사람도 모두 죽었다. 9월에 궁중의 괴목槐木(회화나무)이 사람처럼 울었다.

660년 2월에는 서울의 우물이 핏빛이 되었고, 서해변에 물고기가 나와 죽었는데 사람들이 다 먹을 수 없었다. 4월에 개구리 수만 마리가 나무 위에 모였고, 서울 저자 사람들이 뭔가 쫓아오는 것처럼 놀라 엎어져 죽은 자가 백여 명이 되었다. 6월에 왕흥사王興寺(충남 부여군 규암면에 있었던 절) 승려들이 큰 개가 사비수泗沘水(백마강) 언덕까지 와 왕궁을 향해 짖는 광경을 보았고, 성 중의 여러 개들이 모여 짖다가 흩어졌다.

귀신이 궁에 들어가 '백제가 망한다'라고 외치고 땅속으로 사라졌다. 왕이 사람을 시켜 그 땅을 파 보니 거북이 한 마리가 나타났는데, 등에 '백제는 둥근 달이요, 신라는 초승달과 같다'라고 씌어 있었다.

무당이 말하길 '차면 이지러지는 법이며 차지 않으면 점점 차게 되는 것입니다'라고 하니 왕이 그를 죽였다. 다른 이가 말하길 '둥근 달은 융성한 것이고 초승달은 미약한 것이니 우리나라는 융성하고 신라는 미약해진다는 것입니다'라고 하였다.

　태종은 백제에 괴변怪變이 많다는 말을 듣고 김인문을 당에 보내 군사를 청하였다. 당 고종은 소정방蘇定方과 유인원劉仁願 등 13만 군대를 보냈다. 소정방이 덕물도에 이르니 신라 왕은 김유신에게 정병 5만을 거느리고 가게 하였다. 의자왕이 이 소식을 듣고 신하를 모아 계획을 물었으나 어느 의견을 따를지 몰라 망설였다. 당과 신라 군사가 이미 백강과 탄현을 지났다는 말을 듣고 계백階伯에게 5천을 거느리고 황산黃山(현재의 충남 논산시 연산면 신양리 일대)에서 신라와 싸우게 하였다. 네 번의 접전에서 이겼으나 군사가 적고 힘이 다해 마침내 패전하고 계백은 전사하였다.

　소정방은 백강白江을 지나 도성으로 쳐들어갔다. 의자왕은 성충의 말을 듣지 않은 것을 후회하며 태자 융隆(부여융)과 함께 북쪽 변경邊境으로 달아나니 소정방이 그 성을 포위하였다. 둘째 아들 태泰가 왕이 되어 지키고 있었으나 당나라 군사가 포위하자 성문을 열고 목숨을 청하였다. 이에 왕, 태자 융, 태 등이 모두 항복하였다. 소정방은 왕과 왕자, 대신 등 88명과 백성 1만 2천 8백 7명을 당나라로 보냈다. 백제를 5도독부로 나눠 도독과 자사를 뽑아 다스리게 하고 유인원에게 도성을 지키게 하였다. 의장왕義慈王(백제 제31대 의자義慈)은 당나라에서 병들어 죽었다. 662년 소정방은 패강浿江(대동강)에서 고구려 군사를 격파하고 평양성을 포위했으나, 큰눈으로 인해 돌아가 토번을 평정하였다. 소정방은 건봉乾封 2년(667)에 죽었다.

백제 멸망 후 신라와 당의 관계

지금은 전하지 않는《신라별기新羅別記》에 문무왕 5년 을축년(665) 8
월에 왕이 친히 군사를 거느리고 웅진성熊津城에 가서 (당에 의해 웅진
도독으로 돌아와 있던) 부여융扶餘隆을 만나 단壇을 만들고 백마를 잡
아 천신·산천에 제사 지낸 후 말의 피를 입가에 바르고 글을 지어
맹세하였다고 한다. 맹세의 글은 당나라 장수 유인궤가 지은 것인데,
맹세가 끝난 후 폐백幣帛(임금이나 신에게 바치는 물건)을 제단 북쪽에
묻고 맹세의 글을 대묘大廟에 보관하였다고 한다.

또《고기古記》에 다음과 같이 전한다. 총장總章 원년 무진년(668)에
평양 교외에 주둔하고 있던 당나라 군사에 유신·인문 등이 고구려
국경에 들어가 곡식을 수송해 주었다. 또 당군과 연합하려고 하는데,
소정방이 종이에 난새鸞(봉황과 비슷한 전설 속 새)와 송아지犢를 그려
보냈다. 그 뜻을 몰라 원효에게 물었더니 "빨리 군사를 돌이키라는
뜻"이라고 하였다. 이에 유신이 군사를 돌려 고구려군을 따돌릴 수
있었다고 한다.

《백제고기百濟古記》(백제의 역사를 기록한 옛 문헌)에는 '부여성 북쪽
모퉁이에 바위가 강물에 닿아 있는데, 전해 오는 말로 의자왕이 후궁
들을 이끌고 와 강물에 몸을 던져 죽었다. 이 바위를 타사암墮死巖(낙
화암의 옛 이름)이라고 한다.'고 되어 있다. 일연은 궁녀들이 여기서
떨어져 죽었으나 의자왕은 당나라에서 죽었으므로 속설이 잘못되었
다고 하였다.

신라고전新羅古傳에는 소정방이 백제·고구려를 친 후 신라를 치려
고 머물고 있었는데, 이를 안 유신이 당나라 군사를 초대하여 독약을
먹여 모두 구덩이에 묻었다고 한다.

당나라 군사가 백제를 평정하고 돌아간 후 신라 왕은 장수들에게
명해 백제의 남은 적을 쫓아내고자 한산성에 주둔하였다. 고구려·말

갈 군사가 포위하여 싸움이 끝나지 않았다. 이때 유신이 신술神術(신통한 술법)로만 구원할 수 있다고 하였다. 이에 성부산星浮山에 제단을 설치하고 신술을 다스리니, 큰 독만 한 광채가 제단 위에서 나와 북쪽으로 갔다. 이때 한산성에서는 적의 공격을 받고 있었는데 갑자기 광채가 남쪽에서 날아와 적의 포석을 쳐부수었고, 적군이 흩어져 돌아갔다.

태종이 왕위에 올랐을 때 머리는 하나, 몸은 둘, 다리는 여덟인 돼지를 바친 사람이 있었다. 풀이하는 사람이 천하를 통일할 조짐이라고 해석하였다. 이 왕 때 중국의 의관衣冠과 아홀牙笏(임금을 만날 때 손에 쥐는 물건)을 쓰게 되었는데, 선덕왕 때 당에 건너가 불법佛法을 구한 자장법사慈藏法師가 당나라 황제에게 청해 가져온 것이다.

묘호를 받은 최초의 왕

김춘추는 우리 역사에서 '묘호廟號'를 최초로 받은 왕이다. 묘호는 황제나 왕이 죽은 뒤 그 공덕을 기리기 위해 바치는 명칭으로, 역대 황제나 왕을 모시는 종묘宗廟에 위패를 안치할 때 사용하던 이름이다. 태조, 태종, 세종 등이 바로 묘호이다. 우리나라에서는 고려·조선시대 왕들도 묘호를 받았지만, 본래는 황제만 묘호를 쓸 수 있었기 때문에 무열왕에게 '태종'이라는 묘호를 바치자 당 황제가 사용하지 말라고 경고하였던 것이다.

당나라에서 '태종太宗'의 묘호는 훌륭한 신하들과 함께 천하를 통일한 공덕功德을 기리는 의미였다고 했는데, 신라에서도 무열왕이 김유신이라는 걸출한 신하와 함께 삼국통일의 기반을 닦은 공덕을 기리기 위해 '태종'이라는 묘호를 바쳤다. 당시 신라에서는 무열왕을 당나라 태종에 비유했던 것으로 생각된다.

한편 묘호 말고 '시호諡號'라는 것이 있는데, 어떤 사람이 죽은 후 그 사람의 평생 행적을 한 글자나 두 글자로 압축하여 표현한 것이 시호이다. 한 마디로, 시호에는 그 인물에 대한 '역사적 평가'가 담겨 있다. 김춘추의 경우 '무열왕', 즉 '무열武烈'이 시호이며, 백제를 멸망시키고 삼국통일의 기반을 닦은 그의 업적을 평가한 것이다.

낙화암과 3천 궁녀

낙화암落花巖은 충남 부여 부소산 백마강 언덕 위의 바위로, 바위 위에 백화정百花亭이라는 정자가 있다. 낙화암으로 더 유명하지만, 일연이 썼다시피 본래 명칭은 '타사암墮死岩'이었다. 일연 또한 의자왕과 궁녀(혹은 후궁)가 남의 손에 죽기보다 자결自決을 택했다는 이야기는 속설일 뿐 사실이 아니라고 했다. 물론 궁녀들이 떨어져 죽은 것은 사실로 이해하고 있었다.

이 이야기가 후대로 이어지면서 특히 궁녀들의 죽음을 '낙화落花'(떨어지는 꽃)로 비유하면서, 조선 선비들의 글 속에서 재생산되었다. 그러면서 이곳의 명칭이 낙화암으로 자리를 잡았다. 본문에서 보

부여 부소산 백마강 언덕 위 바위인 낙화암의 본래 이름은 '타사암'으로, 사람이 떨어져 죽은 바위라는 뜻이다. 그러나 일연조차 궁녀 자결설은 사실이 아니라고 했다.

듯이 3천 궁녀의 이야기는 전하지 않는다. 백제가 멸망할 때 수도 사비, 즉 부여의 인구가 5만 명이었다고 한다. 게다가 조선시대에도 궁녀의 수가 몇 백 명이었던 점을 볼 때 3천 궁녀는 과장된 표현이며, 망국의 비운을 담은 문인들의 감성적 표현이라고 할 수 있다. 아마도 주색酒色에 빠져 나라를 위태롭게 했던 의자왕에 대한 비난이 포함되었을 것이다. 일제강점기의 대중가요 속에도 종종 등장하면서 '낙화암과 3천 궁녀'는 마치 역사인 것처럼 이해되어 왔다.

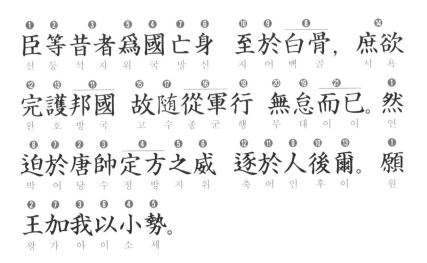

臣等昔者爲國亡身　至於白骨, 庶欲
신 등 석 자 위 국 망 신　지 어 백 골　서 욕

完護邦國　故隨從軍行　無怠而已。然
완 호 방 국　고 수 종 군 행　무 태 이 이　연

迫於唐帥定方之威　逐於人後爾。 願
박 어 당 수 정 방 지 위　축 어 인 후 이　원

王加我以小勢。
왕 가 아 이 소 세

➡ "신臣들(장춘랑과 파랑)은 옛날에 나라를 위해 몸을 바쳐 백골에 이르렀으나, 나라를 끝까지 수호하기를 바라 군행을 따라 나가길 게을리하지 않았습니다. 그러나 당나라 장수 (소)정방의 위엄에 눌려 남의 뒤만 쫓아다닙니다. 원컨대 왕께서 저희에게 얼마의 군사를 보태어 주십시오."

핵심 한자

隨
따르다, 쫓다
수

① 따르다 ② 거느리다 ③ 따라서 ④ 수행원

수종隨從 따라다니다.

수시隨時 때에 따라서 함.

수의계약隨意契約 경쟁이나 입찰의 방법을 쓰지 않고 임의적으로 상대방을 골라서 체결하는 계약.

怠
게으르다
태

① 게으르다 ② 업신여기다 ③ 그만두다 ④ 위험하다

태만怠慢 해야 할 일을 열심히 하지 않고 게으름을 피움.

과태료過怠料 공법상의 의무 이행을 태만히 한 사람에게 물게

하는 돈.

迫
위축되다
박

① 다그치다 ② 궁하다 ③ 급하다 ④ 줄어들다 ⑤ 다가오다

박해迫害 약한 처지의 개인이나 세력을 억누르거나 괴롭혀 해

를 끼침.

임박臨迫 어떤 일의 시기가 가까이 닥쳐옴.

庶
바라다 서

① 뭇, 여러 ② 벼슬 없는 사람 ③ 첩의 자식 ④ 바라다

서민庶民 사회적 특권이나 경제적인 부를 많이 누리지 못하는

일반 사람.

서얼庶孽 본부인이 아닌 여자나 첩에게서 난 아들과 그 자손.

해 설

장춘랑長春郎과 파랑罷郎은 이미 백제와의 황산전투에서 전사하였다.
후에 백제를 토벌할 때 태종 무열왕의 꿈에 나타나 백골이 된 후에도
나라를 지키기 위해 종군從軍하고 있으나 소정방의 위엄에 눌려 힘들
다고 하소연하였다. 이에 무열왕은 두 혼령을 위하여 하루 동안 모산
정牟山亭(정확한 위치는 알 수 없다)에서 불경을 설說하고, 한산주漢山州
에 장의사壯義寺(서울시 종로구 세검정초등학교 부근으로 추정)를 세워

명복을 빌게 하였다.

죽은 화랑이 꿈에 나타난 이유

《삼국사기》에는 무열왕 6년(659) 10월 기사記事에 보인다. 당나라에 군사를 요청했으나 회답回答이 없어 왕이 근심하고 있을 때, 죽은 장춘과 파랑이 나타나 당 황제가 소정방에게 명해 군사를 거느리고 내년 5월에 백제를 치도록 할 것이니 너무 애태우지 말라고 하였다. 이에 왕이 두 집안의 자손에게 후한 상을 내리고, 한산주에 장의사를 세워 두 사람의 명복을 빌게 하였다고 한다.

즉, 《삼국유사》에서는 장춘과 파랑이 황산전투에서 사망한 것으로 언급하였으나, 백제와의 전투에 등장하는 점, 그리고 《삼국사기》에 659년 기사에 실려 있는 점에서 볼 때 본문에서 언급한 황산전투는 660년의 계백장군이 결사항전한 황산벌전투는 아님을 알 수 있다.

다만 《삼국유사》에서는 백제와의 전투에서 소정방의 위엄에 눌렸다고 하소연하였고, 《삼국사기》에서는 군사 요청에 대한 당나라의 회답을 기다리는 왕에게 미리 답을 알려 주었다. 즉, 장춘과 파랑은 당나라와의 관계에서 당시 신라의 고민을 대변하고 있다. 《삼국사기》에서 왕의 고민을 장춘과 파랑이 해결해 주었다면, 《삼국유사》에서는 장춘과 파랑으로 대표되는 신라 군인·백성이 겪는 어려움을 호소하며 왕에게 힘을 달라고 요구하였다. 《삼국유사》의 찬자 일연은 국가를 위해 죽은 후에도 애쓰는 백성들의 애국심을 드러내면서 이에 걸맞는 왕의 역할, 노력을 요구한 것이 아닐까. 한 나라는 왕의 힘만으로, 또는 백성의 힘만으로 유지될 수 없으며 모두 힘을 합쳐야 함을 강조한 것으로 보인다.

紀異

〈기이〉 제2편

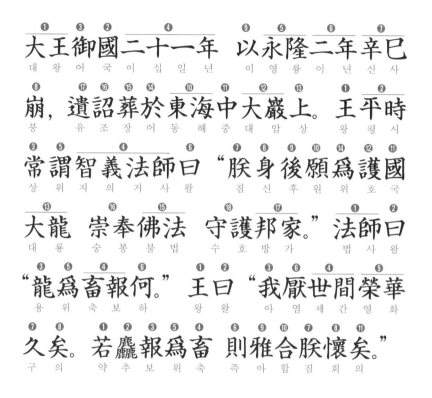

大王御國二十一年　以永隆二年辛巳
대 왕 어 국 이 십 일 년　이 영 륭 이 년 신 사

崩, 遺詔葬於東海中大巖上。王平時
붕　유 조 장 어 동 해 중 대 암 상　왕 평 시

常謂智義法師曰 "朕身後願爲護國
상 위 지 의 법 사 왈　짐 신 후 원 위 호 국

大龍 崇奉佛法 守護邦家。" 法師曰
대 룡　숭 봉 불 법　수 호 방 가　법 사 왈

"龍爲畜報何。" 王曰 "我厭世間榮華
용 위 축 보 하　왕 왈　아 염 세 간 영 화

久矣。若麤報爲畜 則雅合朕懷矣。"
구 의　약 추 보 위 축　즉 아 합 짐 회 의

➡️ 대왕이 나라를 다스린 지 21년, 영륭永隆 2년 신사년辛巳年(681)에 죽으면서 동해 대암 위에 장사를 지내라는 유언을 남겼다. 왕이 평상시에 항상 지의법사에게 말하길 "내가 죽은 후, 원컨대 나라를 지키는 큰 용이 되어 불교를 떠받들고 국가를 수호하겠다." 하였다. 법사가 말하길 "용은 축생보인데 괜찮겠습니까?" 하니, 왕이 말하길 "내가 세상 영화를 싫어한 지 오래되었다. 만약 추한 과보로 짐승이 된다면 나의 소망에 잘 합치하는 것이다." 하였다.

報
갚다, 알리다
보

① 갚다 ② 알리다 ③ 보복하다

보도報道 신문이나 방송으로 나라 안팎의 새로운 소식을 일반
에게 널리 알림. 또는 그 소식.

보상報償 남에게 진 빚이나 물건 또는 끼친 수고 등을 되갚음.

厭
싫다 염

① 싫다 ② 젖다(읍) ③ 누르다(엽)

염세주의厭世主義 세계와 인생에는 아무 가치가 없으며, 개선이
나 진보는 불가능하다고 보는 사고방식.

麤
거칠다 **추**

① 거칠다 ② 대략 ③ 현미

추물麤物 성미가 거칠고 못난 사람.

추미麤米 잘 쓿지(정미하지) 않은 궂은 쌀.

雅
바르다 **아**

① 바르다 ② 떼까마귀 ③ 우아하다

아량雅量 깊고 너그러운 마음씨.

아치雅致 아담하고 우아한 운치.

懷
품다, 생각
회

① 품다 ② 생각 ③ 길들이다

회의懷疑 의심을 품음.

회포懷抱 마음속에 품은 생각이나 정.

회유懷柔 반대 세력을 적당한 조건으로 구슬리다.

제목에 문무왕이라 하지 않고 '문호왕'이라고 표기되어 있는데, 이는 고려 제2대 혜종의 이름이 '무武'였기 때문이다. 왕의 이름을 사용하지 않는 피휘법避諱法에 따라 글자는 다르지만 의미가 같은 '호虎'자를 대신 사용한 것이다.

667년 당나라 군사와 회합하여 고구려를 멸함으로써 신라는 삼국통일을 완수한 듯하였으나, 이때 당나라가 신라를 습격할 계획을 세웠다. 이 계획을 안 김인문金仁問(무열왕의 둘째 아들이자 문무왕의 친동생으로 당에 파견되어 있었다)이 의상義湘법사를 통해 문무왕에게 전했고, 그 방책을 모색하던 중 명랑明朗법사가 사천왕사四天王寺를 짓고 문두루법文豆婁法을 시행하면 된다고 하였다. 시간이 급박하여 비단으로 절을 꾸미고 이 비법을 행하자 싸우기도 전에 당나라 배가 침몰하였다. 671년 당에서 군사 5만을 거느리고 왔으나, 다시 이 비법을 써서 물리쳤다. 당의 침략까지 물리치고 나서야 비로소 삼국통일을 이루었다.

왕이 즉위하여 남산南山에 장창長倉을 설치하여 쌀과 병기를 저장하였는데, 이것이 우창右倉이고, 천은사天恩寺 서북쪽 산에 좌창左倉을 두었다. 남산성을 수리하고, 부산성富山城, 철성鐵城 등을 쌓았으며, 서울에 성곽을 쌓으라고 명하자 의상법사가 "왕의 정교政敎(정치와 종교)가 밝으면 땅에 금을 그어 성으로 삼아도 백성이 넘지 못하고, 정교가 밝지 못하면 장성이 있더라도 재해를 없앨 수 없을 것입니다."라고 아뢰었다. 이에 왕이 공사를 중지하였다.

한편 왕이 동생 거득공車得公(무열왕의 서자)을 불러 재상이 될 것을 명하니, 공이 국내를 두루 살핀 후에 취임하겠다고 말하고, 거사居士차림으로 순행巡行하였다. 공이 무진주武珍州(현 광주광역시)에 이르러

주의 관리 안길安吉의 후한 대접을 받고 떠나면서 '내 집은 황룡皇龍과 황성皇城 두 절 사이에 있고, 이름은 단오端午이니 서울에 오면 찾아 주시오.'라고 말하고 서울로 돌아와 재상이 되었다.

안길이 상수上守(지방 향리가 교대로 서울에 거주하게 한 제도)가 되어 서울에 와서 단오의 집을 찾았다. 한 노인이 두 절 사이에 있는 집은 궁궐이며, 단오는 거득공이라고 알려 주었다. 이에 궁으로 가 아뢰니 거득공이 맞이하여 잔치를 베풀어 주었고, 소식을 들은 왕은 성부산星浮山 아래 지역을 무진주 상수리上守吏의 소목전燒木田(궁궐과 관청의 땔나무를 공급하는 밭)으로 삼아 벌채를 금하였다. 한편 산 아래 밭이 있어 이곳이 풍작이면 무진주도 풍작이 되고, 흉작이면 무진주 역시 흉년이 되었다고 한다.

대왕암과 감은사

불교가 수용 · 공인된 후 고대 사람들의 세계관도 변화하였다. 이승과 저승은 연결되어 있다는, 즉 현재의 왕 · 귀족은 죽은 후에도 왕 · 귀족의 삶을 산다는 계세적繼世的 세계관에서 불교의 '윤회輪廻'적 세계관으로 바뀌었다. 그 결과 많은 부장품을 묻은, 심지어 사람까지 묻었던 거대 고분에서 '화장'으로 장례 방법도 변하였다. 그 대표적인 사례가 바로 문무왕의 무덤인 대왕암大王巖으로, 화장한 후 바다에 흩뿌렸다.

대왕암은 현 경주시 양북면 봉길리 해안에서 200미터 떨어진 바다에 있으며, 1967년 조사에서 동서남북 사방으로 바닷물이 들어가고 나가는 수로를 마련하고, 길고 넓적한 큰 돌이 놓여 있어 문무왕의 수중릉일 것으로 인정, 사적 제158호로 지정하였다. 사람들이 용이 나타나는 것을 본 곳을 '이견대利見臺'라고 하였는데, 1970년 발굴 조사에서 건물지가 확인되어 현 경주시 감포읍 대본리 대왕암을 바라

보는 절벽 위에 누정樓亭 형식으로 복원하고 사적 제159호로 지정하였다. 《고려사高麗史》 악지樂志에 의하면, 문무왕과 신문왕 부자의 만남의 기쁨을 노래한 '이견대가利見臺歌'라는 가요가 있었다고 한다.

한편 문무왕은 해변에 절을 세워 부처의 힘으로 왜구의 침략을 막고자 진국사鎭國寺라는 사찰을 지었으나 완공되기 전에 사망하였다. 앞서 문무왕은 지의법사에게 죽어서 용이 되어 나라를 지키겠다고 말하였다. 비록 용은 축생畜生의 과보果報이긴 하지만, 문무왕은 나라를 지키기 위해서 축생의 과보도 두려워하지 않았던 것이다. 아버지 무열왕 때부터 시작된 일통삼한一統三韓의 꿈, 더욱이 당나라의 침략 야욕까지 물리치고 이룬 통일된 이 나라를 죽어서라도 지키고 싶지 않았겠는가.

아들 신문왕은 아버지 문무왕의 뜻을 받들어 절을 완공하고 감사한 마음을 담아 사찰 이름을 '감은사感恩寺'라 하였다. 그리고 감은사 금당 아래에는 호국용이 된 문무왕이 머물 수 있도록 빈 공간을 만들었다.

경주시 양북면 용당리에 위치한 감은사지感恩寺址. 강당講堂, 금당金堂, 중문中門이 일직선상에 배치되어 있고, 동쪽과 서쪽에 탑을 대칭적으로 세운 쌍탑식 가람배치이다.

王泛海入其山 有龍奉黑玉帶來獻。
왕 범 해 입 기 산　유 용 봉 흑 옥 대 래 헌

迎接共坐 問曰"此山與竹 或判或
영 접 공 좌　문 왈　차 산 여 죽　혹 판 혹

答如何。"龍曰"比如一手拍之無
답 여 하　용 왈　비 여 일 수 박 지 무

聲 二手拍則有聲 此竹之爲物 合之
성　이 수 박 즉 유 성　차 죽 지 위 물　합 지

然後有聲。聖王以聲理天下之瑞也。
연 후 유 성　성 왕 이 성 리 천 하 지 서 야

王取此竹 作笛吹之 天下和平。"…
왕 취 차 죽　작 적 취 지　천 하 화 평

駕還 以其竹作笛 藏於月城天尊庫。
가 환　이 기 죽 작 적　장 어 월 성 천 존 고

吹此笛 則兵退病愈 旱雨雨晴 風
취 차 적　즉 병 퇴 병 유　조 우 우 청　풍

定波平。號萬派息笛 稱爲國寶。
정 파 평　호 만 파 식 적　칭 위 국 보

◐ (신문)왕이 바다에 떠 (배를 타고) 그 산에 들어가니 용이 흑옥대를 가져와서 바쳤다. (왕이) 맞이하여 함께 앉아 묻길, "이 산과 대나무는 혹은 떨어지고 혹은 합쳐지는데 어찌 그러한가?" 하니, 용이 말하길 "비유컨대 한 손으로 박수를 치면 소리가 없고 두 손으로 때리면 소리가 있는 것과 같이 이 대나무의 물건됨은 합친 연후에 소리가 있습니다. 성왕이 소리로 천하를 다스리는 상서祥瑞입니다. 왕께서 이 대나무를 취하여 피를 만들어 불면 천하가 화평할 것입니다." … 가마를 타고 돌아와 이 대나무로 피리를 만들어 월성 천존고에 보관하였는데, 이 피리를 불면 군사들이 물러나고 병이 나았으며, 가뭄에는 비가 내리고 홍수에는 개고, 바람이 잔잔하고 파도가 평안해졌다. '만파식적'이라 이름하고 국보로 일컬었다.

핵심 한자

泛
(물위에) 뜨다
범

① 뜨다 ② 엎다(봉) ③ 물소리(핍)
대범大泛 사소한 것에 얽매이지 않고 너그럽게.

判
나누다 판

① 나누다 ② 흩어지다 ③ 판가름하다
판단判斷 일정한 논리나 기준에 따라 사물의 가치와 관계를 결정함.

拍
치다 박

① 치다 ② 어루만지다
박수拍手 환영, 축하, 기쁨, 찬성의 표시 등으로 손뼉을 마주 두드리거나 침.

박자拍子 곡이 진행되는 시간을 헤아리는 기본 단위.

理
다스리다
리

① 다스리다 ② 길 ③ 성질
관리管理 사람을 통솔하고 지휘 감독함.
진리眞理 참된 이치. 또는 우주의 근원적 원리.

笛
피리 **적**

① 피리 ② 소리 나는 도구
경적警笛 주의나 경계를 하도록 요란한 소리를 내는 장치.

해 설

신라 제31대 신문대왕은 681년 7월 7일에 즉위하여 선대왕先大王인
문무대왕을 위해 감은사를 지었다. 이듬해인 682년에 동해 가운데의
작은 산이 감은사를 향해 파도를 타고 왔다갔다한다는 보고가 있었
다. 일관日官(천문 관리)이 말하길, 선대왕과 김유신이 보물을 내리시
려는 것 같다고 하였다. 이에 왕이 이견대利見臺로 나아가 파도가 잠
잠하길 기다려 배를 타고 산으로 들어갔다. 용이 흑대黑帶를 바치며,
산에 있는 대竹를 가지고 피리를 만들어 불면 천하가 태평할 것이라
하였다.

왕이 행차에서 돌아와 그 대를 가지고 피리를 만들어 월성의 천존
고天尊庫에 보관하였다. 이 피리를 불면 적병이 물러가고 병이 낫고
가뭄에는 비가 오고 장마가 개고 바람이 자고 파도가 잠잠해졌으므
로 '만파식적萬波息笛'(큰 파도를 가라앉히는 피리)이라 하여 국보로 삼
았다.

신문왕의 통합과 조화

신문왕은 681년에 즉위하였는데, 이때는 나당전쟁이 끝난 지 5년밖에 되지 않은 시기로, 실질적으로 삼국통일에 따른 국내적 통치 기반을 정비·확립해야 했다. 즉위한 지 2달 남짓, 고구려 정벌에 큰 공을 세운 김흠돌金欽突을 반란을 꾀한 죄로 사형에 처하였다. 김흠돌은 신문왕의 장인이었다. 즉위하자마자 장인까지 처벌할 정도로 귀족에 대해 강경한 입장을 취했으며, 귀족들의 경제적 기반이던 녹읍祿邑을 폐지하고 관료전官僚田을 지급함으로써 귀족들의 세력을 약화시켰다. 이에 왕권을 공고히 하였다.

이러한 숙청의 회오리가 지난 후에는 안정과 위안이 필요했을 것이다. 이듬해인 682년 마침 용으로부터 흑대를 받고, 선왕과 김유신의 선물인 '대'도 받았다. 용이 대를 전해 주면서 '물건이 합한 연후에 소리가 나는 법, 왕이 소리로 천하를 다스릴 징조'라고 하였는데, 이는 유교의 예악禮樂사상을 반영한 것이다. 예禮가 사회를 이끌어 가는 질서·법규라면, 악樂은 그 질서를 조화롭게 하는 것이다. 그러므로 만파식적은 당시 신라 사회에 필요했던 신라인과 고구려·백제인의 통합, 왕과 귀족의 조화를 의미하는 것이었다.

또한 신문왕은 용에게 흑옥대黑玉帶를 받았는데, 이는 통일 전 진평왕이 천사로부터 받은 옥대를 연상시킨다. 천사옥대가 있음에도 불구하고 다시 흑옥대를 받았다는 점에서, 기존 중고 왕실과의 차이를 분명히 하려는 의도를 엿볼 수 있다. 즉, 중고기中古期 왕실은 성골이었지만 중대 왕실은 무열왕 직계로 진골이었기 때문이다. 그러므로 만파식적은 중대 왕실의 권위를 상징하는 것이자, 사회적 통합의 상징이었다고 할 수 있다.

신라사 시기 구분

신라는 무려 1천 년의 역사를 자랑한다. 《삼국사기》와 《삼국유사》에는 각각의 기준에 따라 다른 시기 구분이 존재한다. 《삼국사기》에서는 상대上代(박혁거세~진덕여왕) - 중대中代(무열왕~혜공왕) - 하대下代(선덕왕~경순왕)로 구분하는데, 왕의 골품이나 계보 변화를 기준으로 했다. 즉, 상대에는 성골이어야 왕위를 계승할 수 있었고, 중대에는 성골이 사라지면서 진골로 왕의 골품이 변화하고 부자 상속으로 무열왕계의 왕위 상속이 이어졌으며, 하대에는 진골이 왕위 계승에 뛰어들면서 왕위쟁탈전이 발생하였다.

반면에 《삼국유사》에서는 상고上古(박혁거세~지증왕) - 중고中古(법흥왕~진덕여왕) - 하고下古(무열왕~경순왕)로 구분하고 있다. 즉, 《삼국사기》의 상대를 상고上古와 중고中古로 나누고, 중대와 하대를 하고下古로 나누었다. 《삼국유사》의 신라사 시기 구분의 특징은, '중고'의 설정으로, 이는 불교의 수용과 공인, 즉 불교가 시기 설정의 기준이 되었음을 알 수 있다.

	삼국시대		통일기	
삼국사기	상대 혁거세~진덕왕		중대 무열왕~혜공왕 *진골 왕 *무열왕계	하대 선덕왕~경순왕 *진골 왕 *왕위쟁탈전
삼국유사	상고 혁거세~지증왕	중고 법흥왕~진덕왕 *성골 / 불교	하고 무열왕~경순왕 *진골 왕	

第三十二孝昭王代　竹曼郎之徒　有
제 삼 십 이 효 소 왕 대　죽 만 랑 지 도　유

得烏級干。隷名於風流黃卷　追日仕
득 오 급 간　예 명 어 풍 류 황 권　추 일 사

進　隔旬日不見。郞喚其母　問爾子
진　격 순 일 불 견　낭 환 기 모　문 이 자

何在。母曰"幢典牟梁益宣阿干　以
하 재　모 왈　동 전 모 량 익 선 아 간　이

我子差富山城倉直　馳去行急　未暇
아 자 차 부 산 성 창 직　치 거 행 급　미 가

告辭於郞。"…　郞歸田　以所將酒餅
고 사 어 랑　낭 귀 전　이 소 장 주 병

饗之。請暇於益宣　將欲偕還，益宣
향 지　청 가 어 익 선　장 욕 해 환　익 선

固禁不許。時有使吏侃珍　…　乃以
고 금 불 허　시 유 사 리 간 진　내 이

所領三十石　贈益宣助請　猶不許。
소 령 삼 십 석　증 익 선 조 청　유 불 허

又以珍節舍知騎馬鞍具貽之　乃許。
우 이 진 절 사 지 기 마 안 구 이 지　내 허

◯ 제32대 효소왕 시대에 죽만랑〈죽지랑〉의 무리에 득오 급간(제9관등)이 있었다. 풍류황권에 이름을 올려 놓고 날마다 출근을 하더니 열흘간이나 보이지 않았다. 낭이 그 어머니를 불러 '그대의 아들은 어디에 있는가?' 하고 물으니, 그 어머니가 말하길, "당전인 모량 익선 아간(제6관등)이 아들을 부산성(경북 경주시 건천읍 송선리에 있는 산성) 창고지기로 뽑아 서둘러 가느라 바빠서 낭에게 인사를 드릴 겨를이 없었습니다." 하였다. … 낭이 밭으로 가서 가지고 간 술과 떡으로 그를 대접하였다. 익선에게 휴가를 청하여 함께 돌아오고자 하였으나 익선이 금하며 허락하지 않았다. 이때 사리 간진이 가진 바 30석의 쌀을 익선에게 주며 청을 거들었으나 허락하지 않았다. 또 진절 사지(제13관등)가 말안장까지 주고 나서야 허락하였다.

Tip 任進 : 벼슬에 나아가다. 출근하다.

핵심 한자

昭
밝다 소

① 밝다 ② 빛나다, 비추다 ③ 나타나다
소설昭雪 원통한 죄를 밝혀 누명을 씻음.

曼
끌다 만

① 길다 ② 오랑캐 ③ 아름답다 ④ 끌다
만수曼壽 오래도록 삶.
만희曼姬 얼굴이 썩 예쁜 젊은 여자.

隸
붙다 예

① 따르다 ② 붙다 ③ 종
노예奴隸 남에게 자유를 빼앗겨 부림을 받는 개인이나 계층.

爾
너 **이**

① 너 ② 2 ③ 그리하여

이여爾汝 너니 나니 하면서 서로 허물없이 트고 지내는 사이.

幢
기 **당**

① 기 ② 드리워진 모양 ③ 막

당간幢竿 절에서 기도나 법회 등 의식이 있을 때 깃발을 달아 세우는 기둥.

差
차출하다
차

① 어긋나다 ② 부리다(채) ③ 다르다 ④ 차출하다

차이差異 서로 어긋나거나 다름. 또는 그 간격.

채비差備 어떤 일을 하기 위하여 필요한 물건, 자세 따위를 미리 갖추어 차림. 또는 그 물건이나 자세.

餠
떡 **병**

① 떡

월병月餠 중국 사람들이 추석에 만들어 먹는 둥근 과자.

饗
잔치하다
향

① 잔치하다 ② 대접하다

향응饗應 특별히 우대하는 뜻으로 음식을 차리거나 잔치를 베풀어 극진하고 정성스럽게 대접함. 또는 그런 대접.

향연饗宴 잔치.

侃
강직하다
강

① 강직하다 ② 굳세다

간악侃諤 성격이 곧아 거리낌 없이 바른말을 함.

偕
함께 **해**

① 함께 ② 굳세다

해로偕老 부부가 평생을 함께 살며 늙음.

신라 제32대 효소왕孝昭王대 죽지랑竹旨郎(죽만랑竹曼郎)의 무리에 득오得烏라는 인물이 있었는데, 그는 모량牟梁 익선益宣의 명으로 부산성 창고지기로 갔다. 득오가 일하고 있던 익선의 밭으로 간 죽지랑은 음식을 대접하고 며칠 휴가를 얻어 함께 돌아오고자 익선에게 청했으나 승낙하지 않았다. 이때 간진侃珍이란 자가 벼 30석을 익선에게 주며 그 청을 거들었으나 여전히 승낙하지 않았다. 여기에 진절珍節이 말안장까지 주고 나서야 허락하였다.

　조정의 화주花主(화랑도의 우두머리)가 이 이야기를 듣고 익선의 더러운 때를 씻겨 주려 하였으나 도망쳐 버렸다. 그의 큰아들을 잡아 성의 연못에서 목욕시켰는데 마침 동짓달 추운 날이라 얼어 죽었다. 왕이 이 이야기를 듣고 모량리 사람은 다시는 관리가 되지 못하도록 하였다.(경주에 있던 급량及梁 · 사량沙梁 · 본피本彼 · 모량 혹은 점량漸梁 · 한기漢岐(漢祉) · 습비習比 등 6부部 중 하나)

　죽지랑의 아버지는 술종공述宗公인데, 삭주 도독으로 임명받아 임지로 가던 중 고갯길에서 어떤 처사를 만났다. 한 달 뒤 술종공 부부는 처사가 방으로 들어오는 꿈을 꾼 후 아들을 낳았으므로, 처사를 만났던 고개 이름을 따 '죽지'라 하였다.

　득오는 죽지랑을 사모하는 노래 〈모죽지랑가慕竹旨郎歌〉를 지었다.

상위 1퍼센트 출신의 화랑도

화랑도는 대체로 15~18세의 화랑花郎을 중심으로 한 청소년 집단으로, 한 명의 화랑과 7 · 800명 내지는 1천 명 정도의 낭도郎徒로 구성되었으며, 낭도 중에는 승려도 있었다. 같은 시기에 여러 명의 화랑 집단이 존재했으며, 이를 통제하는 우두머리로 화주花主가 있었다.

이 기사에 보이는 '조정 화주'가 바로 그런 인물로, 화랑 죽지의 낭도인 득오를 부당하게 대우한 익선을 처벌할 수 있었다.

화랑은 진골 귀족의 자제, 특히 죽지랑의 아버지 술종공은 화백회의인 오지암丂知巖 회의에 참석할 정도의 높은 신분이었다. 낭도에 진골 귀족 자제가 있는 것으로 보아, 화랑은 단순한 진골 귀족 자제가 아닌 진골 중에서도 상위 1퍼센트의 고위층 자제들이었을 것이다. 그 외에 낭도에는 승려, 6~4두품, 평민도 포함되었다. '황권黃券'이라는 명부에 이름을 기입하였으며, 화랑 집단에서 빠질 경우 이 황권에서도 이름을 삭제하였다. 낭도들이 화랑을 추대하였으며, 때론 왕이 임명하기도 하였다.

화랑인 죽지가 낭도인 득오가 부역하고 있는 곳까지 직접 찾아가 음식을 대접하고, 휴가를 얻어 주려고 노력하는 모습에서 화랑과 낭도의 단단한 결속력을 읽을 수 있다. 이러한 화랑도의 결속력이 전장에서는 전우애로 나타나서 신라가 삼국을 통일하는 원동력이 되었다.

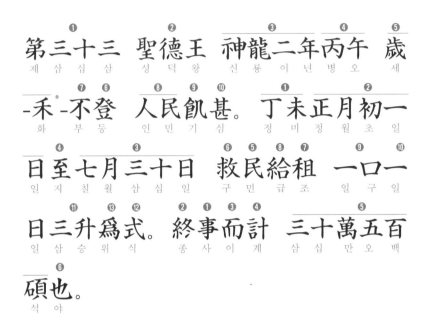

第三十三　聖德王　神龍二年丙午　歲
제 삼 십 삼　성 덕 왕　신 룡 이 년 병 오　세

-禾*-不登　人民飢甚。　丁未正月初一
화 부 등　인 민 기 심　정 미 정 월 초 일

日至七月三十日　救民給租　一口一
일 지 칠 월 삼 십 일　구 민 급 조　일 구 일

日三升爲式。　終事而計　三十萬五百
일 삼 승 위 식　종 사 이 계　삼 십 만 오 백

碩也。
석 야

⇨ 제33대 성덕왕 신룡 2년 병오(706)에 곡식이 익지 않아 백성의 굶주
림이 심했다. 정미년(707) 정월 1일부터 7월 30일까지 백성을 구제하
기 위해 조⟨곡식⟩를 제공했는데 한 사람에게 하루 3승을 규정으로
하였다. 일 ─ 구제 사업 ─ 을 마치고 계산하니 30만 5백 석이었다.

* 원문에는 비워져 있다. 禾가 누락된 것으로 본다.

Tip　신룡神龍 : 중국 당 중종中宗 때 연호로 705~706년에 사용.

登
익다 **등**

① 오르다 ② 밟다 ③ 높다

등록登錄 허가나 인정을 받기 위해 단체나 기관 따위의 문서에
　이름을 올림.

飢
주리다 **기**

① 주리다 ② 흉년 ③ 모자라다

요기療飢 적은 양의 음식으로 겨우 시장기를 면함.

租
조 **조**

① 세금 ② 싸다

조세租稅 국가가 필요한 경비를 충당하기 위해 국민으로부터
　강제적으로 거두는 금전이나 재물.

조租와 속粟 조租는 조이고, 속粟은 찧지 않은 벼.

升
되 **승**

①되(장년의 두 손을 모아 담기는 양) ②새(피륙을 세는 단위)
　③ 바치다

시승市升 장에서 쓰던 되.

삼승포三升布 예순 올의 날실로 짜서 올이 굵고 질이 낮은 삼베.

碩
석 **석**

① 1석=10승 ② 가득하다 ③ 크다

석사碩士 대학원의 석사 과정을 마치고 규정된 절차를 밟은 사
　람에게 수여하는 학위.

석모碩謀 위대한 계획.

자연재해 기록이 알려 주는 바

신라 통일기(668~935) 자연재해를 조사한 연구에 의하면, 이 기간에 가뭄과 기근 40회, 지진 40회, 우박 12회, 서리 10회, 천둥·번개 9회, 큰눈과 추위 9회, 큰 바람 9회, 홍수 7회, 황충蝗蟲 7회, 화재 6회 등 총 163회의 재해가 있었다고 한다. 특히 중대中代(무열왕~혜공왕)는 신라의 전성기라고 할 수 있으나, 아이러니하게도 이 시기에 자연재해 기사가 유난히 많다. 이와 관련하여《삼국사기》성덕왕대 재해 관련 기사를 보면 아래와 같다.

〈삼국사기〉 성덕왕대 재해 관련 기사

705년	10월에 나라의 동쪽 주군에 흉년.
706년	정월에 많은 사람이 굶주려 진휼賑恤. 이해도 곡식이 여물지 않음.
707년	정월 많이 백성이 굶어 죽었으므로 한 사람에게 1일 벼 3되씩 7월까지 나누어 주었고, 2월에 오곡 종자를 차등 있게 줌.
708년	지진.
710년	지진.
711년	3월 많은 눈.
714년	여름에 가물었고 많은 백성이 돌림병에 걸림.
715년	6월 크게 가물어 하서주의 거사 이효理曉를 불러 기우제 지냄.
716년	6월도 가물어 또 거사 이효를 불러 기우제 지냄.
718년	지진.
720년	4월 큰 비가 내려 산 13곳이 무너지고, 우박이 떨어져 벼를 상하게 함.
	지진.
722년	지진.

지진 기사도 잦지만, 지진으로 인한 큰 피해 기사는 한 번뿐이다 (779년(혜공왕 15)에 경주에 지진이 발생하여 민가 가옥이 붕괴하고

죽은 자가 백여 명이었다 한다). 농경국가였던 만큼 국가적 위기를 초래하는 재해는 흉년을 가져오는 가뭄이었음을 알 수 있다.

경덕왕대에도 재해 관련 기사가 많이 보인다. 이때 상대등이 시국 정치의 잘되고 잘못된 점을 논하는 글을 왕에게 올렸다. 즉 재해와 재앙은 잘못된 정치, 또는 왕의 통치가 바르지 않음에 대한 하늘의 경고라고 당시 사람들은 생각하였다. 성덕왕대와 경덕왕대는 신라의 전성기로 꼽히는데, 이는 많은 재해와 재난에도 불구하고 구휼 등을 통해 잘 극복했기 때문일 것이다.

한편《삼국유사》기이2 '조설無雪'이라는 제목 하에 '40대 애장왕 말년(808) 8월 15일에 눈이 왔다', '41대 헌덕왕 원화 13년(818) 3월 14일에 큰눈이 왔다', '제46대 문성왕 기미(839) 5월 19일에 큰눈이 왔다'는 기사가 실려 있다. 모두 신라 하대에 일어난 재해로, 이러한 자연재해는 결국 신라 말의 혼란한 상황, 또는 신라의 멸망을 예견하는 징조로 여겨졌다.

결국 재난이 많이 일어나고 적게 일어나고의 문제가 아니라 그 재난에 대한 대처와 수습이 얼마나 잘 진행되었느냐 하는 것이 사회의 제도적 · 정치적 안정을 짐작할 수 있는 척도가 되는 것이다.

신라의 도량형

부피 단위의 도량형에는 합合, 승升, 두斗, 석石이 있다. 특히 石의 경우 도량형을 나타낼 경우에는 윗 가로획이 생략된 형태(㪶)로 쓴다. 합=승, 10승=1두, 10두=1석.

안압지에 출토된 명문銘文이 있는 항아리에 '십석입옹十石入甕'이라 새겨져 있는데, 10석의 양이 들어갈 수 있는 항아리라는 뜻이다. 이 항아리의 용량이 520리터이므로 1석=52리터였음을 알 수 있다.

① ④ ② ③ ⑤ ⑦ ⑥ ⑧ ⑨ ⑩
便行二日程 又有臨海亭 晝饍*次 海
편 행 이 일 정　우 유 임 해 정　주 선 차　해

⑪ ⑬ ⑫ ⑮ ⑭ ① ② ④ ③ ⑤ ⑥
龍忽攬夫人入海。 公顚倒躄地 計無
룡 홀 람 부 인 입 해　공 전 도 벽 지　계 무

⑦ ⑥ ① ④ ② ③ ⑤ ⑥ ⑦ ⑧ ⑩ ⑨
所出。 又有一老人告曰, "故人有言
소 출　우 유 일 노 인 고 왈　고 인 유 언

⑪ ⑫ ⑭ ⑬ ⑮ ⑯ ⑰ ⑱ ㉒ ㉑ ⑲ ⑳
衆口鑠金 今海中傍生 何不畏衆口
중 구 삭 금　금 해 중 방 생　하 불 외 중 구

㉓ ① ⑤ ② ③ ④ ⑦ ⑨ ⑧ ⑪ ⑩ ⑬
乎。 宜進界内民 作歌唱之 以杖打
호　의 진 계 내 민　작 가 창 지　이 장 타

⑫ ⑭ ⑰ ⑯ ⑮ ⑱ ① ③ ② ④ ⑥
岸 -則**-可見夫人矣。" 公從之 龍奉
안　즉　하 견 부 인 의　공 종 지　룡 봉

⑤ ⑧ ⑦ ⑩ ⑨
夫人出海獻之。
부 인 출 해 헌 지

➡ (순정공이 강릉 태수로 부임하던 중) 다시 이틀 길을 가다 또 임해정이
　　있어 점심을 먹던 차에, 해룡이 갑자기 부인을 잡아 바다로 들어갔
　　다. 공이 엎어지고 넘어지며 땅을 굴렀으나 계책이 나오지 않았다.
　　또한 노인이 고하길, "옛사람의 말에 여러 입은 쇠도 녹인다고 했는
　　데, 지금 바닷속 미물인들 어찌 여러 입을 두려워하지 않겠습니까?

마땅히 경계 내의 사람들을 모아 노래를 지어 부르게 하고 막대기로 언덕을 두드리면 부인을 볼 수 있을 것입니다" 하였다. 공이 그 말을 따랐더니 용이 부인을 모시고 바다에서 나와 바쳤다.

* 膳의 오기이다
** 원문에는 비어 있으나 則으로 추정된다.

膳
먹다, 반찬
선

① 먹다 ② 반찬 ③ 차려내다

선물膳物 남에게 인사나 정을 나타내는 뜻으로 물건을 줌. 또는 그렇게 준 물건.

식선食膳 먹고 마실 거리.

攬
잡다 람

① 잡다 ② 추리다 ③ 주관하다

총람總攬 모든 일을 통틀어서 관할함.

顚
엎어지다
전

① 엎어지다 ② 넘어지다 ③ 이마 ④ 꼭대기

전복顚覆 정권이나 체제 따위를 무너지게 함.

전말顚末 어떤 일이나 사건이 진행되어 온 처음부터 끝까지 경위.

倒
넘어지다
도

① 넘어지다 ② 거꾸로 ③ 거스르다

전도顚倒 엎어져 넘어지다. 위치나 차례가 뒤바뀌다.

타도打倒 어떤 세력이나 대상을 쳐서 쓰러뜨리거나 거꾸러뜨림.

躄
넘어지다
벽

① 넘어지다

피벽跛躄 걸을 때에 몸의 균형이 잡히지 않을 정도로 심하게
　　　다리를 저는 사람.

鑠
녹이다 삭

① 녹이다 ② 달구다 ③ 비방하다

용삭鎔鑠 쇠 따위를 녹임. 또는 쇠 따위가 녹음.

岸
언덕 안

① 언덕, 육지와 닿는 곳 ② 높은 곳 ③ 뛰어나다

해안海岸 바다와 맞닿은 부분의 육지.

피안彼岸 불교에서 진리를 깨닫고 도달할 수 있는 이상적 경지
　　　를 나타내는 말. 반대말은 차안此岸.

해　설

신라 제33대 성덕왕聖德王 때 순정공純貞公이 강릉 태수로 부임해 가
던 중 바닷가에서 점심을 먹었다. 바위 봉우리가 병풍처럼 바다를 둘
러 있고 높이가 천 길이나 되는 위에 진달래꽃이 피어 있었다. 수로
부인水路夫人이 누가 꽃을 꺾어 줄 사람이 없냐고 묻자, 닿기 어려운
곳이라며 모두 회피回避하였다. 암소를 몰고 가던 노인이 부인의 말
을 듣고 그 꽃을 꺾어 바치며 노래(〈헌화가〉)를 불렀다. 그 노인이 누
구인지 모른다.

　다시 이틀을 가다가 임해정臨海亭에서 점심을 먹는데, 해룡海龍이
나타나 부인을 데리고 가 버렸다. 이때 노인이 나타나 여러 사람의
말은 쇠도 녹인다고 했으니 경내境內의 백성을 모아 노래를 부르면서
막대를 두드리면 부인을 볼 수 있을 것이라고 일러 주었다. 공이 그

말을 따르니, 용이 부인을 받들고 바다에서 나와 바쳤다. 공이 부인에게 바닷속 일을 물으니, 부인이 '칠보七寶 궁전에 음식은 달고 부드럽고 향기로워 인간의 음식이 아니었다'고 답하였다. 부인의 옷에서 맡아 보지 못한 이상한 향기가 풍겼다. 수로부인은 용모容貌와 자색姿色이 뛰어나 깊은 산이나 큰 못을 지날 때마다 여러 번 신물神物에 붙들려 갔다.

여러 사람이 불렀던 〈해가海歌〉의 가사는 다음과 같다.

거북아 거북아 수로를 내놓아라
남의 아내 앗아 간 죄 얼마나 큰가
네가 만약 내놓지 않으면
그물로 잡아 구워 먹으리라

노인의 〈헌화가獻花歌〉는 다음과 같다.

자줏빛 바위 가에
잡은 소 놓으시고
나를 아니 부끄러워하시면
꽃을 꺾어 바치오리다.

수로부인의 정체?

수로부인은 절세미인으로 귀신이나 영물에게 여러 번 붙잡혀 갔다고 한다. 이에 수로부인을 '무당'으로 보기도 한다. 앞에 나온 〈성덕왕〉 조에서 성덕왕대의 기근과 그에 대한 7개월간의 구휼을 기록한 내용과 연결하여, 기근을 해결하기 위해 기우제와 같은 제의祭儀를 지낸 것으로 이해한다. 도중에 잠시 머물렀던 해정과 임해정이 제의 장소이며, 점심을 먹었다는 것이 제의에 음식을 바친 것이라는 해석이다. 노인이 끌고 온 암소나 꽃도 제물로 볼 수 있으며, 용을 따라 바닷속, 특이한 세계에 다녀왔다는 것도 수로부인이 '무巫'일 가능성을 보여 주는 요소들이다.

다른 한편, 순정공이 강릉 태수에 임명되어 부임지로 이동하는 길에 용이 부인을 잡아 가는 사건이 발생했다. 이에 이 용을 지방 세력으로 보고 순정공과 수로부인 등을 중앙 세력으로 보아, 지방 세력의 거센 저항과 반발로 이해하기도 한다. 용이 부인을 데려옴으로써 두 세력 간의 화해가 이루어졌다고 보면, 화해의 역할을 수로부인이 한 것이다.

수로부인이 진짜 미인이어서 여러 사건과 사고에 본의 아니게 연루되었을 가능성도 없지 않다. 다만 수로부인이 귀신이나 영물이 잡아갈 정도의 미인이었다는 기록은, 단순히 수로부인의 '미모'를 찬양한 것이 아니라 '특이한 또는 특별한 존재'로서 수로부인을 '미인美人'으로 묘사한 것이라 생각한다.

開元二十一年癸酉, 唐人欲征北狄
개 원 이 십 일 년 계 유   당 인 욕 정 북 적

請兵新羅 客使六百四人來还*國。
청 병 신 라   객 사 육 백 사 인 래 환 국

 개원 21년 계유(733), 당나라 사람들이 북적을 정벌하고자 신라에
병사를 청하려 사신 604인이 왔다가 본국으로 돌아갔다.

* 還의 약자

Tip 개원開元 : 중국 당나라 현종玄宗 때 연호로 712~741년에 사용.

핵심 한자

狄
오랑캐 **적**
① 오랑캐 ② 사악하다 ③ 업신여기다
북적北狄 중국 사람이 그 북쪽에 사는 족속들을 멸시하여 이르
던 말.

還
돌아오다
환
① 돌아오다 ② 돌려주다 ③ 뒤돌아보다
상환償還 빚을 갚거나 돌려줌.
환갑還甲 육십갑자의 '갑甲'으로 되돌아온다는 뜻으로, 나이 예
순한 살을 이르는 말.

211

개원 10년 임술(722) 10월에 경주 동남 지역에 속하는 모화군毛火郡에 관문關門을 쌓아 일본을 방어하였다. 둘레가 6천 7백 92보步 5척尺이고, 동원된 역부는 3만 9천 2백 62명이며, 감독관은 원진元眞 각간이었다. 개원開元은 중국 당나라 현종玄宗의 연호로 713년부터 741년까지 쓰였다. 개원 10년, 722년은 성덕왕 21년에 해당하며,《삼국사기》신라본기에 의하면 성덕왕 21년 10월조에 '모벌군성을 축조하여 일본 도적이 침입하는 길을 차단했다'고 한다.

관문(성)關門城은 경북 경주시 외동읍과 울산광역시 북구 및 울주군 범서면 일대에 있는 석축산성으로 사적 제48호이다. 울산에서 경주에 이르는 교통의 요충지이며, 좌우 산지에 장성과 대점산성 등이 있어 동해 방어의 거점이 되었다.

길이를 재는 도량형

보步는 거리를 재는 단위로, 장년 남자의 보폭을 따서 그 배수치로 나타냈다. 중국 주나라에서는 주척周尺(20.45센티미터) 8자가 1보였고, 당에서는 5자가 1보가 되는 등 시대마다 바뀌었다. 우리나라에서는 문무왕이 6자를 1보로 사용하였다.

척尺은 고구려척이 1자가 35.51센티미터, 신라는 주척周尺인 20.45센티미터 또는 28~31센티미터 정도 되는 당척唐尺, 고려는 0.45센티미터를 기준으로 하는 고려척을 제정하여 사용하였다.

신라와 발해의 관계

제34대 효성왕孝成王은 성덕왕의 둘째 아들이다. 성덕왕 16년(717)에 태자가 사망하자, 동왕 23년(724)에 둘째인 승경承慶을 태자로 삼았다. 효성왕의 재위 기간은 737~742년 6년간으로, 본문의 개원 10년 (722)·21년(733)은 효성왕대가 아닌 성덕왕대의 일이다.《삼국사기》에 성덕왕 21년 모화군에 성을 쌓아 일본을 방어했고, 동왕 32년 7월에 당 현종이 발해를 공격하도록 청했다는 기록이 있다.

726년 흑수말갈黑水靺鞨이 당에 사신을 보내어 내조來朝(외국 사신이 찾아오는 것)하자, 당이 그 지역을 흑수주黑水州로 삼아 감독하였다. 흑수말갈은 말갈 7부의 하나로, 속말말갈을 비롯한 다른 6부는 발해 건국 당시부터 발해에 합류하거나 포섭되었지만 흑수말갈만은 오랫동안 소속되지 않고 상당한 힘을 유지했다. 이에 발해 무왕武王은 흑수말갈이 발해에 통보하지 않고 당에 내조한 것은 결국 발해를 공격하기 위함이라고 여겨 흑수말갈에 대한 공격을 명하였다. 그러나 무왕의 동생 대문예大門藝가 공격을 반대하다가 결국 당으로 망명하였다. 무왕은 흑수말갈을 공격하고, 당에 대문예의 처벌을 요청하였다. 그러나 당이 이를 거부하자, 732년 발해는 당의 등주登州(산동)를 공격하였다. 당은 대문예로 하여금 발해군을 막게 하는 한편 신라에게 발해 남쪽을 공격하라고 요청하였다. 신라 성덕왕은 김유신의 손자인 윤중允中·윤문允文 등 4명의 장군에게 명하여 발해를 공격하도록 하였다. 그러나 큰눈이 한 자 넘게 쌓이고 산길이 험하여 절반이 넘는 병사들이 죽고 아무 공 없이 돌아왔다. 대신 당으로부터 패강浿江(대동강) 이남 지역에 대한 소유를 인정받고, 그 지역에 대한 경계를 강화해 나갔다. 이후 신라와 발해는 긴장 관계를 유지했다. 790년(원성왕 6)에 최초로 신라가 일길찬 백어伯魚를 북국北國(신라는 발해를 북국으로 표현. 이에 근거하여 신라와 발해가 공존했던 시기를 '남북국시대'라고 부름.)에 사신을 보냈으며, 812년(헌덕왕 4)에는 급찬 숭정崇正을 사신으로 보낸 바 있다.

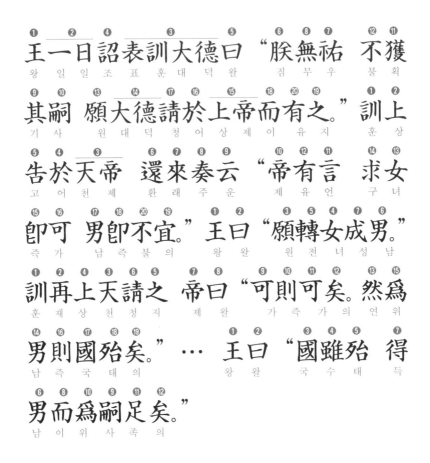

王一日詔表訓大德曰 "朕無祐 不獲

其嗣 願大德請於上帝而有之." 訓上

告於天帝 還來奏云 "帝有言 求女

卽可 男卽不宜." 王曰 "願轉女成男."

訓再上天請之 帝曰 "可則可矣。然爲

男則國殆矣." … 王曰 "國雖殆 得

男而爲嗣足矣."

➡ (경덕)왕이 하루는 표훈대덕에게 말하길, "짐이 복이 없어 그 후사(아들)를 얻지 못했으니 원컨대 대덕이 상제에게 청하여 있게 해 달라." 하였다. 표훈이 올라가 천제에게 고하고 내려와 아뢰길, "천제가 말하길 딸을 구하면 가능하나 아들은 안 된다 하더이다." 하였다. 왕은 "원컨대 딸을 바꾸어 아들로 해 주길 바란다." 하였다. 표

훈이 다시 올라가 천제에게 청하니, 천제가 말하길, "할 수는 있다. 그러나 아들이 되면 나라가 위태로워진다." 하였다. … 왕은 "나라가 비록 위태롭다 해도 아들을 얻어 후사로 삼으면 만족한다." 하였다.

핵심 한자

詔
알리다 조

① (윗사람이 아랫사람에게) 고하다 ② 소개하다 ③ 돕다
조서詔書 임금의 명령을 사람들에게 알리려고 적은 문서.

嗣
잇다 사

① 잇다 ② 상속자 ③ 후임자
후사後嗣 대代를 잇는 아들.
양사養嗣 양자를 들임.

轉
구르다 전

① 구르다 ② 옮다 ③ 돌리다 ④ 변하다
전환轉換 다른 방향이나 다른 상태로 바꿈.
자전거自轉車 두 다리로 페달을 밟아 바퀴를 돌림으로써 움직이게 하는 탈것.

告
알리다 고

① 알리다 ② 청하다 ③ 국문鞫問하다
광고廣告 판매를 목적으로, 상품에 대한 정보를 여러 가지 매체를 통하여 소비자에게 널리 알리는 의도적인 활동.
보고報告 지시 또는 감독하는 자에게 주어진 일의 내용이나 결과 따위를 알림.

피고被告 형사소송에서 검찰에 의해 공소公訴를 제기받은 사람.

奏
아뢰다 **주**

① 아뢰다 ② 달리다 ③ 연주하다
연주演奏 악기를 다루어 악곡을 표현하거나 들려주는 일.
상주上奏 임금에게 말씀을 아뢰어 올림.

殆
위태하다
태

① 위태하다 ② 의심하다 ③ 두려워하다
의태疑殆 의심하고 두려워함.

비록 ~
할지라도 **수**

① 비록 ② 만일 ③ 짐승 이름(유)
수연雖然 그렇지만, 비록 ~라 하더라도, 비록 ~라고는 하지만

해　설

당에서 보낸《도덕경》등을 대왕이 예를 갖추어 받았다. 왕이 통치한 지 24년에 오악五嶽과 삼산三山의 신들이 때로 대궐 뜰에 나타나 왕을 모셨다.

　3월 3일 왕이 귀정문歸正門(왕궁 월성의 서쪽 출입문) 문루門樓에 앉아 훌륭한 복장을 한 승려를 데려오라고 명하였다. 이때 누비옷에 벚나무로 된 통을 지고 오는 승려를 보고 왕이 문루 위로 맞이하였다. 그 승려는 충담忠談으로, 3월 3일과 9월 9일에 남산 삼화령三花嶺에 있는 미륵세존께 차를 달여 올리는데, 지금도 차를 바치고 돌아오는 길이라고 하였다. 왕은 자신에게도 차를 한 잔 달라고 청하고, 자신을 위해 백성을 편히 살도록 다스리는 노래를 지어 달라 하였다. 그러자 충담은 〈안민가安民歌〉를 지어 올렸다. 왕이 칭찬하며 그를 왕사

王師로 봉하고자 했으나 충담은 굳이 사양하였다.

한편 왕은 옥경玉莖('음경'의 높임말)의 길이가 8치(寸)로 아들이 없어 첫째 왕비인 삼모三毛부인을 폐하고 만월滿月부인을 둘째 왕비로 맞이하였으나 여전히 아들을 얻지 못했다. 이에 불국사의 초대 주지가 된 승려 표훈表訓이 상제上帝(至高神, 天神)와 교류한다는 이야기를 듣고, 그를 통해 상제에게 아들을 점지해 줄 것을 청하였다. 딸은 가능하다고 하자, 그 딸을 아들로 바꾸어 달라고 하였다. 상제가 아들이 점지되면 나라가 위태로워진다고 함에도 불구하고, 경덕왕은 후사를 잇는 것으로 족하다고 하였다.

이렇게 해서 태어난 아들이 바로 '혜공왕'이다. 돌 때부터 왕위에 오른 8세까지 여자아이같이 놀며 비단주머니 차기를 좋아하고 도사道士와 희롱하였다. 이로 인해 나라가 크게 어지러워졌다고 한다. 또한 표훈 이후로 신라에 성인聖人이 나지 않았다고 한다.

아들이 절실했던 까닭

신라 중대를 연 무열왕부터 왕의 신분이 성골이 아닌 진골이었다. 이전까지, 즉 진덕여왕까지는 '성골' 신분이 왕이 될 수 있는 절대 조건으로서 여타 귀족과 구별지어 주었다. 그러나 성골은 사라지고 진골 왕이 등장하면서 왕과 귀족의 신분적 차이도 사라졌다. 이에 중대 왕실은 귀족과는 다른 왕실의 권위, 왕의 조건을 확립할 필요성을 느꼈고, '부자상속父子相續'을 왕위 계승의 원칙으로 삼았다.

물론 왕에게 자식이 없는 경우에는 형제가 왕위를 계승하였다. 예컨대 효소왕이 일찍 사망하자 동생 성덕왕이 즉위하였으며, 효성왕 또한 자식이 없어 동생을 태자로 삼았고, 효성왕이 죽은 후 즉위한 동생이 경덕왕이었다.

경덕왕에게는 더 이상의 형제가 없었다. 그가 아들을 낳지 않을 경우 왕위 계승자가 없기 때문에 자연히 중대 왕실의 대가 끊길 수밖에 없었다. 결국 나라도 위태로워질 것이 불 보듯 뻔하였다. 그러므로 천제가 딸을 아들로 바꾸면 나라가 위태로워진다고 경고했음에도 불구하고 경덕왕은 '아들이면 족하다'고 말했던 것이다. 왕실이 곧 나라, 아니 왕실이 나라보다 중요하다고 생각했던 때이다. 어쨌든 경덕왕은 무열왕계를 잇는 데 성공하였다. 그러나 다음 왕인 혜공왕이 김지정 등의 반란 와중에 살해당함으로써 결국 무열왕계도 끝나고 말았다.

七月三日　大恭角干賊起　王都及五
道州郡　并九十六角干相戰大亂。　大
恭角干家亡　輸其家資寶帛于王宮。
新城長倉火燒　逆黨之寶穀　在沙
梁·牟梁等里中者　亦輸入王宮。　亂
彌三朔乃息。被賞者頗多　誅死者無
算也。表訓之言國殆　是也。

칠 월 삼 일　대 공 각 간 적 기　왕 도 급 오
도 주 군　병 구 십 육 각 간 상 전 대 란　대
공 각 간 가 망　수 기 가 자 보 백 우 왕 궁
신 성 장 창 화 소　역 당 지 보 곡　재 사
량　모 량 등 리 중 자　역 수 입 왕 궁　난
미 삼 삭 급 식　피 상 자 파 다　주 사 자 무
산 야　표 훈 지 언 국 태　시 야

▶ (혜공왕 3년, 767) 7월 3일 대공大恭 각간角干이 반란을 일으켰고, 왕
도王都와 5도 주군州郡, 아울러 96각간이 서로 싸워 크게 어지러웠
다. 대공 각간의 집안은 망하였고, 그 집의 자산과 보물·비단을 왕
궁으로 옮겼다. 신성新城의 장창長倉(곡물창고)이 불에 타자, 역당
의 보물과 곡식으로 사량·모량 등의 마을에 있던 것도 왕궁으로

들여왔다. 반란이 석 달이나 지속되다가 끝났다. 상을 받은 자가 자 못 많았고 목 베어 죽은 자가 셀 수 없었다. 표훈이 말한 나라가 위태롭다는 것이 이것이다.

資
재물 **자**

① 재물, 재산 ② 방종하다 ③ 밑천
투자投資 이익을 얻을 목적으로 자금을 대거나 정성을 쏟음.
자격資格 일정한 신분이나 지위를 가지거나 어떤 역할이나 행동을 하는 데 필요한 조건 또는 능력.

黨
무리 **당**

① 무리 ② 마을 ③ 일가
정당政黨 정치에 대한 이념이나 정책이 일치하는 사람들이 정치적 이상을 실현하기 위하여 조직하는 단체.

彌
걸리다 **미**

① 걸리다 ② 그치다 ③ 두루 미치다 ④ 계속됨
미일彌日 하루 종일 걸리는 것.
미봉책彌縫策 어떤 일을 임시변통으로 해결하는 방책.

朔
달 **삭**

① 초하루 ② 달 ③ 북쪽
만삭滿朔 아이 낳을 달이 다 참. 또는 달이 차서 배가 부름.
삭풍朔風 겨울철에 북쪽에서 불어오는 찬바람.

頗
자못 **파**

① 자못 ② 치우치다 ③ 매우
편파적偏頗的 한쪽으로 치우쳐 공정하지 못한 것.

算
헤아리다
산

① 헤아리다 ② 산가지 ③ 수
계산計算 어떤 일이 자기에게 이해득실이 있는지 따짐.

殆
위태하다
태

① 위태하다 ② 두려워하다 ③ 의심하다
의태疑殆 의심하고 두려워함.
태반殆半 거의 절반.

해 설

대력大曆(당나라 대종 때의 연호. 766~779) 초년에 강주康州(지금의 경남 진주) 관청 동쪽 땅이 점점 꺼져 연못이 되더니 갑자기 잉어 5,6마리가 점점 커지고 연못도 따라 커졌다. 이듬해 767년에는 천구성天狗星(혜성)이 동루東樓에 떨어져 천지가 진동하였다. 김포현에서는 5경頃 정도 되는 논의 낟알이 모두 이삭이 되었으며, 북궁北宮 정원에 세 개의 별이 떨어져 땅속으로 들어갔다. 궁의 측간廁間에서 두 줄기의 연蓮이 나더니, 봉성사奉聖寺 밭에서도 연蓮이 났다. 호랑이가 궁 안으로 들어왔으나 잡지 못했다. 각간 대공의 집 배나무에 셀 수 없이 많은 참새가 모여들었다. 《안국병법安國兵法》(현재 전하지 않음) 하권에서 이러한 일이 있으면 큰 병란이 일어난다고 했다. 이에 혜공왕은 대사령大赦令을 내리고 몸을 닦고 반성하였다. 결국 대공 각간의 반란을 비롯하여 96각간의 대란이 발생하여 나라가 위태로워졌다.

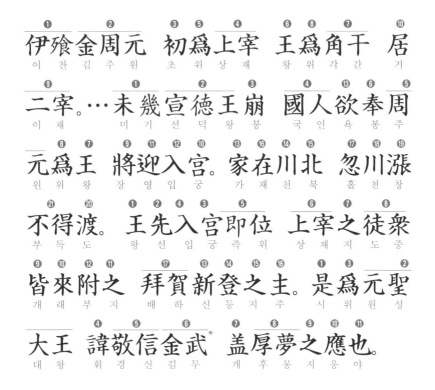

伊飡金周元 初爲上宰 王爲角干 居
이 찬 김 주 원　초 위 상 재　왕 위 각 간　거

二宰。… 未幾宣德王崩 國人欲奉周
이 재　미 기 선 덕 왕 붕　국 인 욕 봉 주

元爲王 將迎入宮。家在川北 忽川漲
원 위 왕　장 영 입 궁　가 재 천 북　홀 천 창

不得渡。王先入宮即位 上宰之徒衆
부 득 도　왕 선 입 궁 즉 위　상 재 지 도 중

皆來附之 拜賀新登之主。是爲元聖
개 래 부 지　배 하 신 등 지 주　시 위 원 성

大王 諱敬信金武* 盖厚夢之應也。
대 왕　휘 경 신 김 무　개 후 몽 지 응 야

▶ 이찬(제2관등) 김주원이 처음에 상재였으며, 왕(원성왕 김경신)은 각간
으로 이재二宰(차석)에 머물렀다. … 얼마 안 되어 선덕왕이 죽자 국
인이 주원을 받들어 왕으로 삼아 장차 궁으로 맞아들이려고 하였다.
그의 집이 개천의 북쪽에 있었는데 갑자기 냇물이 불어 건널 수 없었
다. 왕이 먼저 궁에 들어가 즉위하자, 상재의 무리들이 모두 와서 따
르고 새롭게 오른 임금에게 축하인사를 드렸다. 이가 원성대왕이며
휘는 경신이며, (성은) 김씨로 대개 길몽이 맞은 것이다.

* 氏의 오기이다.

殞
관직 **찬**

① 관직

이찬伊飡 신라 17관등 중 제2관등으로 진골만 오를 수 있었다.

宰
벼슬아치
재

① 벼슬아치, 재상 ② 다스리다 ③ 무덤

주재主宰 어떤 일을 중심이 되어 맡아 처리함.

幾
기미, 때
기

① 기미 ② 때 ③ 위태하다

기미幾微 느낌으로 알아차릴 수 있는, 일이나 상황의 되어 가
는 형편.

기하학幾何學 공간의 성질과 공간 안의 물체에 대한 성질을 연
구하는 수학의 한 분야.

忽
갑자기 **홀**

① 갑자기 ② 문득 ③ 소홀히 하다

홀연忽然 미처 생각지도 못한 사이에 갑자기.

홀대忽待 소홀히 대접함.

漲
물이 불다
창

① 물이 불다 ② 넘치다 ③ 성하다

창일漲溢 물이 불어나 넘침.

附
붙다 **부**

① 붙다 ② 따르다 ③ 부화하다

부여附與 가지거나 지니게 하여 줌.

아부阿附 남의 마음에 들려고 비위를 맞추면서 알랑거림.

賀
하례하다
하

① 하례하다 ② 위로하다 ③ 더하다

축하祝賀 남의 좋은 일에 기쁘고 즐거운 마음으로 인사함.

연하장年賀狀 새해 축하 인사의 글이나 그림을 담은 간단한 편지.

해 설

신라 제38대 원성왕元聖王 김경신金敬信이 각간이었을 때, 머리에 썼던 두건을 벗고 하얀 갓을 착용하고 12현금을 잡고 천관사天官寺 우물 속으로 들어가는 꿈을 꿨다. 점쟁이가 말하길 "두건을 벗는 것은 관직을 잃는다는 것이요, 가야금을 든 것은 칼을 쓸 징조이며, 우물 속으로 들어간 것은 옥에 갇힐 징조입니다."라고 하였다. 이에 김경신은 밖으로 나오지 않았다. 이때 아찬(제6관등) 여삼餘三이 찾아와 절을 하며 말하길, "머리에 쓴 두건을 벗는 것은 윗자리에 머무는 자가 없다는 것이며, 흰 갓을 쓴다는 것은 면류관의 징조요, 12현금을 잡은 것은 12손에게 세상(왕위)을 전한다는 징조이며, 천관사 우물에 들어간다는 것은 궁에 들어갈 길조입니다." 하였다. 이어 "비밀리에 북천北川 신에게 제사 지내면 가능할 것입니다."라고 하니, 왕이 그대로 따랐다.

선덕왕이 후사 없이 죽고 북천이 갑자기 불어나 북천 북쪽에 살던 김주원金周元(무열왕의 둘째 아들 김인문金仁問의 5대 손)이 건너오지 못하는 사이 김경진이 왕좌에 앉았으니 그가 원성대왕이다. 여삼은 이미 죽어 그의 자손들을 불러 벼슬을 주었다.

왕의 아버지 효양孝讓은 선조 때부터 지녀 온 만파식적을 왕에게 전하였다. 이에 왕은 하늘의 은혜를 두텁게 입었다. 정원貞元 2년 병인년(786) 10월 11일에 일본 왕 문경文慶이 신라를 치려다가 만파식적이 있다는 말에 군사를 철수시키고 사자를 보내어 금 50냥으로 피리를 보자고 청하였다. 왕이 진평왕대에 있었다고 하나 지금 어디에 있는지 알 수 없다고 답하였다. 이듬해 다시 사자를 보내 금 1천 냥으로 청하였으나 같은 답으로 사자를 돌려보냈다. 사자가 돌아가자 피리를 내황전內黃殿에 간직하였다.

즉위한 지 11년(795)에 당나라 사신이 한 달간 머물다 돌아갔다. 그 뒤에 동지東池 · 청지青池 두 용의 아내가 찾아와 당나라 사자가 하서국河西國 사람을 데려와 그녀의 남편들과 분황사 우물의 용까지 모두 물고기로 만들어 가지고 갔다고 하소연하였다. 왕이 하양관河陽館(하양은 경북 경산의 옛 지명으로 신라의 관사館舍가 있었다)까지 쫓아가 하서국 사람들을 꾸짖자 그제야 세 마리를 바쳤다. 용들을 세 곳에 각각 놓아주자 기뻐 날뛰며 가 버렸다. 이에 당나라 사람들은 왕의 명철함에 감복하였다.

사미沙彌(10계를 받고 불교 수행 중인 20세 미만의 남자 출가자) 묘정妙正이 매번 금광정金光井에서 바리때(공양 그릇)를 씻었는데 우물 속에 자라 한 마리가 있어 매번 남은 밥을 주었다. 어느 날 자라가 구슬 한 개를 토해 내 사미가 그 구슬을 허리띠에 달고 다녔다. 그 후로부터 왕이 사미를 소중히 여겨 곁에 두었다. 잡간迊干(제3관등)이 당나라에 사신으로 가면서 사미를 데리고 갔다. 당나라 황제를 비롯하여 신하들 모두 그를 좋아하였다. 관상가가 황제에게 사미는 길한 상이 아닌데 사랑을 받는 것을 보니 이상한 물건을 지닌 게 틀림없다고 말했다. 황제가 사람을 시켜 사미의 몸을 뒤져 보니 허리띠에 구슬이 있었다. 황제는 이 구슬을 보고 자신이 가지고 있던 4개의 여의주 중 하나라고 하였다. 사미가 구슬을 얻게 된 연유를 말하니 황제가 구슬을 잃은 날과 사미가 얻은 날이 같았다. 황제가 구슬을 빼앗고 그를 신라로 돌려보냈는데, 이후로 그를 사랑하는 이가 없었다.

원성왕의 능은 토함산 서동西洞의 곡사鵠寺(곡사는 원성왕의 능을 만들면서 경주 와동읍으로 옮겨졌고 이후 중창하여 숭복사로 바뀌었다)에 있으며 최치원이 지은 비문(대숭복사비大崇福寺碑. 현재 비는 없고 비문만 전한다)이 있다. 또, 보은사와 망덕루를 세웠다. 할아버지 훈입訓入을 추봉하여 흥평대왕興平大王, 증조 의관義寬을 신영대왕神英大王, 고조 법선法宣을 현성대왕玄聖大王으로 추봉하였다.

내물왕계 원성왕이 무열왕계 징표를 받다

780년 대신 김지정金志貞이 반란을 일으켜, 반란군에게 혜공왕과 왕비가 살해되었다. 김양상宣德王과 김경신(원성왕)이 군사를 일으켜 김지정 등을 죽이고 이 혼란을 정리하였다. 김양상이 왕위에 오르고, 김경신을 상대등으로 삼았다. 김양상과 김경신은 각각 내물왕 10세손·12세손으로 선덕왕 즉위부터 왕위 계보는 무열왕계가 아닌 내물왕계로 바뀌었다. 선덕왕은 재위 6년 만에 병으로 사망하였다.

본문에서는 김주원이 상재上宰(최고 관직인 상대등)고 김경신이 그 아래였다고 했는데,《삼국사기》기록에 의하면 김경신이 상대등이었다. 다만 김주원은 선덕왕의 족자族子, 즉 혈연적으로 가까웠기 때문에 국인國人이 김주원을 추대하려 하였다고 한다. 하지만 갑작스런 폭우로 김주원이 아닌 김경신이 왕위에 올랐고, 이는 마치 하늘의 뜻인 것 같았다.

그러나 김경신은 일찍이 김양상(선덕왕)과 함께 혜공왕 때 반란을 진압하고 혼란을 정비했다. 선덕왕이 유언으로 말하길, 자신은 왕이 될 마음이 없었는데 추대를 피하기 어려웠다고 했다. 김경신이 적극적으로 김양상을 선덕왕으로 만든 것이 아닐까. 뿐만 아니라 김경신은 꿈을 해몽하고 그 해몽에 따라 행동하였고, 꿈에 대한 전혀 다른 두 해석을 놓고 '왕'이 될 길몽이라는 해석을 받아들이며 북천 신에게 제사까지 지냈다. 이러한 모습에서 김경신이 정치적 야망을 가지고 있었음을 볼 수 있다.

무열왕계의 징표였던 만파식적을 원성왕 김경신이 받았다는 것은, 비록 김경신이 내물왕계 자손임을 내세우지만 중대 왕실의 정통성을 계승하였음을 드러내 보인 것이다.

오묘제五廟制의 구성

시조始祖에 현 왕의 고考(아버지), 조祖, 증조曾祖, 고조高祖를 포함하여 5위位를 모시는 것을 오묘제五廟制라고 한다. 천자(=황제)의 경우 시조+6대조를 모시는 칠묘제七廟制를 실시하나, 제후의 경우 오묘제를 실시한다. 본문에서 원성왕은 할아버지를 흥평대왕, 증조를 신영대왕, 고조를 현성대왕으로 추봉하였는데, 추봉追封은 이들을 오묘에 넣기 위한 선행 작업이라 할 수 있다. 《삼국사기》권10 원성왕 즉위년(785)에 아버지를 명덕대왕으로 추봉하였고, 이어서 '성덕대왕聖德大王과 개성대왕開聖大王의 두 묘를 닫고 시조대왕 · 태종대왕太宗大王 · 문무대왕文武大王과 조부 흥평대왕興平大王 · 아버지 명덕대왕明德大王을 오묘로 하였다'고 한다. 개성대왕은 선덕왕宣德王의 아버지이므로 원성왕은 이를 오묘에서 빼고 자신의 직계 4대조로 새롭게 오묘제를 구성하였다. 오묘제를 통해 자신의 직계直系를 강조하려 한 것이다.

이보다 앞서 신문왕 7년(687) 4월 "왕 아무개는 머리를 조아려 거듭 절을 올리고, 삼가 태조대왕太祖大王, 진지대왕眞智大王, 문흥대왕文興大王, 태종대왕太宗大王, 문무대왕文武大王의 신령神靈께 말씀 드립니다."라고 하여 조묘祖廟에 치제致祭를 올렸다고 한다《삼국사기》권8). 오묘라는 표현은 없지만 시조+4대조를 모신 것이 오묘로 볼 수 있다. 여기서 태조대왕이 누구인가에 대해 김씨 최초의 왕인 미추왕,

김씨 시조인 김알지, 신라의 시조인 박혁거세로 보는 등 여러 견해가 제시되었으나 일반적으로 미추왕으로 보고 있다. 신문왕대의 오묘를 보면, 태조+진지왕 - 용춘 - 무열왕 - 문무왕으로 진지왕 이후 왕이었던 진평왕 - 선덕왕 - 진덕왕은 빠지고 무열왕의 아버지 용춘이 포함되었다. 당연히 용춘은 문흥대왕으로 추봉된 후 오묘에 편입되었다. 이로써 오묘제가 왕대王代 순서가 아니라(조선시대의 경우 제5대 문종은 아버지 세종, 할아버지 태종, 증조 태조가 아니라 4대 세종 - 3대 태종 - 2대 정종 - 1대 태조 4대조로 오묘를 구성하였다) 직계 조상으로 구성됐음을 알 수 있다. 이 또한 '무열왕계'를 공고히 하려는 의도로 중고기 왕실과의 차별과 중대中代 왕실의 확립을 목적으로 한다. 그러므로 본문에서 보듯이 새로운 왕계王系를 연 원성왕은 자신의 직계 4조로 새롭게 오묘제를 구성하였던 것이다.

한편 원성왕의 손자인 애장왕은 즉위 2년에 태종대왕과 문무대왕의 2묘를 별도로 세우고, 시조대왕과 고조 명덕대왕, 증조 원성대왕元聖大王, 조부 혜충대왕惠忠大王, 아버지 소성대왕昭聖大王을 오묘로 하였다. 즉, 시조+애장왕의 직계 4조로 오묘를 정비하였던 것이다. 다만, 삼국통일이라는 업적을 남긴 태종 무열왕과 문무왕은 별묘別廟를 세웠다고 하는데, 이는 일명 '불천묘不遷廟'로 시조와 마찬가지로 계속해서 종묘에 남게 되는 것이다.

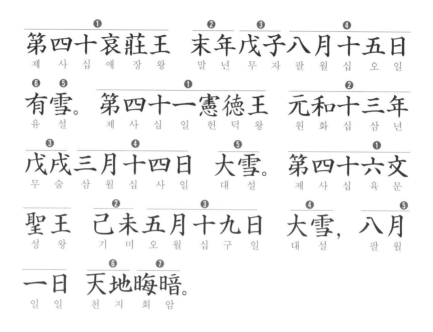

第四十哀莊王　末年戊子八月十五日
제 사 십 애 장 왕　　말 년 무 자 팔 월 십 오 일

有雪。第四十一憲德王　元和十三年
유 설　　제 사 십 일 헌 덕 왕　　원 화 십 삼 년

戊戌三月十四日　大雪。第四十六文
무 술 삼 월 십 사 일　　대 설　　제 사 십 육 문

聖王　己未五月十九日　大雪，八月
성 왕　　기 미 오 월 십 구 일　　대 설　　팔 월

一日　天地晦暗。
일 일　　천 지 회 암

● 제40대 애장왕 말년 무자년(808) 8월 15일에 눈이 내렸다. 제41대 헌덕왕 원화元和 13년인 무술년(818) 3월 14일에 많은 눈이 내렸다. 제46대 문성왕 기미년(839) 5월 19일에 많은 눈이 내렸고, 8월 1일에 천지가 어두워졌다.

Tip 원화元和: 중국 당나라 헌종憲宗의 연호로 806~820년에 사용.

晦
어둡다 회

① 그믐 ② 어둡다 ③ 감추다
회일晦日 그달의 마지막 날.

暗
어둡다 암

① 어둡다 ② 밤 ③ 몰래
암시暗示 명확히 드러내지 않고 넌지시 알림.
암호暗號 비밀을 유지하기 위하여 당사자끼리만 알 수 있도록
　　꾸민 부호나 신호.

해　설

《삼국사기》에 의하면, 애장왕 8년(807) 8월에 큰눈이 내렸다는 기사가 보이므로 본문 속 애장왕 말년은 곧 애장왕 8년이라 볼 수 있겠다. 본문에서 818년, 즉 헌덕왕 10년 3월에 눈이 내렸다고 했으나, 《삼국사기》의 해당 연도에서는 눈 관련 기사를 찾아볼 수 없다. 다만 헌덕왕 7년(815) 5월, 동왕同王 14년(822), 동왕 15년 7월에 눈이 내렸다는 기록이《삼국사기》에 보인다.

　또한 문성왕의 재위 기간은 839~857년으로, 이 기간 중 기미년은 839년, 즉 문성왕 즉위년이다.《삼국사기》문성왕 즉위년에 눈이 내렸다는 기사는 없으며, 재위 기간에 가뭄이나 전염병, 홍수 등의 재해는 있었어도 눈 관련 기사는 전혀 보이지 않는다.

第四十二興德大王　寶曆二年丙午即
제 사 십 이 흥 덕 대 왕　보 력 이 년 병 오 즉

位。未幾有人奉使於唐　將鸚鵡一雙
위　미 기 유 인 봉 사 어 당　장 앵 무 일 쌍

而至。不久雌死而　孤雄哀鳴不已。王
이 지　불 구 자 사 이　고 웅 애 명 불 이　왕

使人掛鏡於前。鳥見鏡中影　擬其得
사 인 괘 경 어 전　조 견 경 중 영　의 기 득

偶　乃啅其鏡而知其影　乃哀鳴而死。
우　내 탁 기 경 이 지 기 영　내 애 명 이 사

王作歌云　未詳。
왕 작 가 운　미 상

▶ 제42대 흥덕대왕은 보력寶曆 2년(826) 병오년에 즉위하였다. 얼마
안 되어 어떤 사람이 당나라에 사신으로 갔다가 앵무새 한 쌍을 가
지고 왔다. 오래지 않아 암컷이 죽자 홀로 남은 수컷이 애처롭게 울
기를 그치지 않았다. 왕이 사람을 시켜 앞에 거울을 걸게 하였다.
새는 거울 속의 그림자를 보고 짝을 얻은 줄로 여기고 이내 그 거울
을 쪼았다가 그림자인 것을 알고 이에 애처롭게 울다가 죽었다. 왕
이 노래를 지었다고 하나 알 수 없다.

將
가져오다 장

① 장수 ② 장차 ③ 거느리다 ④ 가져오다
장래將來 앞으로의 전망展望이나 가능성.

鸚
앵무새 앵

① 앵무새
앵무鸚鵡 앵무과에 속한 새를 통틀어 이르는 말. **앵무새 무鵡**.

雙
쌍 쌍

① 쌍 ② 짝 ③ 견주다
쌍방雙方 어떤 일에 관계되는 두 쪽.
쌍벽雙璧 우열을 가릴 수 없이 뛰어난 두 사람이나 사물을 비유적으로 이르는 말.

雌
암컷 자

① 암컷 ② 지다 ③ 약하다
자웅雌雄 암컷과 수컷을 아울러 이르는 말.

孤
홀로 고

① 홀로 ② 외롭다 ③ 배반하다
고독孤獨 홀로 있는 듯이 외롭고 쓸쓸함.
고혼孤魂 문상問喪할 사람이 없는 외로운 넋.

擬
여기다 의

① 헤아리다 ② 여기다 ③ 의심하다
모의고사模擬考查 실제 시험에 대비하여 실제와 똑같은 방식으로 실시하는 연습 시험.
의인화擬人化 사람이 아닌 것을 사람에 비유하여 표현함.

일편단심 흥덕왕

신라 제42대 흥덕왕興德王은 이름을 수종秀宗에서 경휘景徽로 고쳤다. 제41대 헌덕왕의 친동생으로 헌덕왕이 아들 없이 죽어 그가 왕위를 이었다. 흥덕왕은 즉위 전에 이미 혼인을 한 상태였고, 826년 10월에 즉위했는데, 두 달 뒤인 12월에 왕비 장화章和부인이 사망하였다.《삼국사기》기록에 의하면, '왕이 왕비를 생각하며 잊지 못하고 슬퍼하자, 군신들이 다시 왕비를 맞아들일 것을 청하였다. 왕이 말하기를, "외짝 새도 짝을 잃은 슬픔이 있거늘 하물며 좋은 배필을 잃고서는 어떠하겠는가. 차마 무정하게 곧바로 다시 아내를 얻겠는가." 하며 따르지 않았다. 뿐만 아니라 시녀도 가까이하지 않고 좌우의 사자使者로 오직 환관만을 두었다. 본문의 앵무새 이야기는 흥덕왕 본인과 관련 있다고 볼 수 있다.

흥덕왕은 재혼한 기록이 없다. 흥덕왕 사후 그의 사촌 균정均貞과 또 다른 사촌 헌정憲貞의 아들 제륭悌隆 간에 왕위 다툼이 일어나 제륭이 제43대 희강왕僖康王으로 즉위하였다. 희강왕의 즉위를 도왔던 김명金明이 희강왕을 죽이고 스스로 즉위하여 민애왕閔哀王이 되었고, 균정의 아들이자 희강왕의 사촌이었던 우징祐徵이 민애왕을 죽이고 즉위하여 제45대 신무왕神武王이 되었다. 결국 흥덕왕이 후사가 없었기에 사촌들 간의 왕위 다툼이 치열하게 일어났다.

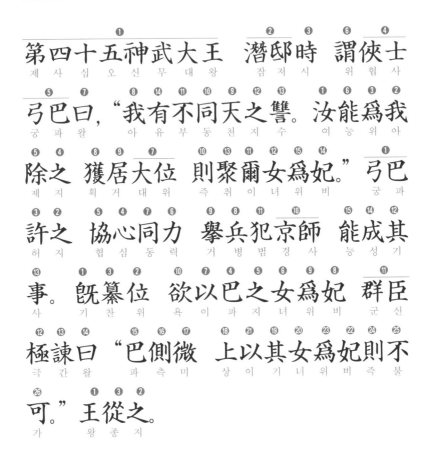

第四十五神武大王　潛邸時　謂俠士
제 사 십 오 신 무 대 왕　　잠 저 시　　위 협 사

弓巴曰, "我有不同天之讐。汝能爲我
궁 파 왈　　아 유 부 동 천 지 수　　어 능 위 아

除之　獲居大位　則聚爾女爲妃。" 弓巴
제 지　　획 거 대 위　　즉 취 이 녀 위 비　　궁 파

許之　協心同力　擧兵犯京師　能成其
허 지　　협 심 동 력　　거 병 범 경 사　　능 성 기

事。旣簒位　欲以巴之女爲妃　群臣
사　　기 찬 위　　욕 이 파 지 녀 위 비　　군 신

極諫曰 "巴側微　上以其女爲妃則不
극 간 왈　　파 측 미　　상 이 기 녀 위 비 즉 불

可。" 王從之。
가　　　왕 종 지

●　신무대왕이 왕이 되기 전에 협사俠士인 궁파弓巴에게 말하길, "나
에게는 같은 하늘 아래에 있을 수 없는 원수가 있다. 그대가 나를
위해 그를 제거해 준다면 왕위를 차지한 뒤에 그대의 딸을 맞아 왕
비로 삼겠다."고 하였다. 궁파가 이를 승낙하고 마음을 합치고 힘을
모아 병사를 일으켜 수도(경주)를 쳐들어가 그 일을 성공할 수 있었

다. 이미 왕위를 빼앗고 궁파의 딸을 왕비로 맞이하려 했으나, 여러 신하들이 극구 간하길, "궁파의 신분이 미천하므로 그 딸을 왕비로 삼는 것은 불가함을 아룁니다" 하였다. 왕이 이를 따랐다.

潛
잠기다 **잠**

① 잠기다 ② 몰래 ③ 달아나다
잠재력潛在力 겉으로 드러나지 않고 숨겨져 있는 힘.
잠수함潛水艦 주로 물속으로 잠복하여 다니면서 적을 공격하는 군사용 배.
잠저潛邸 나라를 처음으로 이룩한 임금이나 또는 종실宗室에서 들어와 된 임금으로서 아직 왕위王位에 오르기 전이나 또는 그동안에 살던 집.

邸
집 **저**

① 집 ② 저택
관저官邸 고관들이 거처하도록 정부가 마련하여 빌려 주는 집.

俠
호협하다
협

① 호협하다(호방하고 의협심이 있다) ② 젊다 ③ 옆
협객俠客 의롭고 씩씩한 기개가 있는 사람.
무협武俠 무술에 뛰어난 능력을 가진 협객俠客.

爲
위하여 **위**

① 위하여 ② 만들다 ③ 다스리다
행위行爲 사람이 의지를 가지고 행하는 짓. 인간의 모든 행동이나 동작.

위정자爲政者 정치를 행하는 사람.

纂
모으다 **찬**

① 모으다 ② 붉은 끈 ③ 잇다
편찬編纂 여러 종류의 자료를 모아 일정한 체계에 따라 책을 만듦.

微
천하다 **미**

① 작다 ② 숨기다 ③ 뚜렷하지 않다 ④ 천하다
미천微賤 하찮고 천함.
염화미소拈華微笑 석가가 연꽃을 들자 제자 가섭이 그 뜻을 알고 웃음을 띠었다는 일화에서 유래. 말로 하지 않고 마음에서 마음으로 전傳하는 일. **붙잡다, 손가락으로 집다 염拈**
미행微行 자신의 신분이 드러나지 않게 남루한 옷차림을 하고 주변을 몰래 살피며 다님.
미미微微 보잘것없이 썩 자질구레함 ② 뚜렷하지 않고 매우 희미稀微함.

해 설

궁파弓巴(장보고張保皐)가 청해진淸海鎭(지금의 전라남도 완도)에서 군진軍陣을 지키고 있었는데, 왕이 약속을 어기자 반란을 꾀하려 하였다. 이때 염장閻長이 왕에게 자신이 궁파를 제거하게 해 달라고 청하니 왕이 허락하였다. 염장은 청해진으로 가서 "나는 임금에게 작은 원망이 있어 공에게 의탁하여 신명을 보전하려 합니다." 하였다. 궁파가 "나의 딸을 폐하게 하고 어찌 나를 보려고 하느냐?" 하며 성을 내자, 염장은 "그것은 관료들이 한 것이지 저는 모의에 참여하지 않았습니다."라고 하였다. 궁파는 그를 청사로 불러들이고 술자리를 마련하여 환대하였다. 이때 염장이 궁파의 장검을 취해 그를 베니, 주위의 군사들이 놀랍고 무서워 모두 엎드렸다. 염장이 서울로 와 이미 궁파를 베었다고 복명復命하자, 왕이 기뻐하며 상을 주고 아간阿干(제6관등) 벼슬을 내렸다.

'해상왕' 장보고의 좌절

신라 제45대 신무왕神武王의 이름은 김우징金祐徵이다. 836년 흥덕왕이 죽은 뒤 아버지인 균정과 제륭悌隆이 왕위 쟁탈전을 벌였는데, 아버지 균정이 전사하는 등 패하자, 청해진 장보고에게 가서 몸을 숨겼다. 제륭이 희강왕으로 즉위하였으나 얼마 못 가 자살하고 김명이 즉위하여 민애왕이 되었다. 그러자 김우징은 장보고에게 도움을 청하여 군사 5천여 명을 이끌고 수도 경주로 가서 민애왕의 군사를 물리치고 839년 신무왕으로 즉위하였다.

장보고는 張保皐 또는 張寶高(일본 자료)라고 하는데, 완도 출신으로 본래 성姓도 없이 궁복弓福 또는 궁파弓巴라 불렸다. 그가 활동한 9세기 초 신라는 왕위 다툼이 일어나기 시작하면서 중앙의 지방에 대한 통제가 약해지고, 수탈이 강화되고 있었다. 그런데도 골품제는 여전히 유지되고 있어 지방의 평민이 출세하기란 불가능하였다.

장보고는 친구 정년鄭年과 함께 당나라로 건너가 직업군인이 되었다. 산동을 근거로 한 이사도李師道 세력을 제거하는 데 큰 공을 세웠으나, 군인을 그만두고 산동 지역에 거주하는 신라인과 고구려·백제 유민을 결속시켜 무역에 종사하였다. 그러나 해적이 활개를 치고 있어 이를 소탕하지 않으면 해상무역권을 장악할 수 없었다. 해적 소탕을 위해서는 군사력이 필요했고, 이에 장보고는 신라로 귀국하여 흥덕왕을 만났다. 그는 청해진 설치를 건의하였고, 왕은 장보고를 청해진대사로 임명하고 군사 1만 명을 주었다. 이로써 장보고는 당-

신라–일본을 잇는 해상권은 물론, 멀리 아라비아와도 교역하며 세계의 진귀한 물건들을 손 안에 둔 '해상왕'으로 성장했다.

장보고를 '해상왕merchant prince'이라 칭한 이는 1960년대 초 일본 대사를 역임한 미국의 동양학자 라이샤워E. O. Reischauer였다. 그는 청해진 세력을 '해상 상업 제국'이라 칭했다.

그러나 김우징과 손을 잡고 중앙의 왕위 다툼에 끼어들면서 장보고에게는 불행이 닥쳤다. 김우징(신무왕)은 아버지 균정이 이루지 못한 '왕'의 대업을 장보고의 군사력을 빌려 이루었다. 그러나 신무왕의 재위 기간은 채 1년도 되지 못하여 약속을 지킬 수가 없었다.《삼국사기》에 보면, 신무왕의 아들 경응이 왕위를 이어 문성왕이 되었고, 그가 즉위한 지 7년인 845년에 장보고의 딸을 두 번째 왕비로 맞이하려 했으나 신하들의 반대로 그만두었다.

신하들은 장보고가 섬사람이기 때문에 그의 딸은 왕의 배우자가 될 수 없다고 하였다. 약속은 하루아침에 날아갔고, 자신의 신분이 딸의 발목까지 붙잡는 것을 보고 분노한 장보고는 저항을 생각했을 것이다. 왕실과 신하들은 장보고의 군사력을 두려워했으나, 염장이 청해진으로 가서 장보고를 죽임으로써 이 싸움은 허무하게 끝났다.

장보고는 왜 왕위 다툼에 끼어든 것일까? 정치적으로 중앙에 진출하고 싶었던 것일까? 아니면 딸만이라도 신분제에서 벗어나게 하려 한 것일까? 그의 바람은 중앙 귀족의 반발과 골품제의 족쇄에 걸려 좌절되었다.

장보고의 좌절은 단순히 개인의 죽음으로 끝난 것이 아니라 청해진의 몰락으로 이어졌고, 다시 해적들이 출몰하면서 자연히 해상무역권의 상실로 이어졌다.

王耳忽長如驢耳。王后及宮人皆未
왕 이 홀 장 여 귀 이 　 왕 후 급 궁 인 개 미

知 唯幞頭匠一人知之。然生平不向
지 　 유 복 두 장 일 인 지 지 　 연 생 평 불 향

人說。其人將死, 入道林寺竹林中無
인 설 　 기 인 장 사 　 입 도 림 사 죽 림 중 무

人處, 向竹唱云, "吾君耳如驢耳。" 其
인 처 　 향 죽 창 운 　 오 군 이 여 귀 이 　 기

後風吹 則但聲云 "吾君耳長"。
후 풍 취 　 즉 단 성 운 　 오 군 이 장

왕의 귀가 갑자기 길어져 당나귀의 귀처럼 되었다. 왕후 및 궁인 모두가 알지 못했고, 오직 두건을 만드는 기술자 한 사람만 이를 알았다. 그러나 평생 다른 사람을 향해 말하지 않았다. 그 사람이 장차 죽으려 할 때 도림사 대나무 숲속 사람이 없는 곳에 들어가 대나무를 향해 소리치길, "우리 임금의 귀는 당나귀 귀와 같다"고 하였다. 그 후 바람이 불면 소리가 나길, "우리 임금님 귀는 길다"라고 하였다.

忽
갑자기 홀

① 갑자기, 느닷없이 ② 잊다 ③ 경시하다, 소홀하다 ④ 멸하다, 망하다
홀연忽然 갑자기, 느닷없이.
홀대忽待 소홀히 대접함.

驢
당나귀 려

① 당나귀
나려騾驢 노새와 나귀를 아울러 이르는 말.

幞
보자기 복

① 보자기 ② 두건頭巾
복두幞頭 조선시대에 과거에 급제한 사람이 홍패紅牌(붉은색 증서)를 받을 때 쓰던 관冠.

匠
장인 장

① 장인, 기술자 ② 목수 ③ 우두머리
거장巨匠 어떤 분야에서 그 기능이나 능력이 남달리 뛰어난 사람.

但
다만 단

① 다만 ② 부질없이 ③ 오직
단지但只 다른 것이 아니라 오로지.
단서但書 법률 조문이나 문서 따위에서 본문 다음에 그에 대한 어떤 조건이나 예외를 덧붙여 쓴 글.

신라 제48대 경문왕景文王은 이름이 응렴膺廉으로, 18세에 국선國仙(화랑의 우두머리)이 되었다. 20세에 헌안왕이 베푼 잔치에 초대되어

왕을 처음 만났는데, 이때 왕이 그의 현명함을 알고 두 명의 공주 중한 사람을 아내로 정하라고 하였다. 응렴이 부모와 의논하니, 부모는 못생긴 맏공주보다 고운 둘째 공주에게 장가를 들라고 하였다. 이때 승려 범교사範敎師가 첫째 공주에게 장가를 들면 3가지 좋은 일이 생길 것이라 하였고, 응렴이 그 말에 따라 맏공주와 혼인하였다.

석 달 후 왕이 맏사위 응렴에게 왕위를 계승케 하라는 유언을 남기고 죽었고, 유언에 따라 응렴이 왕위에 올라 제48대 경문왕이 되었다. 이때 범교사가 말하길, '제가 말씀 드린 3가지 좋은 일이란 첫째 맏딸에게 장가들어 왕위에 오르게 된 일이요, 둘째는 자색姿色을 흠모했던 둘째 공주도 얻을 수 있음이요, 맏공주에게 장가들겠다고 말하여 선대왕 부부를 기쁘게 해 드린 일이 세 번째입니다.' 하였다.

왕이 죽으매 시호를 경문景文이라 하였으며, 왕이 생전에 뱀이 없으면 편히 잠을 잘 수 없어 침상에 올라와 가슴을 덮을 정도였다고 한다. 또 왕이 된 후 귀가 당나귀 귀처럼 커졌는데, 왕의 두건을 만드는 재인才人만이 이 사실을 알고 있었다. 그가 죽을 즈음에 대숲에서 '임금님 귀는 당나귀 귀'라고 외쳤는데, 바람이 불 때면 '임금님 귀는 당나귀 귀' 소리가 들렸다. 왕이 듣기 싫어 대나무를 베고 산수유를 심었는데, 바람이 불면 '임금님 귀는 길다'라는 소리만 났다.

경문왕 귀가 당나귀 귀인 이유

제38대 원성왕 이후 52대 효공왕까지 모두 원성왕의 후손이었다. 그러나 41대 헌덕왕은 조카인 40대 애장왕을 죽이고 왕위에 올랐고, 44대 민애왕은 43대 희강왕을 죽이고 왕이 되었으며, 45대 신무왕은 민애왕을 죽이고 왕이 되었다.

47대 헌안왕은 혈연 간의 죽고 죽이는 다툼을 끝내고 현명한 이에게 왕위를 물려주고 싶었다. 그에게 딸만 있었기 때문에 이런 생각을 할 수 있었는지도 모른다. 헌안왕을 만난 응렴(경문왕)은 자신이 유람하면서 만난 훌륭한 사람으로, 남의 윗자리에 있으면서도 겸손하게 남의 아랫자리에 앉는 사람, 부자이지만 검소한 의복을 입는 사람, 권세가 있으면서 위세를 부리지 않는 사람을 꼽았다. 이 말에 헌안왕은 응렴이 현명한 사람임을 알고 사위로 삼아 왕위를 물려주고자 했다.

그럼 경문왕이 정말 현명한 왕이었을까?《삼국사기》경문왕대의 기록을 보면, 새로운 개혁이나 변화 같은 것은 찾아볼 수 없다. 당나라와의 외교, 자연재해로 인한 구휼, 황룡사탑 수리 등의 기사가 대부분이다. 물론 두 차례의 반란도 있었지만 큰 위협은 아니었던 듯하다. 반면에《삼국유사》에서는 그가 왕이 된 과정과 왕이 된 후의 변화, 즉 귀가 커졌다는 내용을 신고 있다.

'귀'의 역할은 듣는 것이다. 경문왕은 귀를 열고 주변의 말에 귀를 기울였다. 헌안왕이 큰딸과 작은딸 중 누구와 혼인할 것인가 물었을 때 혼자 결정한 것이 아니라 부모와 상의하였고, 자신의 화랑 무리에 있던 승려 범교사의 충고에도 귀를 기울였다. 헌안왕의 유언에 따라 왕위에 오르긴 했지만, 피비린내 나는 다툼이 일어나는 왕의 자리가 경문왕에게는 힘들고 고달픈 자리였을 것이다. 그는 새로운 개혁이 아니라 안정을 바랐을 것이고, 여러 의견을 '듣고' 소통하는 정치를 편 것이 아닐까. 그의 뒤를 이은 헌강왕, 정강왕, 진성여왕이 모두 그의 자식들이었는데, 이런 순탄한 왕위 계승은 경문왕이 구축한 정치적 안정 덕이 아니었을까. 물론 그 안정은 일시적이었지만 말이다.

이런 추정의 근거는 경문왕이 처음부터 당나귀 귀가 아니었다는 점이다. 귀는 그가 왕이 된 후에 커졌다. 당나귀 귀는 왕으로서 귀를 활짝 열고 '소통'을 통해 정치적 안정을 꾀하려 했던 경문왕의 노력을 상징하는 것이라 하겠다.

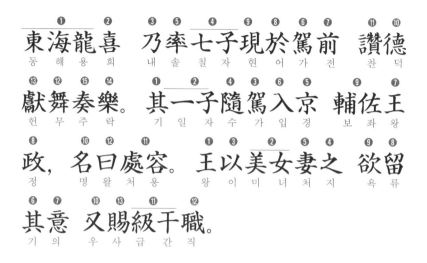

東海龍喜 乃率七子現於駕前 讚德
동 해 용 희 　 내 솔 칠 자 현 어 가 전 　 찬 덕

獻舞奏樂。 其一子隨駕入京 輔佐王
헌 무 주 락 　 기 일 자 수 가 입 경 　 보 좌 왕

政, 名曰處容。 王以美女妻之 欲留
정 　 명 왈 처 용 　 왕 이 미 녀 처 지 　 욕 류

其意 又賜級干職。
기 의 　 우 사 급 간 직

❓ 동해 용이 기뻐하여 마침내 일곱 아들을 데리고 (왕의) 수레 앞에 나
타나 덕을 찬미하면서 춤을 바치고 음악을 올렸다. 그중 한 아들이
왕의 수레를 따라 수도로 들어와서 왕의 정치를 보좌하였는데, 이
름이 처용이었다. 왕은 미인으로 아내를 삼도록 하여 그의 마음을
머물게 하고자 하였고, 또 급간(제9관등) 관직을 내렸다.

핵심 한자

率

거느리다
솔

① 거느리다 ② 좇다 ③ 앞장서다 ④ 비율 ⑤ 우두머리 ⑥ 꾸
밈없다

솔선수범率先垂範 앞장서서 하여 모범을 보임.

솔토지민率土之民 온 나라 안의 백성.

솔직率直 꾸미거나 숨김이 없음.

讚
기리다 찬

① 기리다 ② 칭찬하다 ③ 밝히다 ④ 적다 ⑤ 돕다

찬양讚揚 아름다움이나 훌륭함 따위를 기리고 드높임.

자화자찬自畫自讚 자기가 그린 그림을 스스로 칭찬한다는 뜻으로, 스스로 자랑함을 이르는 말.

奏
아뢰다 주

① 아뢰다 ② 바치다 ③ 이루다 ④ 연주하다 ⑤ 상소

주효奏效 효력이 나타나다. 일이 성취되다.

상주서上奏書 임금에게 적어 올리는 글.

반주伴奏 노래나 주요 악기의 연주를 보조하거나 부각시키기 위한 연주. 따르다 반伴

妻
시집보내다
처

① 아내 ② 아내로 삼다, 시집보내다

조강지처糟糠之妻 지게미와 쌀겨로 끼니를 이을 때의 아내라는 뜻으로, 가난할 때 함께 고생한 아내를 이르는 말. 지게미 조糟, 쌀겨 강糠

해 설

신라 제49대 헌강왕이 개운포開雲浦(울산 지방)에서 노닐다가 돌아오는 길에 바닷가에 안개가 자욱하게 끼여 길을 잃었다. 일관日官이 동해용의 변고變故이므로 풀어 줘야 한다고 아뢰었다. 왕이 인근에 용을 위한 절을 세우라고 명했더니 안개가 사라졌다. 이때 동해용이 7명의 아들을 데리고 왕 앞에 나타났다. 그중 한 명인 처용處容이 왕을 따라 서울에 와서 정치를 보좌補佐하였다.

처용의 아내가 미인이라 역병疫病귀신이 탐을 내었는데, 처용이 그 모습을 보고 화를 내지 않고 오히려 노래를 부르고 춤을 추며 물러나왔다. 그러자 귀신이 처용 앞에 무릎을 꿇고 처용 얼굴만 있어도 그 문 안으로 들어가지 않겠다고 맹세하였다. 이런 까닭에 처용의 얼굴을 문에 붙여 놓고 악귀를 쫓고 복을 맞이하는 풍습이 생겼다.

한편 왕이 포석정鮑石亭에 나갔더니 남산의 산신山神이 왕 앞에 나타나 춤을 추었고, 금강령金剛嶺에 갔을 때에는 북악신北岳神이 춤을 추었으며, 동례전同禮殿에서 연회를 할 때는 터귀신이 춤을 추었다. 귀신이나 산신이 나타나 춤을 춘 것은 나라가 장차 망할 줄을 알아 경고한 것인데, 사람들은 오히려 좋은 징조로 생각하고 유흥에 빠졌다.

처용은 누구?

처용에 대해서는 지방 세력가 또는 서역인西域人(중앙아시아와 서아시아, 인도를 포함한 중국의 서쪽 지역)으로 보는 견해가 있다. 이 설화에서 처용은 용의 자식이고, 왕이 그를 붙잡아 두고자 혼인도 시키고 벼슬을 주는 등 공을 들이는 것으로 보아 서역인이 아닐까 한다.

8세기 초 신라 통일기에 제작된 상원사동종上院寺銅鐘에 서역 악기를 연주하는 비천상飛天像이 새겨져 있고, 원성왕릉으로 알려진 괘릉 앞에도 서역인 모습의 석상이 서 있다. 실제로 당시 다양한

신라 성덕왕 때 만든 가장 오래된 동종銅鐘인 '상원사 동종'(국보 제36호). 종신鐘身에 구름 위에 서서 무릎을 세우고 하늘을 날며, 공후箜篌와 생笙을 연주하는 비천상飛天像이 돋을새김되어 있다.

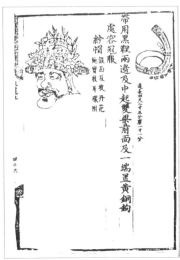

(왼쪽) 경북 경주시 외동읍 괘릉리에 위치한 괘릉掛陵('경주 원성왕릉') 좌우 입구에 배치되어 있는 석조상 중에는 서역인 모습의 석상이 있다.
(오른쪽) 《악학궤범》 제9권에 실린 처용탈 그림. 처용무 공연에 빠질 수 없는 가면이다.

서역 상품이 신라에서 유통되었다. 이렇듯 서역과의 교류가 활발했기 때문에 신라에서 활약한 서역인도 있었을 것이다. 처용무處容舞와 처용가處容歌는 고려시대에 이어 조선시대에도 이어졌는데, 조선 초기 성종 때 편찬한 음악서인 《악학궤범樂學軌範》에 그려진 움푹 패인 눈과 오똑 솟은 코, 튀어나온 주걱턱, 검붉은 얼굴의 처용은 서역인 얼굴에 가깝다.

벼슬을 주면서까지 서역인을 옆에 둔 이유는 무엇일까?

헌강왕 때는 경주에서 동해안까지 초가집 한 채 없이, 음악이 끊이지 않는 등 태평성대였다고 한다. 왕이 민간에서 기와로 지붕을 덮고 숯으로 밥을 짓는다는데 사실이냐고 물었더니, 신하들이 그렇다고 답하였다(《삼국사기》 권11). 왕이 행차하는 곳마다 산신이 나타났는데, 이는 나라가 망할 조짐이었다. 그러나 당시 사람들은 오히려 좋은 징조로 여겼다. 즉 왕은 현실을 제대로 파악하지 못하고 있었고, 이는 신하를 비롯한 주변 사람들이 왕의 눈과 귀를 막았기 때문이다.

왕의 옆에 쓸 만한 신하가 없었던 것으로, 왕은 신라에 어떠한 기반이나 이해관계도 없는 서역인을 옆에 두고 보좌를 받고자 했던 것이 아닐까. 용의 아들로, 왕을 보좌하고 역신도 물리칠 정도의 힘을 가진 처용은 기울어 가는 신라를 바로잡을 숨은 '카드'가 아니었을까.

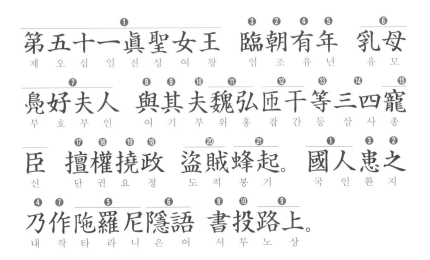

第五十一眞聖女王 臨朝有年 乳母
제 오 십 일 진 성 여 왕 　 임 조 유 년 　 유 모

鳧好夫人 與其夫魏弘匝干等三四寵
부 호 부 인 　 여 기 부 위 홍 잡 간 등 삼 사 총

臣 擅權撓政 盜賊蜂起。國人患之
신 　 단 권 요 정 　 도 적 봉 기 　 국 인 환 지

乃作陁羅尼隱語 書投路上。
내 작 타 라 니 은 어 　 서 투 노 상

● 제51대 진성여왕이 정치를 한 지 몇 해 동안 유모 부호부인과 남편 위홍 등 서너 명의 총애를 받는 신하들이 세도를 부려 정치를 마음 대로 흔들었으며, 도적이 일어났다. 나라 사람들이 이를 걱정하여 마침내 다라니로 은어를 만들어 길에 던져 두었다.

핵심 한자

朝
정치 조

① 아침 ② 뵙다, 알현하다 ③ 조회하다 ④ 조정 ⑤ 정사, 정 치하다

조삼모사朝三暮四 송나라 저공狙公이 원숭이에게 도토리를 아 침에 3개 저녁에 4개 준다고 하자 원숭이가 화를 내서, 아

침에 4개 저녁에 3개 준다고 하자 기뻐하였다는 고사에서
나온 말. 잔꾀로 남을 속이는 것을 비유하는 말.

조정朝廷 임금과 신하들이 모여 나라의 정치를 의논하고 집행
하는 곳.

오리 **부**

① 오리 ② 물오리

야부野鳧 물오리

두르다 **잡**

① 두르다 ② 두루 ③ 널리 ④ 벌(그릇이나 옷)

주잡기周匝旗 고려시대 의장기儀仗旗의 하나.

멋대로 하다
천

① 멋대로 하다 ② 차지하다 ③ 물려주다 ④ 오로지 ⑤ 멋대로

독천獨擅 제 마음대로 쥐고 흔듦.

어지럽다
요

① 어지럽다, 어지럽히다(뇨) ② 휘다 ③ 굽히다 ④ 요란하다
⑤ 흔들리다

요란撓亂 시끄럽고 떠들썩함. 지나치게 어수선하고 야단스러움.

불요不撓 흔들리지 않음. 굽히지 않음.

해 설

신라 제51대 진성여왕眞聖女王 때 정사가 어지럽고 도적이 일어나는
등 혼란스러워지자 이를 걱정하는 다라니가 나돌았다. '다라니陀羅尼'
란 범문(고대 인도 문자인 범어로 기록된 글)을 번역하지 아니하고 음音
그대로 외는 것으로, 그 자체에 무궁한 뜻이 있어 이를 외우면 한없
는 기억력을 얻고 모든 재액災厄에서 벗어난다고 믿었다. 신라 말의

6두품 출신 문인인 왕거인王巨仁이 다라니를 쓴 자로 지목되어 옥에 갇혔다. 그가 억울함을 호소하는 시를 써 하늘에 빌었더니 옥에 벼락이 쳐 화를 면할 수 있었다. 문제가 된 다라니는 '나무망국 찰니나제 판니판니 소판니 우우삼아간 부이사바하南無亡國 利尼那帝 判尼判尼 蘇判尼 于于三阿干 鳧伊娑婆訶'로, 찰니나제는 진성여왕을 말하고, 판니판니 소판니는 소판蘇判(제3관등) 두 사람, 우우삼아간은 서너 명의 총신寵臣(임금의 총애를 받는 신하), 부이는 부호富豪를 말한 것이라고 하였다.

당나라에 사신을 보내는데, 해적 때문에 궁사弓師 50인을 뽑아 데려갔다. 곡도鵠島(지금의 백령도로 비정)에 이르러 풍랑을 만나 열흘 동안 발이 묶이자, 섬의 못에서 제사를 지냈다. 꿈에 노인이 나타나 섬에 궁사 1인을 남겨 두면 순풍順風을 얻을 수 있다고 하였다. 이에 50인의 궁사가 목간木簡(글을 적은 나뭇조각)에 각자의 이름 써 물에 띄웠더니, 거타지居陀知의 이름이 물속에 가라앉으므로 그가 섬에 머물게 되었다. 그때 노인이 나타나 자신은 서쪽 바다의 신이라고 하면서, 매번 해가 뜰 때 중이 하늘에서 내려와 다라니를 외우고 자신들의 자손을 먹어 버려 오직 부부와 딸 하나만 남았는데, 그 중을 쏘아 달라고 부탁하였다. 다음 날 해가 뜰 때 중이 주문을 외우며 나타나자 거타지가 활을 쏘아 맞추니 늙은 여우로 변하여 죽었다. 노인이 고마워서 딸을 아내로 삼게 하여 딸을 꽃으로 만들어 거타지의 품 속에 넣어 주고, 두 용을 시켜 사신 배를 쫓아가 당나라까지 호위하였다. 당에서 융성한 대접을 받고 귀국한 후 꽃을 꺼내니 꽃이 여자로 변하였으므로 함께 살았다고 한다.

진성여왕이 신라를 멸망시켰다?
《삼국유사》에서는 위홍魏弘을 진성여왕의 남편이라 하였으나,《삼국사기》에서는 정을 통한 사이로 기록하고 있다. 어쨌든 진성여왕 때 위홍이 실세實勢였으며, 그가 죽은 후 여왕이 총애하는 몇 명에게 주요 관직을 주는 바람에 나라의 기강이 무너졌다. 그러자 여왕을 비롯해 전횡專橫을 일삼는 신하들을 비방하는 말이 거리에 떠돌았다. 여왕이 즉위한 지 3년(889)에 곳곳에서 농민들이 일어났으며, 북원北原(지금의 원주)에서는 양길梁吉과 궁예弓裔가, 완산完山(지금의 전주)에서는 견훤甄萱이 독자적인 세력을 만들기 시작하였다.

제53대 신덕왕 때 영묘사 건물에 까치집이 34개, 까마귀집이 40개나 지어졌고, 제54대 경명왕 5년에 사천왕사 벽에 그린 개가 짖더니, 7년에는 개가 뛰어나와 마당 한가운데를 달리다가 다시 벽 속으로 들어갔고, 황룡사 탑 그림자가 한 달 동안 거꾸로 비추기도 하였다. 이 모든 것이 신라 멸망의 징조였다. 그러나 멸망의 징조는 이미 진성여왕 이전부터 나타나고 있었다. 제49대 헌강왕 때 산신들이 나타나 경고하였으나, 이를 이해하지 못하고 상황이 더욱 악화된 것이다. 그러자 '동물'들마저 신라를 떠났다.

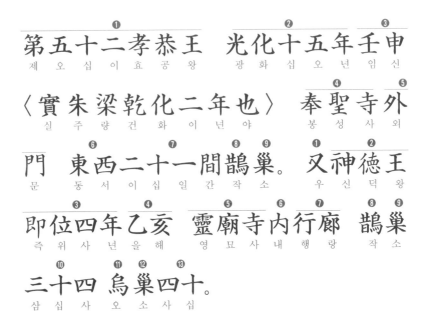

第五十二孝恭王　光化十五年壬申
제 오 십 이 효 공 왕　광 화 십 오 년 임 신

〈實朱梁乾化二年也〉　奉聖寺外
실 주 량 건 화 이 년 야　봉 성 사 외

門　東西二十一間鵲巢。　又神德王
문　동 서 이 십 일 간 작 소　우 신 덕 왕

即位四年乙亥　靈廟寺內行廊　鵲巢
즉 위 사 년 을 해　영 묘 사 내 행 랑　작 소

三十四　烏巢四十。
삼 십 사　오 소 사 십

➡ 제52대 효공왕 때인 광화光化 15년(912) 임신년〈실은 주량(후량) 진
　화 2년이다〉에 봉성사 외문 동서 21칸에 까치가 집을 지었다. 또 신
　덕왕 4년 을해(915)에 영묘사 내 행랑에 까치집이 34개, 까마귀집이
　40개나 되었다.

梁
왕조 이름
량

① 들보 ② 다리 ③ 기장, 수수 ④ 나라 이름

동량지재棟梁之材 한 나라나 집안을 떠받들어 이끌어 갈 젊은이를 비유적으로 이르는 말.

주량舟梁 배를 잇달아 띄워 놓고 그 위에 널판을 건너질러 간 다리.

자고현량刺股懸梁 중국 전국戰國시대의 소진蘇秦은 졸음이 오면 송곳으로 허벅다리를 찌르고, 초나라의 손경孫敬은 머리로 새끼를 묶어 대들보에 매달아 졸음을 쫓았다는 데서 유래한 말로, 열심히 공부함을 뜻함.

주량朱梁 912년 당나라 소종을 죽이고 애제를 폐위시킨 뒤 주온朱溫이 세운 나라, 후량後梁.

鵲
까치 **작**

① 까치 ② 땅 이름 ③ 산 이름

구거작소鳩居鵲巢 비둘기가 제 스스로 집을 짓지 않고 까치집에서 사는 데서 나온 말로, 남의 집을 빌려 사는 것을 비유하는 말.

巢
새집 **소**

① 보금자리, 새집 ② 깃들이다 ③ 모이다

귀소歸巢 동물이 보금자리로 돌아감.

소굴巢窟 도적 등 해를 끼치는 무리가 근거지로 삼고 있는 곳.

'광화光化'는 중국 당唐나라 소종昭宗의 연호로 898년에서 900년까지다. 따라서 광화 15년은 존재하지 않으며, 912년은 후량後梁 건화 2년에 해당한다. 제52대 효공왕孝恭王 16년(912) 봉성사奉聖寺 외문外門 동서 21칸에 까치가 집을 지었다. 제53대 신덕왕神德王 4년(915)에 영묘사靈廟寺 행랑에 까치집이 34개, 까마귀집이 40개나 되었다. 그해 3월에는 서리가 두 번 내렸고, 6월에는 참포斬浦(포항시 흥해 일대를 흐르는 곡강천) 물이 바닷물과 사흘 동안 서로 싸웠다.

신덕왕 4년 6월 기사는 《삼국사기》에도 기록되어 있다. 참포 물이 동해물과 다투어 파도의 높이가 20장이 넘었고, 3일이 지나서야 그쳤다고 한다.

효공왕과 신덕왕, 김씨에서 박씨로

52대 효공왕은 49대 헌강왕의 서자庶子로 이름은 요嶢이다. 헌강왕이 사냥을 나갔다가 만난 여자와 야합野合하여 낳은 아들이다. 그의 존재는 진성왕 때 왕실에 알려졌으며, 진성왕 9년(895)에 태자로 책봉하여 897년에 양위讓位하였다. 효공왕이 재위한 16년간 궁예와 견훤의 세력이 팽창하면서 신라는 매우 위축되었다. 그러나 효공왕은 천첩賤妾에 빠져 정사를 돌보지 않아 대신大臣 은영殷影이 그 첩을 살해하기도 하였다. 효공왕이 사망하자 사자사獅子寺 북쪽에 장사지냈다고 하고, 《삼국유사》 왕력에서는 사자사 북쪽에서 화장하여 그 뼈를 구지제仇知堤의 동쪽 산허리에 매장했다고 한다. 현재 경주시 배반동에 있는 매우 단순한 형태의 원형 고분이 효공왕릉으로 지정되어 있다.

효공왕에게는 아들이 없어 국인國人이 추대하여 신덕왕이 왕위에 올랐다. 신덕왕은 제8대 아달라왕阿達羅王의 후손으로 신라 하대 최초의 박씨 왕이다. 아버지는 정강왕 때 대아찬을 지냈으며, 왕비는 헌강왕의 딸 의성義成왕후다. 아마도 헌강왕의 사위 자격으로 왕위를 계승했을 것이다. 그의 두 아들 승영昇英·위응魏膺이 각각 제54대 경명왕과 제55대 경애왕이 되면서 일시적으로 박씨 왕계가 이어졌다.

까치 집과 까마귀 집

오늘날 까치는 길조吉鳥, 까마귀는 흉조凶鳥로 인식하지만, 고대인에게 까마귀는 고구려 고분벽화 등에서 보이듯이 해를 상징하는 삼족오三足烏로 결코 흉조로 인식되지 않았다. 까치와 까마귀의 등장 자체가 신라 왕조의 멸망을 상징한다고 보기는 어렵다. 다만, 까치와 까마귀가 봉성사와 영묘사에 각각 34개와 40개의 집을 지었다는 점이 주목할 만하다.

영묘사는 635년 선덕왕 4년에 창건된 사찰이고, 봉성사는 685년에 등창이 난 신문왕이 그 등창의 원인이 된 신충信忠의 원한을 풀어 주고 명복을 빌고자 세운 절이다. 신문왕이 등창으로 고생하자 혜통이라는 승려가 이를 치료해 주고 "폐하께서는 전생에 재상이셨는데, 장인藏人인 신충을 잘못 판결하시어 노예로 만드신 까닭에 신충이 원한을 품고는 환생할 때마다 보복을 하는 것이며, 지금의 등창도 신충의 재앙"이라고 하여 왕이 절을 세운 것이다. 이 두 사찰은 성전사원에 속하는데, 성전사원成典寺院이란 신라 중대 왕실에서 사원의 관리와 운영을 담당하는 관부官府인 성전成典이 설치된 사원이다. 사천왕사四天王寺·봉성사奉聖寺·감은사感恩寺·봉덕사奉德寺·봉은사奉恩寺·영묘사靈廟寺·영흥사永興寺 등 7개 사찰이 이에 속했다.

성전사원은 신라 왕실(국가)에서 불교계를 통제할 의도로 유지한 관사官寺의 성격과 왕실의 원찰願刹(창건주가 자신의 소원을 빌거나 죽은 사람의 명복을 빌기 위하여 세운 사찰)로서 제사 기능을 담당했다고 보고 있다. 성전사원은 왕실과 불가분의 관계에 있었다. 성전사원인 봉성사와 영묘사에 까치집과 까마귀집이 30~40개였다는 것은 더 이상 왕실에서 두 사찰을 적극적으로 관리·통제하지 못하고 있었음을 보여 준다. 진성왕 때 농민봉기를 시작으로 효공왕 때 궁예와 견훤의 활동으로 신덕왕대에 신라는 사실 경주와 그 주변으로 국한되었다고 할 수 있다. 이러한 사회 분위기 속에서 국가와 왕실로 세금이 제대로 들어왔을 리 없고, 따라서 성전사원이라도 왕실에서 관리할 수 없는 지경에 이르렀기 때문에 새들이 자유롭게 드나들며 마음껏 집을 지었다고 볼 수 있다. 결국 두 사찰에 지어진 수많은 새집은 신라 왕실의 무능력함과 왕조의 멸망을 예언하는 증거였던 것이다.

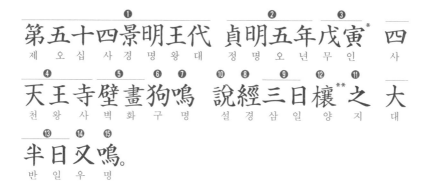

第五十四景明王代　貞明五年戊寅*　四
제 오 십 사 경 명 왕 대　정 명 오 년 무 인　사

天王寺壁畫狗鳴　說經三日穰**之　大
천 왕 사 벽 화 구 명　설 경 삼 일 양 지　대

半日又鳴。
반 일 우 명

➡ 제54대 경명왕대인 정명 5년(919) 무인년에 사천왕사의 벽화에서
개가 짖어 불경을 3일간 강설하여 이를 물리쳤으나 반나절 만에 또
짖었다.

* 기묘년의 오기이다. ** 禳의 오기이다.

Tip 정명貞明: 후량後梁 말제末帝 때 연호로 915~920년에 사용.

핵심 한자

壁
벽 벽

① 벽, 담 ② 벼랑 ③ 별 이름
벽화壁畫 건물이나 동굴, 무덤 등의 벽에 그린 그림.
절벽絶壁 아주 험한 낭떠러지.

狗
개 **구**

① 개 ② 범 새끼, 곰 새끼

토사구팽兎死狗烹 토끼가 죽으면 토끼를 잡던 사냥개도 필요 없
　　게 되어 주인이 삶아 먹는다는 뜻으로, 필요할 때는 쓰고 필
　　요 없을 때는 버리는 경우를 이르는 말.

이전투구泥田鬪狗 진흙탕에서 싸우는 개라는 뜻으로, 명분이 서
　　지 않는 일로 꼴사납게 싸움을 비유하는 말.

禳
푸닥거리하다
양

① 제사 이름 ② 푸닥거리하다

양화구복禳禍求福 재앙을 물리치고 복을 구함.

불양祓禳 액을 막기 위해 하는 굿이나 푸닥거리.

해　설

경명왕 3년(916)에 사천왕사의 벽화에 그려진 개가 짖기 시작하여 3
일간 불경을 읽어 푸닥거리하였으나 반나절이 지나 또 짖었다. 동왕
7년(920) 2월에는 황룡사탑의 그림자가 사지舍知(제13관등) 금모今毛
라는 사람의 집 뜰 안에 한 달 동안 거꾸로 비쳤고, 10월에는 사천왕
사 오방신五方神(불교에서 방위를 담당하는 다섯 수호신으로, 내용으로 보
아 사천왕사에 오방신 벽화가 있었음을 알 수 있다)의 활줄이 모두 끊어
졌다. 사천왕사 벽화 속 개가 뜰의 가운데로 나왔다가 다시 벽 속으
로 들어갔다.

　'정명貞明'은 중국 후량後梁 말제末帝의 연호로 915년에서 920년까
지다. 정명 5년은 919년으로, 경명왕 3년이며 간지로는 '기묘'년이다.
본문에서 말한 무인년은 918년, 즉 경명왕 2년에 해당한다. 같은 내
용의《삼국사기》기사에도 경명왕 3년, 즉 919년의 일로 실려 있다.

제54대 경명왕景明王(917~924년 재위)은 신덕왕의 아들로 성은 박씨이다. 금입택金入宅(신라 통일기 진골 귀족들의 대가大家)의 하나인 장사택長沙宅 대존각간大尊角干의 딸을 왕비로 맞이하였으며, 친동생을 상대등에 임명하는 등 측근을 강화하고자 하였다. 즉위 2년(918)에 현승玄昇의 반란이 일어난 것으로 보아 박씨 왕실 또는 경명왕의 즉위에 대한 반발 세력이 있었던 것으로 짐작된다. 즉위 4년인 920년에는 고려의 왕건과 교빙수교交聘修交(서로 사신使臣을 보내어 가까이 지냄)를 맺고 중국 후당後唐에 사신을 파견하는 등 적극적인 외교 활동을 펼쳤다.

그러나 후백제와 고려에 밀려 실제로 신라 왕실의 지배력은 경주 일대를 벗어나지 못하고 있는 상황이었다. 멸망의 길을 되돌리기에는 늦었던 것이다. 멸망의 조짐으로 사천왕사와 황룡사에서 기이한 현상이 발생하고 있었다.

황룡사는 고려시대 몽골의 침입으로 모두 소실되어 현재는 터만 남아 있지만, 당시 신라에서 규모가 가장 큰 사찰이었다. 553년 진흥왕이 새 궁궐을 지으려다 용이 나와 사찰로 변경하여 지었다는데, 574년에 1장 6척의 장육존상丈六尊像(일반적으로 사람 키 크기인 8척의 배수, 즉 16척의 불상을 만드는데, 8척이 1장이고 1장 6척이어서 장육상이다), 584년에 이를 안치할 금당金堂(본존불을 안치하는 사찰의 중심 건물)을 차례로 건립하였다. 선덕왕善德王 때 외적 침입을 방어할 목적으로 80미터가량의 9층목탑을 세웠다. 황룡사는 중고기 왕실, 특히 진흥 – 진평 – 선덕으로 이어지는 동륜계를 상징하는 사찰이었다.

그러므로 중대 무열왕계에서는 황룡사를 강조하고 싶지 않았을 것이다. 이에 사천왕사를 건립하여 중대의 중심 사찰로 삼았다. 사천왕사는 679년(문무왕 19)에 창건되었으나 이보다 앞선 674년에 당이 신라를 침략하려 한다는 소식을 듣고 명랑법사明朗法師가 임시로 비단

경주시 구황동에 있는 신라시대의 대표적인 절터인 황룡사지皇龍寺址. 황룡사는 규모나 사격寺格 면에서 신라 제일의 사찰이었다. 고려시대 몽골의 침입으로 모두 소실되어 현재는 터만 남아 있다.

으로 사천왕사를 짓고, 풀로 오방五方의 신상神像를 만들어 세우고 문두루법을 실시하였다. 그 결과, 당군이 물러났다. 사천왕사는 성전成典(왕실 사원의 관리와 운영을 담당하던 관부조직)이 두어진 사원 중에서 가장 높은 지위를 차지하는 등 중대 왕실이 중시한 절이었다.

한편 제48대 경문왕은 황룡사탑을 중수하였고, 이후 경문왕계(정강왕 – 헌강왕 – 진성왕)는 황룡사에서 많은 법회를 베푸는 등 황룡사를 중심 사찰로 여겼다.

이처럼 중고기 중대 하대 왕실에서 가장 중시하였던 황룡사와 사천왕사에서 이상한 일이 자꾸 일어났다는 것은 신라 왕실의 권위와 권력이 이미 바닥에 떨어졌음을 상징한다. 혹시 박씨 왕실에 대한 불만이 이러한 기이한 현상으로 표현된 것은 아닐까.

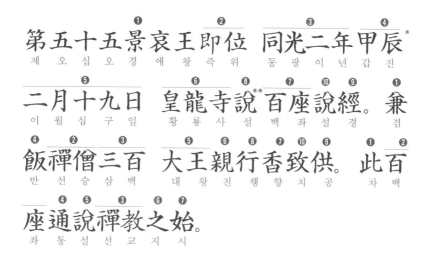

第五十五景哀王即位 同光二年甲辰*
제 오 십 오 경 애 왕 즉 위　 동 광 이 년 갑 진

二月十九日 皇龍寺說**百座說經。兼
이 월 십 구 일　 황 룡 사 설 백 좌 설 경　 겸

飯禪僧三百 大王親行香致供。此百
반 선 승 삼 백　 대 왕 친 행 향 치 공　 차 백

座通說禪敎之始。
좌 통 설 선 교 지 시

▶ 제55대 경애왕이 즉위한 동광同光 2년(924) 갑진년 2월 19일에 황룡
사에서 백좌고회를 개최하고 불경을 강설하였다. 아울러 선승 3백
명에게 음식을 대접하고 대왕이 친히 향을 피워 불공을 드렸다. 이
것이 백좌고회에서 선종과 교종을 함께 강설한 시초였다.

* 동광同光은 중국 후당後唐 장종莊宗의 연호로 923년에서 926년까지다. 동광 2년은 甲
申年으로 辰은 '申'의 오기이다.
** 設의 오기이다.

핵심 한자

兼
아울러 겸

① 겸하다 ② 다하다 ③ 아울러

양수겸장兩手兼將 장기에서 두 개의 장기짝이 동시에 장을 부르
는 말밭(말이 다니는 길)에 놓이게 된 관계.

겸애兼愛 구별하지 않고 모든 사람을 똑같이 사랑함.

飯
밥을 먹다
반

① 밥 ② 밥을 먹다 ③ 먹이다

다반사茶飯事 차 마시는 일이나 밥 먹는 일과 같이, 일상에서 늘 일어나 대수롭지 않은 일.

반승飯僧 승려들에게 식사를 대접하는 일.

致
바치다 **치**

① 이루다 ② 바치다 ③ 이르다 ④ 극치 ⑤ 풍취, 풍운

경세치용經世致用 학문은 실제 사회에 이바지되는 것이어야 한다는 유학儒學의 한 주장.

치성致誠 신적 대상에게 자신의 소원이 이루어지기를 바라며 정성을 다하여 빎.

만장일치滿場一致 모인 모든 사람의 의견이 완전히 일치함.

극치極致 도달할 수 있는 최고의 경지.

풍치風致 고상하고 훌륭한 운치韻致나 경치.

供
바치다 **공**

① 이바지하다 ② 받들다 ③ 바치다 ④ 모시다 ⑤ 베풀다

제공提供 가지고 있는 것을 내놓거나 대주어 도움이 되게 함.

공양供養 부처 앞에 음식물이나 재물 등을 바침.

공초供招 조선시대에 죄인이 범죄 사실을 자세히 말하는 일. 또는 그 말.

경애왕 시해 사건과 포석정

신라 제55대 경애왕景哀王(924~927 재위)은 54대 경명왕景明王의 친동생이다. 형이자 전왕인 경명왕과 마찬가지로 친親고려정책을 이어나갔다. 당시 견훤이 고려에 보낸 인질이 죽자, 견훤이 고려를 공격하였다. 927년 정월에 왕건이 직접 후백제를 정벌하였는데, 이때 경애왕이 군사를 보내어 도왔다. 그러자 견훤이 9월에 신라를 공격하였고, 경애왕이 왕건에게 구원을 요청하였다. 그런데 구원병이 도착하기 전인 11월에 견훤은 왕경王京(경주)을 공격하였다.

당시 상황에 대해 《삼국사기》(같은 내용이 《삼국유사》〈김부대왕〉조條 앞부분에도 실려 있다)는 다음과 같이 전한다. "왕은 비빈, 종실 친척들과 포석정鮑石亭에서 잔치를 열고 노느라 적이 왔는지도 몰랐다. 갑작스러운 일에 왕과 비는 후궁後宮으로 도망갔고, 종실 친척과 공경대부公卿大夫, 부인들은 사방으로 달아나 숨었다. 포로가 된 자들은 모두 죽임을 당했다. 견훤은 재물을 모두 빼앗고 후궁에 있던 왕을 잡아와 자살하도록 하였으며, 왕비를 강간하였다. 부하들이 비와 첩을 간음하도록 내버려 두었다. 경애왕의 친척 동생을 세우니 그가 경순왕이었다."

경애왕이 견훤이 공격해 오는 위급한 상황에서 포석정에서 잔치를 벌이고 있었다는 이 기록이 사실일까?

《삼국유사》 처용랑處容郎 〈망해사望海寺〉조에 헌강왕이 포석금鮑石水에 놀러 왔다가 남산南山의 신이 춤추는 모습을 봤다는 기록이 있다. 현재 경주시 배동에 있는 신라시대 정원 시설물인 포석정은 유상곡수 연회를 하던 곳이다. 유상곡수流觴曲水는 삼진날에 술잔을 물에 띄워 두고, 왕과 귀빈을 비롯한 참석자가 물길을 따라 앉아서 술잔이

절인 물고기 '포鮑'에 돌 '석石', 정자 '정亭'의 포석정이다. 지금은 정자는 없고 돌로 구불구불한 타원형 도랑 시설만 남아 있다. 기록상 880년대에 신라 헌강왕이 이곳에서 놀았다는 것이 처음 나타나지만, 7세기 이전에 만들어졌을 것으로 추측된다.

돌아오기 전에 시를 짓던 놀이를 말한다. 진위眞僞 논쟁이 있지만 《화랑세기》에도 포석사鮑石祠 또는 포사鮑祠라 기록되어 있고, 포석정 일대를 발굴한 결과 '포석'이라는 명문이 새겨진 기와가 발견된 것으로 보아 건물이 있었음을 짐작할 수 있다. 이를 두고 단순한 유희 장소가 아니라 제사나 의례를 지낸 곳이라는 견해도 있다. 경애왕이 위급한 상황에서 제사를 지내고자 포석정으로 갔다는 것이다. 물론 적이 코앞까지 이른 상황에서 제사를 지낸다는 것 또한 왕의 올바른 처신이라 보기 어렵다. 우선 몸을 피하고자 포석정에 갔다는 주장이다.

그 이유야 어떻든지, 나라의 멸망이 임박한 상황에서 한 나라의 왕이 할 행동은 아니다.

王太子曰 "國之存亡 必有天命 當
왕 태 자 왈　국 지 존 망　필 유 천 명　당

與忠臣·義士 收合(民)心 力盡而後已。
여 충 신 의 사　수 합 민 심　역 진 이 후 이

豈可以一千年之社稷 輕以與人。" 王
기 가 이 일 천 년 지 사 직　경 이 여 인　왕

曰 孤危若此 勢不能全 旣不能强
왈　고 위 약 차　세 불 능 전　기 불 능 강

又不能弱。 至使無辜之民 肝腦塗地
우 불 능 약　지 사 무 고 지 민　간 뇌 도 지

吾所不能忍也。" 乃使侍郎金封休齎
오 소 불 능 인 야　내 사 시 랑 김 봉 휴 재

書 請降於太祖。
서　청 항 어 태 조

❯ 왕태자가 말하길, "나라의 존망에는 반드시 천명이 있으니 마땅히
충신·의사와 함께 민심을 수습하여 힘을 다한 이후여야 합니다.
어찌 1천 년의 사직을 가벼이 남에게 주려 하십니까?" 하였다. 왕이
말하길, "(나라가) 고립되고 위험하기가 이와 같으니, 형세는 보전할
수 없고 이미 강해질 수도 없고 또 약해질 수도 없다. 무고한 백성

의 간과 뇌를 땅 위에 바르는(참혹한 죽음에 이르게 하는) 것은 내가 차마 할 수 없는 일이다" 하였다. 이에 시랑 김봉휴를 시켜 국서를 가지고 태조(왕건)에게 항복을 청했다.

* 民자가 빠져 있음

허물, 죄 **고**

① 허물, 죄 ② 찢어 죽이다 ③ 막다, 방해하다 ④ 반드시
죄고罪辜 죄가 될 만한 잘못.

간 **간**

① 간 ② 충정
간장肝腸 '애'나 '마음'을 비유적으로 이르는 말.
간뇌도지肝腦塗地 간과 뇌가 땅에 칠해졌다는 뜻으로, 참혹한
　　죽음을 의미함.

뇌 **뇌**

① 뇌 ② 머리 ③ 마음, 중심
뇌리腦裏 사람의 의식이나 기억, 사고 따위가 작용하거나 이루
　　어지는 영역. 속 리裏

塗
칠하다 **도**

① 진흙 ② 칠하다 ③ 길
도색塗色 어떤 사물의 겉면에 색을 칠함. 또는 그 칠.
도설塗說 노상路上(길거리)에서 듣고 이내 노상에서 말한다는
　　뜻으로, 확실한 근거 없이 떠돌아다니는 소문을 이르는 말.

齎 | ① 가져가다, 가져오다 ② 증여하다 ③ 가지다 ④ 탄식하다(자)
가져가다 | ⑤ 휴대 물건(자)
재

재울齎鬱 원한을 품음. 막히다 울鬱

927년에 견훤甄萱이 경주를 습격하여 경애왕을 자결하게 하고, 노략
질을 하고 왕의 일가一家 동생인 김부金傅를 왕으로 삼았다(경순왕).
이듬해(928) 태조 왕건이 경주에 들어와 수십 일 머물다 갔는데, 어
떠한 폐단弊端도 없었다. 왕경의 시녀들이 '전에 견훤이 왔을 때는 늑
대와 범을 만난 것 같더니, 지금 왕공王公은 마치 부모를 만난 것 같
다.'라고 하였다.

935년에 신라는 사방의 땅을 잃고 국력은 약화되고 고립되어 제대
로 유지할 수 없어 신하들과 함께 태조 왕건에게 항복할 것을 논의하
였다. 태자는 끝까지 저항할 것을 주장하였고, 이에 왕은 '이미 약할
대로 약해진 상황에서 무고한 백성들을 죽음의 수렁으로 몰아넣는
것'이라며 태조에게 항복을 자청自請하였다.

태자는 통곡하면서 왕에게 하직하고 개골산皆骨山(금강산)으로 들
어가 죽을 때까지 삼베옷으로 나물을 뜯어먹으며 세상을 마쳤다. 경
순왕이 귀순하자, 왕건은 왕을 정승으로 삼고 녹봉祿俸 1천 석을 주
었으며, 신라를 경주로 고쳐 식읍食邑으로 삼게 하였다. 태조는 경순
왕의 백부 억렴億廉의 딸과 혼인하였는데, 이가 태조의 제5비 신성神
成왕후이다.

태조의 손자 경종景宗은 정승공政丞公(《삼국사기》에서는 正承公. 김부)
의 딸을 왕비로 삼았다. 이에 정승공을 상보尙父(아버지와 같이 대우할
만한 사람)로 삼았다. 김부가 태평흥국太平興國(중국 북송 태종 때의 연

호) 3년(978)에 죽으니 시호를 경순敬順이라 하였다.

《삼국사기》 사론史論에서 경순왕이 태조에게 귀순한 것은 조정에 대해서는 공로가 있고, 백성에 대해서는 덕이 있는 것이 매우 크다고 하였다. 태조는 비빈이 많고 그 자손들도 번성하였는데, 현종은 신라의 외손外孫으로 왕위에 올랐으며, 그 뒤 왕통이 모두 그의 자손이므로 이것이 바로 그 음덕陰德이라고 하였다.

마의태자의 흔적

아버지 경순왕의 뜻에 반대하며 끝까지 신라를 지키고자 했던 마지막 태자, 마의태자는 왕이 태조에게 항복하자 개골산(금강산)으로 들어가 죽을 때까지 삼베옷과 나물을 뜯어먹으며 살았다고 한다. 망한 왕조에 대해선 변명의 여지가 없지만, 마지막 왕과 태자에 대한 인간적 연민은 존재한다. 마의태자가 지나간 자리마다 많은 전설과 이야기가 전해진다.

그가 경주에서 개골산까지 어떤 경로로 갔는지 기록에는 전하지 않지만, 그와 관련된 전설이 남겨진 지역들을 보면 경주 – 계립령 – 충주 – 홍천 – 인제 – 한계령을 지나는 경로를 이용했을 것으로 짐작된다.

먼저 마의태자와 관련된 유적으로 충주 미륵리사지가 있다. 지릅재와 하늘재(계립령) 사이에 위치한 절터로, 석굴의 흔적과 미륵보살입상을 비롯한 유물이 남아 있는데 마의태자가 금강산으로 가던 도중에 지은 절이라고 전한다. 특이하게 이 불상이 북쪽을 바라보고 있고, 북쪽 송계계곡에 덕주사가 있고 그 뒤편에 마애불이 새겨져 있다. 마의태자의 동생 덕주德主공주가 만든 것이라고 한다. 미륵보살상과 마애불이 마주보고 있는 것이 마치 남매가 서로 바라보는 듯하다.

이어 그는 남한강 물줄기를 따라 원주를 거쳐 양평 용문사에 머물렀다. 이 사찰에는 천 년이 넘은 은행나무가 있는데, 마의태자가 지팡이를 꽂은 것에서 유래하였다고 한다. 강원도 인제군에는 '김부리'라는 마을이 있다. 이 지명은 경순왕, 즉 김부대왕이 살았던 것에서 유래한다고 한다. 김부리의 대왕각에는 마의태자 '김일金鎰'이 신으로 모셔져 있고, '신라경순대왕태자김공일지신위新羅敬順大王太子金公鎰之神位'라는 위패가 놓여 있다. 마의태자가 은거한 금강산 비로봉 아래에는 '신라마의태자지릉新羅麻衣太子陵'이라는 비석이 새겨진 무덤도 있다고 전한다.

한편 마의태자가 금강산으로 가면서 신라부흥운동을 꾀하고자 했다는 주장도 있다. 그가 지나간 길이 주요 거점이자 요새로 자신과 뜻을 함께할 사람을 모았다는 것이다. 어쨌든 마의태자 이야기에는 천 년 신라사의 '마지막' 페이지라는 아쉬움이 곳곳에 배어 있다.

按古典記云, 東明王第三子温祚 以
안 고 전 기 운   동 명 왕 제 삼 자 온 조   이

前漢鴻佳*三年癸酉** 自卒本扶餘 至
전 한 홍 가 삼 년 계 유   자 졸 본 부 여   지

慰禮城 立都稱王。十四年丙辰 移都
위 례 성   입 도 칭 왕   십 사 년 병 진   이 도

漢山〈今廣州〉 歷三百八十九年。至
한 산 금 광 주   역 삼 백 팔 십 구 년   지

十三世近肖古王 咸安元年 取高句
십 삼 세 근 초 고 왕   함 안 원 년   취 고 구

麗南平壤 移都北漢城〈今楊州〉 歷
려 남 평 양   이 도 북 한 성 금 양 주   역

一百五年。 至二十二世文周王即位
일 백 오 년   지 이 십 이 년 문 주 왕 즉 위

元徵三年乙卯 移都熊川〈今公州〉
원 미 삼 년 을 묘   이 도 웅 천 금 공 주

歷六十三年。至二十六世聖王 移都
역 육 십 삼 년   지 이 십 육 세 성 왕   이 도

所夫里 國號南扶餘至三十一世義慈
소 부 리　국 호 남 부 여 지 삼 십 일 세 이 자

王 歷一百二十年。
왕　역 일 백 이 십 년

➡ 《고전기》를 살펴보면, "동명왕의 셋째 아들 온조가 전한前漢 홍가鴻佳 3년(기원전 18) 계유년 −계묘년이어야 함−에 졸본부여에서 나와 위례성에 이르러 도읍을 세우고 왕을 칭했다. (온조왕) 14년 병진년(기원전 5)에 도읍을 한산으로 옮겨 389년을 지냈다. 13대 근초고왕 함안咸安 원년(371)에 이르러 고구려 남평양을 취하여 수도를 북한성으로 옮기고 105년을 지냈다. 22대 문주왕 즉위 원휘元徽 3년 을묘년(475)에 이르러 도읍을 웅천으로 옮기고 63년을 지냈다. 26대 성왕에 이르러 도읍을 소부리로 옮기고 국호를 남부여라 하고 31대 의자왕까지 120년을 지냈다.

* 佳는 '嘉'의 오기이다.　** 酉는 '卯'의 오기이다.

Tip　남부여: 성왕이 사비로 수도를 옮기고 나라 이름을 남부여. 북부여를 염두에 둔 구분.
전백제: 견훤이 세운 후백제와 구분.

핵심 한자

祚
복 조

① 복 ② 녹, 녹봉 ③ 임금의 자리 ④ 갚다
국조國祚 나라의 복福.
등조登祚 임금의 지위에 오름.

鴻
큰 기러기
홍

① 큰 기러기 ② 크다, 넓다 ③ 굳세다 ④ 번성하다

홍가鴻佳 '홍가鴻嘉'의 잘못된 표기. 홍가는 중국 전한前漢 성제成帝의 연호로 기원전 20~기원전 17년.

홍곡지지鴻鵠之志 큰 기러기와 고니의 뜻. 영웅호걸의 뜻이나 원대한 포부를 비유하는 말. 고니 곡鵠

홍은鴻恩 크고 넓은 은혜.

歷
지내다 력

① 지내다 ② 달력 ③ 세다 ④ 택하다

이력서履歷書 살아오면서 이룩한 학업이나 종사했던 직업 등의 발자취를 적은 문서.

편력遍歷 이곳저곳을 돌아다님.

역수歷數 수를 세다.

至
이르다 지

① 이르다, 도달하다 ② 몹시, 지극히 ③ 이루다 ④지일至日

자초지종自初至終 처음부터 끝까지의 과정.

지성至誠 지극한 정성.

동지冬至 일 년 중 낮이 가장 짧고 밤이 가장 길다는 날.

咸
모두 함

① 모두, 다 ② 두루 미치다 ③ 덜다

함안咸安 중국 남조 동진東晋 간문제簡文帝의 연호로, 371~372년.

함몰咸沒 모두 다 죽음.

함지咸池 해가 진다고 하는, 서쪽에 있는 큰 못.

徽
아름답다
휘

① 아름답다 ② 표기 ③ 묶음 ④ 기러기 발

원휘元徽 중국 남조 송나라 후폐제後廢帝의 연호로 473~476년.

휘음徽音 아름다운 언행에 대한 소문.

휘장徽章 신분이나 직무, 명예 따위를 나타내기 위해 옷이나 모자 따위에 다는 표.

부여군扶餘郡은 백제의 왕도王都로 소부리군所夫里郡이라고도 부른다. 《삼국사기》는 소부리가 부여의 다른 호칭이라고 전한다. 고려시대의 토지 측량 대장인《양전장적量田帳籍》에도 소부리군이라고 하였는데, 백제 왕의 성이 부扶씨라 그렇게 불렀다. 혹은 여주餘州라고 했는데, 군의 서쪽 자복사資福寺 고좌高座 위에 수놓인 휘장에 '여주 공덕대사功德大寺'라는 표현이 있다. 《구당서舊唐書》에서 '백제는 부여의 별종'이라 하였다.

《삼국사기》본기에는 다음과 같은 글이 있다.

"백제의 시조는 온조溫祚이며 그 아버지는 추모왕鄒牟王 또는 주몽朱蒙으로 북부여에서 졸본부여로 왔다. 부여주의 왕이 아들이 없고 딸만 셋 있었는데, 주몽을 둘째 딸과 혼인시켰다. 부여주의 왕이 사망한 후 주몽이 왕위를 이어받아 비류沸流와 온조溫祚를 낳았다. 이들은 태자에게 용납되지 못할 것이 두려워 남쪽으로 갔다. 비류는 미추홀彌鄒忽(지금의 인천)에 가서 살았고, 온조는 한강 남쪽 위례성慰禮城에 도읍하고 나라 이름을 '십제十濟'라 하였다. 비류는 미추홀의 땅이 습하고 물이 짜서 살 수 없으므로 신하와 백성을 위례성으로 귀속하여 국호를 백제百濟로 고쳤다. 백제의 세계世系는 고구려와 같이 부여에서 나왔으므로 해解를 성씨로 삼았다. 성왕 때 도읍을 사비泗沘로 옮기니 지금의 부여군이다."

충남 부여군 규암면 호암리 산5번지에 있는 큰 바위 '천정대天政臺'. 이 바위 아래에 호암사라는 절이 있었고, 절에 정사암이라는 바위에서 나랏일을 의논하고 재상을 뽑았다고 한다. 천정대는 예로부터 신성시해 온 곳으로, 부소산 취령봉 꼭대기의 범바위(호암)라 부르는 넓적한 암반, 근처 절벽 아래에 있는 임금바위, 신하바위라 부르는 바위 등이 있는 일대를 천정대라 부른다.

　백제국은 5부部가 있어 37군 2백여 성 76만 호로 나누어 통치하였다. 당나라가 웅진·마한·동명·금련·덕안 5도독부를 두고 그 우두머리를 도독부자사都督府刺史로 삼았고, 얼마 지나지 않아 신라가 그 땅을 아울러 웅주·전주·무주 3주와 여러 군현을 두었다.

　지금의 충남 부여군 규암면 천정대天政臺 아래에 있는 호암사虎巖寺에 정사암政事巖이란 바위가 있는데, 재상을 뽑을 때 당선될 3~4명의 이름을 써 함函에 넣고 바위 위에 두었다가 얼마 후에 함을 열어 보면 재상이 될 사람의 이름 위에 도장이 찍혀 있어 그렇게 이름하였다. 사비하泗沘河(백마강)에 바위가 있는데, 일찍이 당나라 소정방이 고기와 용을 낚아 용이 꿇어앉은 자국이 있어 용암龍嵒이라 한다. 군 안에 일산日山·오산吳山·부산浮山 3개의 산이 있는데, 국가가 성했을 때에는 각각 신인神人이 살며 서로 왕래함이 끊이지 않았다. 사비하의 절벽에 10여 명이 앉을 만한 돌이 있는데, 백제 왕이 왕흥사王興寺에 예불하러 갈 때 먼저 이 돌에서 절을 하였는데 돌이 저절로 따뜻해져 '돌석燧石'이라 부른다. 또, 사비하 절벽이 병풍 같아서 백제 왕이 매번 잔치하고 노래하고 춤을 추었으므로 대왕포大王浦라 한다.

시조始祖 온조는 동명東明(고구려 시조 동명성왕 주몽)의 셋째 아들로 몸이 크고 효성스럽고 우애가 있었으며 말타기와 활쏘기를 잘하였고, 백제 제2대 다루왕多婁王은 성품이 관대하고 후덕하였다. 7대 사비왕沙沸王은 어려서 정치를 할 수 없어 즉시 폐하고 고이왕古爾王을 세웠다. 238년에 사비왕이 사망하자 고이왕이 왕위에 올랐다고도 한다.

백제 초기 수도인 위례성은 어디인가?

백제는 타의에 의해, 자의에 의해 수도를 몇 차례 옮겼다. 수도에 따라 한성(서울) – 웅진(공주) – 사비(부여)시대로 백제사의 시기를 구분하기도 한다. 《삼국사기》에 의하면, 기원전 18년 온조가 하남위례성河南慰禮城에 도읍을 정했는데, 온조 13년에 한수漢水(한강) 남쪽으로 수도를 옮길 계획을 세우고 한산漢山(북한산) 아래에 목책木栅을 세워 위례성 민호民戶(백성들이 사는 집)를 이주시키고 이듬해 수도를 옮겼다고 한다. 475년 고구려가 백제의 수도를 공격할 때 북성北城·남성南城이 차례로 함락되었다고 한 것으로 보아, 한성시대에 수도 안에 두 개의 성이 존재했음을 알 수 있다. 그러나 그 위치에 대해서는 오랫동안 논쟁이 있었다. 특히 온조 13년 '한수 남쪽'으로 수도를 옮기고자 하여 이듬해 천도遷都하였다는 기록에 주목해 이것이 '하남위례성'이며, 따라서 온조가 처음 도읍으로 삼은 곳은 한강 이북의 하북위례성일 것이라는 주장도 있었다.

일찍이 하남위례성으로 직산稷山(지금의 충남 천안), 광주廣州 춘궁동 일대 등이 주목되었고, 1980년대 올림픽을 준비하며 몽촌토성을 발굴조사할 때에는 이곳이 하남위례성으로 지목되기도 하였다. 90년 대 들어 풍납토성에 대한 대대적인 발굴조사가 진행되면서 하남위례성이 곧 풍납토성임이 밝혀졌다. 이후 몽촌토성이 세워지면서 북성=풍납토성, 남성=몽촌토성이 형성되었다고 보고 있다.

풍납토성은 해방 후인 1964년에 한 차례 발굴조사한 후 더 이상의 조사가 이루어지지 않았다. 1997년 1월 풍납토성 내 아파트 공사 터 파기가 시작되었고, 선문대 이형구 교수가 학생들과 학술조사를 하러 공사 현장에 갔다가 백제 토기를 발견하였다. 이를 국립문화재연구소에 신고하여 아파트 공사가 중단되고 본격적인 발굴조사가 이루어졌다.

풍납토성은 전체 길이가 4킬로미터 정도의 큰 성이며, 서쪽으로 한강을 끼고 충적대지상에 구축한 순수 평지토성으로 동쪽으로 약간 치우쳐 남북으로 긴 타원형 형태로 되어 있다. 성벽은 진흙과 모래를 번갈아 가며 단단히 다져 쌓은 판축板築토성으로 아랫부분의 너비가 40미터로 우리나라 토성 중 가장 규모가 크다. 이 성을 쌓는 데 연인원 100만 명 이상이 동원되었을 것으로 추정하고 있다.

토성 안에서는 궁이나 제사 용도의 큰 건물터가 발견되어 왕실 관련 시설로 이해되고 있으며, 도로의 흔적뿐 아니라 기와를 얹은 건물, 대형 주거지 등 고위층, 즉 관리들의 주거지도 발견되어 백제 한성시대 하남위례성으로 손색이 없다.

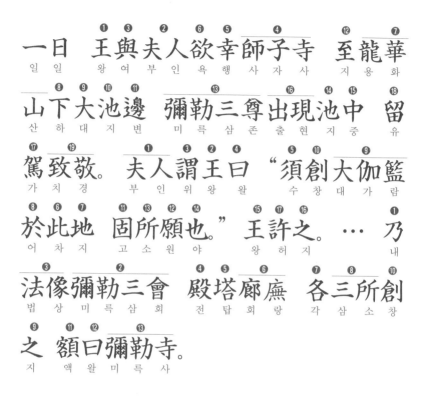

一日 王與夫人欲幸師子寺 至龍華
일일 왕여부인욕행사자사 지용화

山下大池邊 彌勒三尊出現池中 留
산하대지변 미륵삼존출현지중 유

駕致敬。 夫人謂王曰 "須創大伽籃
가치경 부인위왕왈 수창대가람

於此地 固所願也。" 王許之。 … 乃
어차지 고소원야 왕허지 내

法像彌勒三會 殿塔廊廡 各三所創
법상미륵삼회 전탑회랑 각삼소창

之 額曰彌勒寺。
지 액왈미륵사

하루는 왕이 부인과 함께 사자사로 가고자 용화산 아래 큰 연못가에 이르렀더니 미륵삼존이 못에서 나타나므로 수레를 멈추고 치성을 드렸다. 부인이 왕에게 말하길, "모름지기 이곳에 큰 가람을 짓는 것이 진실로 소원하는 바입니다." 하니, 왕이 허락하였다. … 마침내 미륵삼회를 법상으로 삼아 전각과 탑과 회랑을 각각 3개 세우고 현판을 미륵사라고 하였다.

幸
임금 행차
행

① 다행, 행복 ② 임금의 행차 ③ 혜택, 은총 ④ 기뻐하다, 사랑하다

천만다행千萬多幸 어떤 일이 뜻밖에 잘 풀려 몹시 좋음.

순행巡幸 임금이 나라 안을 살피며 돌아다니는 일.

근행近幸 가까이하여 특별히 귀여워함. 또는 그런 귀여움을 받는 사람.

伽
절 **가**

① 절, 범어梵語 ka, ga의 음역 ② 가지 ③ 가야(나라 이름)

가람伽藍 산스크리트 '상가아라마saṃghārāma'를 음역한 승가람마僧伽藍摩의 줄인 말. 승려들이 모여 불도를 닦는 장소, 즉 절을 가리키는 말. 쪽 람藍

가야금伽倻琴 가야 출신 우륵이 만든 전통 현악기.

廊
복도 **랑**

① 복도 ② 행랑

회랑回廊 건물의 중요 부분을 둘러싸고 있는 지붕이 달린 복도.

사랑방舍廊房 한옥에서 안채와 떨어져 있는, 바깥주인이 거처하며 손님을 접대하는 방.

廡
집, 복도 **무**

① 집 ② 복도 ③ 무성茂盛하다

동서무東西廡 문묘文廟의 동쪽 행각과 서쪽 행각을 아울러 이르는 말.

낭무廊廡 정전正殿 아래에 동서로 붙여 지은 건물.

額
현판 **액**

① 이마 ② 머릿수, 일정한 양 ③ 편액, 현판, 액자

액수額數 가격을 나타내는 수치.

편액扁額 종이나 널빤지 따위에 그림을 그리거나 글씨를 써서 걸어 놓는 틀. 넓적할 편扁

해　설

백제 제30대 무왕武王은 홀어머니가 연못의 용과 관계하여 낳았다. 어려서 마를 캐는 것을 생업으로 삼았기 때문에 서동薯童(薯는 감자, 마, 고구마)이라 불렸다. 신라 26대 진평왕의 셋째 선화善花공주가 예쁘다는 말을 듣고 경주로 가서 '서동요薯童謠'를 지어 퍼뜨렸다. 결국 선화공주는 귀양을 가게 되었고, 서동이 귀양 가는 공주를 호위하며 서로 마음이 통해 함께 백제로 와 살게 되었다.

공주가 살림을 위해 가져온 금을 꺼내 놓자, 서동이 무엇인지 알지 못하고 이것이 마를 캐는 산에 가득 있다고 말했다. 공주와 서동은 이를 신라 왕궁에 보내기로 하고, 용화산龍華山 사자사獅子寺의 지명법사知命法師를 찾아가 금을 어떻게 신라로 보낼지 의논하였다. 법사가 신력을 써서 하룻밤 사이에 금을 신라 왕궁으로 운반하였다. 이로써 서동은 진평왕의 환심을 사고, 본국 사람들의 인심을 얻어 백제의 왕이 되었다.

어느 날 무왕과 선화공주가 용화산 아래 큰 연못을 지나는데 못에서 미륵삼존彌勒三尊이 나타나, 공주가 큰 절을 짓자고 하여 못을 메우고 미륵사彌勒寺를 창건하였다. 진평왕이 장인匠人들을 보내어 도와주었다.

익산 미륵사지 석탑의 창건주는 누구인가?

지금의 전북 익산에 있는 미륵사지는 우리나라 사찰 중 유일하게 3탑 3금당金堂의 배치로 되어 있다. 단순히 탑과 금당을 갖춘 사찰 3개를 나란히 배치한 것이 아니라, 이를 회랑으로 연결하고 강당을 공유한 구조를 갖추고 있다. 즉, 동원東院 · 서원西院 · 중원中院의 3원이 하나의 미륵사를 이루는 구조라 할 수 있다. 서원에 있는 미륵사지 석탑은 우리나라에 현존하는 가장 큰 석탑이자 가장 오래된 석탑이다. 조선시대에 이미 상당히 파괴되었고, 1915년 일제 때 시멘트로 보수되었다.

2000년부터 시멘트를 제거하는 해체 수리가 진행되었는데, 2009년 1월 14일 초층初層 탑신塔身에서 사리를 봉안하는 보관함인 사리장엄구舍利莊嚴具가 발견되었다. 사리장엄으로 금제사리호, 유리사리병, 유리구슬 등 많은 유물뿐 아니라 무엇보다 '금제사리봉안기金製舍利奉安記'가 있어 미륵사 창건 목적과 창건자, 탑의 건립 연대가 기록되어 있었다. 그 일부를 인용하면 다음과 같다.

"우리 백제 왕후께서는 좌평佐平 사탁적덕沙乇(宅)積德의 따님으로 지극히 오랜 세월[曠劫]에 선인善因을 심어 금생에 뛰어난 과보를 받아[勝報] 만민萬民을 어루만져 기르시고 불교[三寶]의 동량棟梁이 되셨기에 능히 정재淨財를 희사하여 가람伽藍을 세우시고, 기해년己亥年(639) 정월 29일에 사리舍利를 받들어 맞이했다.

원하옵나니, 세세토록 공양하고 영원토록 다함이 없어서 이 선근善根을 자량資糧으로 하여 대왕폐하大王陛下의 수명은 산악과 같이 견고하고 치세[寶曆]는 천지와 함께 영구하여, 위로는 정법正法을 넓히고 아래로는 창생蒼生을 교화하게 하소서. …"

이 봉안기에 의하면, 미륵사는 진평왕의 딸 선화공주가 아닌 사택적덕의 딸이 창건했다고 한다. 즉, 무왕의 왕비가 선화공주가 아니라 사택적덕의 딸임을 보여 준다.

이로 인해 서동요를 비롯하여 《삼국유사》에 실린 무왕과 선화공주의 사랑 이야기가 허구인가 하는 문제가 생겼다. 무왕 때 백제는 신라를 자주 공격했고, 두 나라의 관계는 결코 우호적이지 않았다. 때문에 일찍부터 무왕과 선화공주의 혼인, 진평왕이 미륵사 창건을 도왔다는 이 기록에 대한 의문이 제기되어 왔다.

어쨌든 봉안기는 당대의 기록이기 때문에 《삼국유사》보다 사료적 가치가 더 크다. 백제 왕후 사택적덕의 딸이 미륵사 창건의 주체임은 틀림없다. 앞서 살펴본 것처럼 미륵사는 3원이 하나의 사찰을 이루는 구조이다. 3원은 창건 때부터 구상되었기 때문에 미륵사뿐 아니라 3원에 있는 목·석탑도 모두 사택적덕의 딸에 의해 건립되었다고 보아야 한다. 이에 대해 《삼국유사》의 기록을 신뢰하는 측에서는 미륵사가 중원의 목탑, 동·서원의 석탑의 구조를 띠고 있어 중원과 동·서원 조성에 시간적 차이가 날 수 있고, 무왕의 재위 기간이 41년으로 상당히 길기 때문에 왕후가 한 명이 아닐 가능성도 있다고 주장한다. 즉, 선화공주가 선비先妃로 중원을 창건하고, 이후 후비인 사택적덕의 딸이 동·서원을 건립했을 가능성이 있다는 것이다.

일연이 무왕과 선화공주의 사랑 이야기를 지어내진 않았을 것이고, 당시 항간巷間에 전해지던 이야기를 채록採錄했을 것이다. 따라서 봉안기를 바탕으로 한 미륵사 연구와 함께, 선화공주와 관련한 이야기가 왜 만들어지고 전해졌을까 하는 점에도 주목해야 할 것이다.

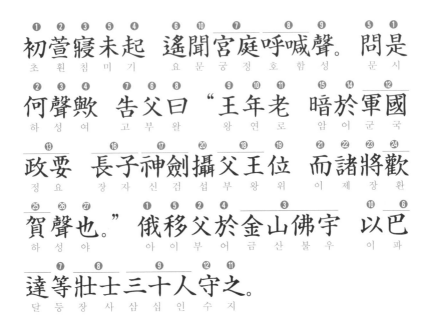

初萱寢未起 遙聞宮庭呼喊聲。 問是
초 훤 침 미 기   요 문 궁 정 호 함 성   문 시

何聲歟 告父曰 "王年老 暗於軍國
하 성 여   고 부 왈   왕 연 로   암 어 군 국

政要 長子神劍攝父王位 而諸將歡
정 요   장 자 신 검 섭 부 왕 위   이 제 장 환

賀聲也。" 俄移父於金山佛宇 以巴
하 성 야   아 이 부 어 금 산 불 우   이 파

達等壯士三十人守之。
달 등 장 사 삼 십 인 수 지

처음에 견훤이 침상에서 일어나지 않았는데, 멀리 대궐 뜰에서 고함소리가 들려왔다. 무슨 소리냐고 물었더니, (신검이) 아버지(견훤)에게 고하길, "왕이 연로하여 군국의 정사에 어두워 장자인 신검이 부왕의 왕위를 섭정하게 되었으므로 이에 장수들이 기뻐 축하하는 함성입니다" 하였다. 얼마 안 되어 아버지를 금산사로 옮기고 파달 등 장사 30인으로 지키게 하였다.

萱
사람 이름
훤

① 원추리(백합과의 여러해살이풀)

훤초萱草 원추리.

훤당萱堂 남의 어머니를 높여 이르는 말.

歟
어조사 **여**

① 부르다 ② 부르짖다, 큰소리를 내다 ③ 숨을 내쉬다

환호歡呼 기뻐서 큰 소리로 부르짖음.

호흡呼吸 숨을 내쉬거나 들이쉼. 또는 그 숨. **숨을 들이쉴 흡吸**

呼
큰소리를
내다 **호**

① 부르다 ② 내쉬다 ③ 부르짖다 ④ 호통치다

호소呼訴 억울하고 원통한 사정을 하소연하는 것.

호흡呼吸 사람이나 동물이 코 또는 입으로 공기空氣를 들이마

시고 내쉬는 기운氣運.

호응呼應 부름에 대답함.

喊
소리치다
함

① 소리치다, 고함지르다 ② 다물다

함성喊聲 여럿이 함께 지르는 고함 소리.

賀
축하하다
하

① 축하하다 ② 위로하다

근하신년謹賀新年 삼가 새해를 축하한다는 인사말.

잠시 후 **아**

① 잠깐 동안 ② 갑자기 ③ 기울다 ④ 러시아의 약칭

아연俄然 생각할 사이도 없을 정도로 매우 급작스럽게.

이관파천俄館播遷 1896년 2월 11일부터 다음 해 2월 25일까지

고종 황제와 세자가 러시아 공사관으로 옮겨서 거처한 사

건. **퍼뜨릴 파播, 옮길 천遷**

《삼국유사》는 견훤의 출신에 대해 3가지 자료를 인용하고 있다.《삼국사기》에서는 상주 가은현(지금의 문경) 출신으로, 아버지 아자개阿慈蓋가 농사를 짓다가 사불성沙弗城(지금의 경북 상주)의 장군이 되었다고 한다.《이제가기李磾家記》(《삼국유사》에만 등장하는 책)에는 아자개가 진흥왕의 5대손이라고 하며,《고기》에는 광주 북촌의 여인과 큰 지렁이 사이에 태어난 아이가 견훤이라고 전한다.

견훤은 범의 젖을 먹고 자랐고, 군인이 되어 서남쪽 바다를 방비하였다. 그때 국가의 기강이 문란해져 백성들이 떠돌고 도적 떼가 봉기하자 그도 사람들을 모아 마침내 900년에 자칭 후백제왕이라 하였다. 918년 왕건이 추대되자, 견훤과 왕건은 겉으로 친한 체하고 속으로는 상극相剋이 되었다. 927년 견훤은 신라의 수도에 들어가 왕(경애왕)을 죽이고 김부(경순왕)를 왕위에 앉혔다. 신라를 도우러 온 왕건의 군사를 공산公山에서 크게 대파하였다. 이 전투에서 포위된 왕건을 구하고자 왕건 옷으로 변장한 신숭겸申崇謙을 비롯한 8장수들이 순국하여 이때부터 팔공산八公山이 되었다.

신라는 왕건과 우호 관계를 맺어 후원後援을 삼고자 하였는데, 이 소식을 들은 견훤은 '미욱한 행동을 경계할 것이며, 스스로 후회하지 말아야 할 것'이라는 경고성 편지를 왕건에게 보냈다. 이에 왕건은 '허물을 고칠 수 없다면 후회를 하더라도 소용없을 것'이라고 답서를 보냈다.

이후 견훤의 신하들이 왕건에게 항복하자, 견훤은 아들들에게 귀순할 의사를 보였다. 그러자 맏아들 신검神劍이 견훤을 미륵신앙의 요람인 금산사金山寺(지금의 전북 김제시 금산면)에 유배시키고 왕위에 올랐다. 견훤은 간신히 절을 빠져나와 왕건에게 몸을 의탁하였다.

936년 가을에 왕건의 군사가 일리천一利川(지금의 경북 선산읍)에서 신검의 군사를 크게 대파하니, 신검이 부하들과 함께 항복하였다. 왕건은 견훤을 가두고 신검을 왕위에 앉힌 것은 신검의 부하 능환能奐의 꾀였다며 그를 처형시키고, 신검을 용서하였다. 견훤은 화가 나서 등창이 터져 죽었다. 그의 나이 70이었다.

견훤과 왕건의 운명을 가른 결정적 차이

일연은 견훤에 관한 여러 전기 자료를 소개한 후,《삼국사기》에 수록된 기록에 한두 가지 이야기를 첨가해 견훤의 이야기를 실었다. 말미에 《삼국사기》의 사론史論을 인용하여, '견훤은 신라의 백성으로 신라의 녹祿을 먹으면서 나쁜 마음을 품고 왕과 신하 죽이기를 금수禽獸처럼 하였으니 천하 죄악의 원흉'이라고 하였다. 무엇보다 견훤과 신검 부자간의 패륜, 즉 아버지를 감금한 아들 신검과 왕건에게 용서받는 아들을 보며 화를 주체하지 못한 아버지 견훤의 모습 등을 부각시켜 부정적 이미지를 심어 주었다. 김부식이나 일연이 고려인이었으니 태조 왕건의 라이벌이었던 견훤을 좋게 평가할 수는 없었을 것이다.

분명 과장은 있었겠지만, 역사적으로 승자 왕건과 패자 견훤에게는 분명히 차이점이 존재한다. 승패의 갈림길은 견훤이 경애왕을 죽인 사건이었다. 비록 망해 가는 나라의 마음에 들지 않는 왕이라 할지라도 적에게 살해되는 것을 좋아할 백성은 없다. 더구나 견훤의 군사들은 강간과 약탈을 일삼았다. 반면에 왕건은 신라를 도와주려고 했으니, 신라 백성들의 마음이 왕건에게 기우는 것은 당연했다.

신라 말, 기울어져 가는 신라를 대신할 새로운 '나라'의 필요성은 누구나 공감했다. 그래서 궁예, 견훤, 왕건이 모두 새 나라를 세웠다. 그러나 포장지보다는 그 안에 든 내용물이 중요하듯이, '민民'의 마

신검이 아버지 견훤을 유폐한 전북 김제시 금산사에 있는 미륵전彌勒殿(국보 제62호). 미륵전은 도솔천의 미륵보살이나 미래에 용화세계龍華世界에서 설법할 미륵불을 모신 법당이다.

음을 얻는 것이 결국 나라를 세우는 힘이었다. 견훤과 궁예는 신라에 대한 반감에 몰두하여 새 나라 '건설'에 집중했고, 왕건은 이들의 실정失政을 보면서 견훤 등과 달리 '민심民心'을 얻는 데 집중하였다. 대표적인 정책이 취민유도取民有度로, 백성에게 세금을 수취할 때 일정한 법도가 있어야 한다는 뜻으로 왕건은 세율을 10분의 1로 낮추었다. 왕건이 승자가 된 요인이었다.

於是　王與后共在御國寢　從容語王
어　시　　왕　여　후　공　재　어　국　침　　　종　용　어　왕

曰　"妾是阿踰陁國公主也　姓許名黃
왈　　　접　시　아　유　타　국　공　주　야　　성　허　명　황

玉　年二八矣。…　皇天上帝謂曰　'駕
옥　　년　이　팔　의　　　　황　천　상　제　위　왈　　가

洛國元君首露者　天所降而俾御大寶
락　국　원　군　수　로　자　　천　소　강　이　비　어　대　보

乃神乃聖　惟其人乎。　且以新蒞家邦
내　신　내　성　　유　기　인　호　　　차　이　신　위　가　방

未定匹偶,　卿等須遣公主而配之.'
미　정　필　우　　　경　등　수　견　공　주　이　배　지

…　妾也浮海遐尋於蒸棗　移天夐赴
접　야　부　해　하　심　어　증　조　　이　천　형　부

於蟠桃　蠶首敢叨龍顔是近."
어　반　도　　봉　수　감　도　용　안　시　근

→ 이에 왕과 왕후가 함께 침전에 있을 때, (왕후가) 조용히 왕에게 말하
길, "첩은 아유타국의 공주이며, 성은 허, 이름은 황옥으로 16세입니
다. … 황천의 상제가 이르길 '가락국 시조 수로는 하늘이 내려보내

왕위에 오르게 하였으니 신령스럽고 성스러운 이는 오직 그 사람뿐이다. 또 새로이 나라에 군림하였으나 배필을 정하지 못하였으니, 그대들은(허황옥의 부모님) 모름지기 공주를 보내 배필로 삼도록 하라.' 하였습니다. … 첩이 바다에 떠서 멀리 찐 대추를 찾기도 하고, 하늘로 옮겨 멀리 복숭아가 있는 곳에 나아가기도 했습니다. 아름다운 모습을 감히 탐내어 용안을 이렇게 가까이합니다."

핵심 한자

皇
임금 황

① 임금 ② 봉황鳳凰 ③ 갈(왕) ④ 하늘
황천皇天 큰 하늘, 하늘의 높임말.
불필장황不必張皇 말을 길게 늘어놓을 필요必要가 없음.

> **Tip** 원군元君 : 도교道敎에서 여신선女神仙의 미칭美稱.

俾
시키다 비

① 시키다. ~하게 함 ② 더하다 ③ 좇다 ④ 흘겨보다
비가俾家 재산이 풍부한 집.

> **Tip** 대보大寶: 임금의 자리. 임금의 도장圖章.

乃
~이야말로
내

① 그리하여 ② 그럼에도, 오히려 ③ 이에, 비로소 ④ 참으로
종내終乃 필경에, 마침내.
내지乃至 혹은.

蒞
군림하다
리

① 다다르다 ② 군림하다, 임금이 되다 ③ 계급

이임蒞任 새로 부임赴任하여 사무事務를 봄.

湏
모름지기
수

① 모름지기 ② 틀림없이 ③ 수염 ④ 반드시 ~해야 한다

수지湏知 마땅히 알아야 함.

수미산湏彌山 불교에서 세계의 중앙에 솟아 있다는 산.

蒸
찌다 **증**

① 찌다 ② 증발하다 ③ 순수하다 ④ 많다 ⑤ 백성

증발蒸發 액체 상태가 기체 상태로 변하는 현상.

증민蒸民 모든 백성.

증조蒸棗 신선이 먹는 대추. 진나라 신선 안기생이 대추를 먹
고 살았는데, 진시황을 만나고 헤어지면서 천 년 뒤 봉래산
에서 다시 만나자는 말을 남겼다고 한다.

멀다 **형**

① 멀다 ② 길다 ③ 구하다(현)

형조敻阻 멀리 떨어져 있어 사이가 막힘. **사이가 멀 조阻**

蟠
서리다 **반**

① 서리다 ② 두르다 ③ 두루 미치다, 가득하다

용반호거龍蟠虎踞 용이 서리고 범이 웅크린 듯한 웅장하고 험준
한 산세를 비유하는 말.

반도蟠桃 신선이 먹는 복숭아. 서왕모의 반도원에서 자라며 삼
천 년에 한 번 열매가 열리는데 이것을 먹으면 무병장수한다.

蓁
이마가 넓고
반듯함 **진**

① 털매미 ② 미인 이마

진수蓁首 미인의 이마.

진수아미蓁首蛾眉 매미의 이마에 나방의 눈썹. 아름다운 용모를
    일컫는 말.

叨
함부로,
외람되이 **도**

① 탐내다 ② 함부로

도모叨冒 사물을 탐하는 욕심.

도참叨參 외람되게 참여함.

해 설

나라의 호칭도 왕과 신하의 호칭도 없이 촌장인 9간干이 저마다 백
성을 거닐고 살고 있었다. 42년 새로운 왕이 내려올 것이니 맞이하라
는 소리를 듣고, 9간과 백성들이 구지봉龜旨峰(지금의 경남 김해시 구산
동에 있는 작은 산봉우리)에 모여 노래하고 춤을 추었다. 하늘에서 드
리운 빛이 닿은 곳에 가 보니 황금알 6개가 있었는데, 차례로 6명의
사내아이가 되었다. 나날이 장성하여 보름 뒤에 왕위에 오르니, 처음
나타났다고 하여 이름을 '수로首露'(첫째 首, 나타나다 露)라 하고, 나라
를 대가락大駕洛 또는 가야국伽倻國이라 하였다. 나머지 5명도 5가야
의 우두머리가 되었다.

즉위 2년, 새 궁궐을 짓고 정사를 보고 있을 때, 탈해가 와서 왕위
를 빼앗고자 하였다. 술법術法으로 경쟁하였는데 탈해가 항복하고는
계림으로 갔다.

48년에 9간이 혼인할 것을 청하였는데, 마침 서남쪽 바다에서 붉
은 비단을 단 배가 왔다. 배에는 아유타국阿踰陁國 공주 허황옥許黃玉

이 타고 있었다. 허황옥은 높은 산에 올라 비단바지를 벗어 폐백 삼아 산신령께 바쳤다. 왕이 그녀를 왕후로 맞이하여 아들 거등居登 등을 낳고 나라를 잘 다스렸다. 189년 3월 1일에 허왕후가 157세로 죽었다. 왕이 비탄에 잠겨 있다가 199년 3월 23일에 죽으니 나이가 158세였다. 거등왕부터 9대손 구형仇衡까지 왕묘에 제향을 드렸다.

구형왕은 42년 동안 나라를 다스렸는데, 562년 신라 진흥왕이 군사를 끌어 쳐들어오므로 감당할 수 없어 항복하였다.

허왕후는 누구?

고려 문종 때 편찬된 가락국 역사서인 《가락국기駕洛國記》에서 허왕후는 아유타국 출신 공주라고 하였다. 아유타국은 어디인가? 인도 갠지스 중류에 있는 우타르프라데시주의 도시 '아요디아'로 보는 견해가 있는데, 김해 수로왕릉 정문에 그려진 '쌍어문雙魚文'이 이 지역에서도 보이기 때문이다. 또 '가락' '가야'는 고대 인도 드라비다어로 '물고기'를 의미한다고 한다.

김해 김씨의 역사서인 《숭선전지崇善殿誌》에 따르면 능 정문은 정조 17년(1793)에 설치되었다가 헌종 8년(1842)에 지금의 위치로 옮겨졌다. 쌍어문도 이때 그려 넣어진 것으로 보이며, 가야 시대부터 계속 전승돼 왔을 가능성은 거의 없다고 한다.

한편 허왕후릉 비문에 쓰인 '가락국수로왕비 보주태후허씨지릉駕洛國首露王妃 普州太后許氏之陵'의 '보주普州'에 주목하여, 옛날 보주로 불렸던 중국 사천성 안학현安岳縣을 허왕후의 출신지로 보기도 한다. 인도 아요디아에서 출발하여 중국 사천성 안악현 지역을 거쳐 가야로 왔을 것으로 이해하는 것이다.

이에 대해 조선 예종 원년(1469)에 편찬된 《경상도속찬지리지慶尙道續撰地理誌》에서 허왕후릉의 존재와 그의 시호인 '보주태후'라는 명칭

수로왕릉 정문에 그려진 '쌍어문雙漁文'. 수로왕릉 안쪽 문인 납릉納陵 정문 현판 좌우의 공포栱包(처마 끝의 무게를 받치려고 기둥머리에 짜 맞추어 댄 나무쪽)에 있는 네 개의 장식판에는 남방식 불탑과 한 쌍의 잉어, 두 마리의 코끼리 및 연꽃 봉오리가 그려져 있다. 그런데 쌍어문은 조선 후기 역대 왕들이 내린 향축香祝을 보관하는 안향각安香閣 문 위의 공포栱包에도 새겨져 있다.

이 처음 등장하는데, '보주'는 중국의 쓰촨성을 지칭한다기보다는 조선시대 김해 지역에 거주하던 지방사족들이 자신들의 시조를 예우하기 위해 붙인 미칭美稱으로 이해하는 것이 타당하다는 견해도 있다.

수로왕의 제8대손 김질왕金銍王이 시조모始祖母 허황후를 위해서 수로왕과 허황후가 혼인하던 곳에 왕후사를 세웠는데,《삼국유사》〈금관성파사석탑〉조에서는 왕후사가 왜를 진압하는 영험이 있었다고 한다. 또한 허황후가 바지를 벗어 폐백으로 삼았는데 이는 일본 고대 큐슈지방에서 행하던 의식이라고 한다. 이를 근거로 허황후가 왜 출신이라는 설도 있다.

삼국의 건국신화와 마찬가지로, 가락국의 시조 김수로를 비롯한 5가야의 시조들 또한 하늘에서 내려와 알에서 깨어났다. 그러므로 가야의 시조들도 이주 세력이었다고 볼 수 있다.

수로왕은 왕위에 올랐으나 이주 세력으로서 자신만의 세력 기반이 약했을 것이다. 무엇보다 파트너로서 왕비의 세력이 중요했다. 토착 세력인 9간이 혼인을 권했을 때 수로왕은 염려하지 말라며 바닷가에 이른 허황옥을 왕비로 맞이하였다. 그녀는 아유타국의 공주라고 하였는데, 인도의 어느 나라로 여겨졌다. 허황옥은 2명의 신하와 그 가족, 노비 20여 명 그리고 비단·금·은·주옥·보배로운 기물 등 기록할 수 없을 정도로 많은 물건을 가지고 왔다고 한다. 분명 수로왕의 통치에 도움이 되었을 것이다.

허왕후가 죽은 후 그녀와 관련된 곳들은 기념적인 장소가 되었으며, 제8대 김질왕金叱王(좌지왕坐知王)은 수로왕과 왕비가 혼인한 곳에 왕후사王后寺를 짓고 허왕후의 명복을 빌었다. 훗날 사람들은 매년 7월 29일 두 무리로 나누어 한편은 육지에서, 한편은 바닷가에서 출발하여 왕후가 도착했다는 옛 포구에 먼저 닿는 내기를 했다. 이처럼 시조 수로왕뿐 아니라 왕비였던 허황옥도 신성스러운 존재로 여겨졌다. 더욱이 왕과 왕비는 각각 158세, 157세를 살았으니, 두 사람이 가락국의 기반을 확립했다고 해도 과언이 아니다.

삼국유사로 배우는 한자

2020년 11월 15일 초판 1쇄 발행

지은이 | 박미선
펴낸이 | 노경인 · 김주영

펴낸곳 | 도서출판 앨피
출판등록 | 2004년 11월 23일 제2011-000087호
주소 | 우)120-842 서울시 영등포구 영등포로 5길 19(37-1 동아프라임밸리) 1202-1호
전화 | 02-336-2776 팩스 | 0505-115-0525
전자우편 | lpbook12@naver.com
홈페이지 | www.lpbook.co.kr

ISBN 979-11-90901-03-1 03710

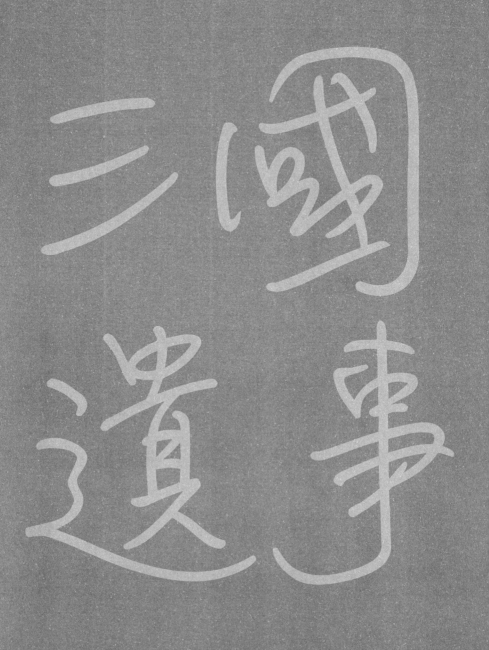